Achter de bergen

Saskia Smith & Amina Ingabire

Achter de bergen

De overlevingstocht van een Afrikaanse vluchtelinge

the house of books

Omwille van de privacy zijn de namen van enkele personen veranderd.

Omslagontwerp Will Immink
Omslagbeeld Brenda van Leeuwen
Foto Saskia Smith © Britt Straatemeier
Foto Amina Ingabire © Brenda van Leeuwen
Foto's binnenwerk © Amina Ingabire
Opmaak binnenwerk ZetSpiegel, Best

ISBN 978 90 443 2849 3
D/2011/8899/22
NUR 320

www.thehouseofbooks.com

Voor mijn moeder, Laurence Nayino

Inleiding

Zaïre, 15 april 1976

'Jij bent anders dan de anderen.'

Ik was net geboren toen mijn moeder dat tegen mij zei, terwijl ze me boven haar hoofd hield om te kijken of ik een jongen of een meisje was. Ik was een mollige, kleine baby met een platte neus. Haar tiende kind en derde dochter: Amina Ingabire.

Aan de eerste vier jaar van mijn leven heb ik geen herinneringen, terwijl dat waarschijnlijk de mooiste tijd van mijn jeugd in Afrika was. Mijn vader had een baan als opzichter bij een steengroeve in het oosten van Zaïre. Daar woonde ik met mijn ouders en broers en zusjes. We hadden een huis dat groot genoeg voor ons was en elke dag genoeg eten en drinken. De oudste kinderen gingen naar school, de jongste zaten in de tuin en luisterden naar mijn moeder die liedjes zong terwijl ze het eten kookte, de vloer veegde en onze kleren waste.

Mijn moeder was een lange, mooie vrouw die op haar zeventiende werd uitgehuwelijkt aan mijn vader. Ze was een katholiek meisje, geschoold door de nonnen uit België en bereid om haar leven aan God te geven. Het pakte anders uit, mijn vader nam haar mee naar Vunga, een klein dorp in het noordwesten van Rwanda, waar ze volgens gebruik bij haar schoonfamilie introk. Niemand zat op het devote, verlegen meisje te wachten.

Mijn oma had ronduit een hekel aan mijn moeder en mijn moeder was op haar beurt bang voor mijn oma, die ze de voodoovrouw noemde. Achter in de tuin had mijn oma een klein hutje van droog gevlochten gras. Niemand durfde er te komen. Er hingen geitenkoppen aan de muur en stukken geitenvlees lagen op een altaar dat ze had gemaakt van een kist en een plank. Toen ik klein was, had ik een weddenschap met mijn broer. Ik verloor en moest de tuin van mijn oma insluipen en door de kieren naar binnen kijken. Het bloed dat uit de koppen was gedropen was opgedroogd en vormde een lange rode streep op de muur. Het zand op de grond was donkerrood. Ik was misselijk geworden van de geur en de maden die uit de geitenkoppen kropen.

Mijn moeder was blij geweest dat mijn vader haar mee naar Zaïre nam en ze van mijn oma was verlost.

Toen ik vier was gingen we terug naar Rwanda, terug naar Vunga. Mijn moeder huilde de hele weg in de bus, want in het dorp wachtte de familie van mijn vader. Ze had gesmeekt om naar Kigali te gaan, maar mijn vader had met zijn hand gezwaaid, wat betekende dat hij besloot waar zijn gezin ging wonen. Net zoals hij ook had besloten dat hij niet meeging. Niemand durfde te vragen waarom, ook mijn moeder niet, al had ze natuurlijk wel een vermoeden. Ze was eenenveertig, had dertien kinderen gebaard, en was simpelweg niet meer nodig. De dag dat wij vertrokken, trok een jongere vrouw bij mijn vader in. Het stenen huis dat hij in Vunga had laten bouwen, was mijn moeders beloning voor jarenlang zorgen.

1

In Vunga woonden we buiten het dorp, op een berg. Achter ons huis was het erf, waar mijn moeder kookte en waste. Daarachter was een stuk grond waar we bonen en maïs verbouwden. Aan de voorkant van het huis liep de weg. Een rode zandweg de berg af het dorp in.

Ons huis had vier kamers. Als je door de achterdeur naar binnen ging, stond je in de woonkamer. Rechts van de woonkamer was een klein kamertje waar mijn moeder sliep, daartegenover waren een jongenskamer en een meisjeskamer. Mijn zussen en ik sliepen op dunne grasmatjes met een doek eroverheen. Mijn broers hadden bedden met matrassen. Toen ik tegen mijn moeder zei dat dat oneerlijk was, zei ze: 'Zo is het nu eenmaal.'

Soms, als mijn broers er niet waren, ging ik op hun bed liggen omdat ik vond dat ik er ook recht op had.

Aan de muur van de woonkamer hingen foto's van ons leven in Zaïre. Mijn broers in hun schooluniform, ons huis, mijn vader op zijn werk, mijn moeder in de stad. Het was de galerij van ons oude leven. Als de zon onderging, kleurden de foto's oranje van het licht dat door het raam viel. Elke keer als mijn moeder langs de foto's liep, bleef ze even stilstaan, zuchtte, en tikte dan voorzichtig met de nagel van haar wijsvinger tegen de lijstjes die niet recht hingen. Als ze doorliep schoven er altijd een paar terug.

Ik wist wat ze dacht als ze voor de foto's stond. We wilden allemaal terug. In Vunga zat niemand op ons te wachten. Mijn moeder was alleen, overgeleverd aan de familie van mijn vader. In hun ogen zagen we er gek uit. We hadden allemaal grote afro's en droegen schoenen. De jaren zeventig waren in Vunga nog niet doorgedrongen, alle kinderen hadden kort haar en liepen op slippers of blote voeten. En we spraken een andere taal. Het Kinyarwanda was heel anders dan het Kiswahili dat ik kende uit Zaïre. Buurtkinderen pestten en schopten ons als ze ons hoorden praten. Een zus van mijn oma stond op een dag voor de deur en riep dat mensen uit Zaïre hier niet welkom waren. Mijn moeder zei alleen maar: 'Ik ben met acht jongens gekomen.' Het was haar enige wapenfeit.

Mannen bouwen stammen, dat zouden haar zoons hier voor haar doen. Mijn broers zagen dat anders. Antoine, Paul en Julien waren de oudsten en de baas in huis sinds mijn vader ons terug had gestuurd. Antoine had Paul een baantje als chauffeur bezorgd zodat hij zelf niets hoefde te doen. De grootste bezigheid van Antoine was slapen en drinken. Julien kon goed leren en daarom ging hij naar school.

Mijn broers vonden het heerlijk om de baas te spelen. Als we niet luisterden, sloegen ze, zelfs hun eigen moeder. Zodra ze riepen dat ze honger hadden stuurde mijn moeder mijn zussen en mij eropuit. De een moest water halen, de ander bonen uit de tuin en weer een ander hout. Ik vroeg aan mijn moeder waarom wij al het werk moesten doen.

'De jongens zijn sterker, het gaat sneller als ze het zelf doen.'

'Als je niks voor jezelf doet, kom je ook niet ver in het leven.'
Ze keek altijd hoopvol als ze dat zei, maar ik had geen idee wat ze bedoelde. Ik wilde gewoon geen hout halen.

2

Ik werd wakker van gerommel in huis. Mijn moeder stond met een bezem in de kamer. Buiten was het nog donker.

'Amina, veeg alle vloeren.'

Ze duwde een bezem in mijn handen en zei tegen mijn zus Olivera dat ze hout moest halen. Daarna riep ze tegen mijn oudste zus, Verediane, dat ze zoete aardappelen uit de tuin moest halen.

Op het erf stond mijn broer Deogracias. Hij keek altijd naar ons als we aan het werk waren. Zijn rechterbeen hing slap tegen zijn linkerbeen aan. In Zaïre was hij in een sloot gevallen en had zijn been gebroken. Het was nooit goed gezet. Weken had hij met een groot wit verband om zijn voet gelopen, maar het bleef in een onnatuurlijke stand naar buiten staan. Hij kon alleen nog lopen door na elke stap een huppeltje te maken zodat hij zijn rechtervoet kon meeslepen. Soms lukte dat niet en viel hij om. Ik moest altijd lachen als hij op de grond lag, maar mijn moeder werd boos. Ze sloeg met haar vlakke hand tegen mijn achterhoofd en zei dat ik Deo moest helpen opstaan. In haar ogen kon mijn manke broer niets verkeerd doen.

Deo vroeg aan mijn moeder wat er aan de hand was.

'Jullie vader komt thuis.'

'Voorgoed?'

Ze knikte. Toen we naar Vunga gingen had hij beloofd om langs te komen, maar we hadden hem twee jaar niet gezien.

Ik trok mijn mooiste jurk aan en veegde de vloer zo goed als ik kon. Daarna hielp ik mijn moeder. We maakten pap, bonen en *urwagwa,* bananenbier. Mijn moeder was zenuwachtig. Haar handen trilden toen ze de overrijpe bananen in het gat in de grond legde en met bananenbladeren en zand bedekte. Ze was blij dat mijn vader terugkwam, met hem in huis zou zijn familie ons met rust laten.

De twee jaar zonder hem waren een beproeving geweest; op allerlei manieren hadden mijn ooms en tantes geprobeerd ons weg te jagen. Ze gooiden afval in onze tuin, namen onze dieren mee, of probeerden de buren tegen ons op te zetten.

Op een ochtend lag er een dode koe in onze tuin en werden we wakker geschreeuwd door de buurman, die riep dat mijn moeder een dief en een moordenaar was. Het beest lag met een dun touwtje vastgebonden aan de boom achter op ons erf. Het dunne gele touwtje aan de kop van de koe was hetzelfde touw waaraan de geitenkoppen hingen in de hut van mijn oma.

Ik stond naast mijn moeder en keek hoe haar schoonfamilie tegen haar schreeuwde. Ze zei niets en stond met haar hoofd gebogen in de tuin bij de koe. Toen iedereen weer weg was, kwam Paul boos naar buiten. Door al het lawaai was hij wakker geworden en daarom sloeg hij mijn moeder in haar gezicht. Ze probeerde hem niet eens tegen te houden, zoals altijd als hij haar sloeg.

Het moest pijn doen, want ik wist dat Paul hard kon slaan. Eén keer had ik een klap van hem gekregen omdat ik niet snel genoeg hout had gehaald. Daarna rende ik weg als hij boos op mij was, de tuin door, het veldje achter ons huis in. Tussen de hoge bonen- en maïsplanten kon ik me verstoppen. Hoe boos mijn broer ook was, hij was te lui om me in het veld te zoeken.

Het huis was schoon en met onze mooiste kleren aan stonden we voor het huis op mijn vader te wachten. Ik had mijn kleine zusje op mijn heup.

'Jeanine, papa komt thuis,' zei ik tegen haar. Jeanine was twee. Ze was het laatste jaar dat we in Zaïre woonden geboren, negen maanden na de dood van Jeannette, dat toen het jongste kind van mijn ouders was. Jeannette Murekatete hadden mijn ouders haar genoemd, het verwende kind. Mijn moeder was heel trots op haar. Nog zo'n dikke, mollige baby; al haar andere kinderen, behalve ik, waren lang en slank. Jeannette en ik leken op mijn vader. Vlak voordat Jeannette kon lopen, kreeg ze een wond op haar billen die ging ontsteken. Een paar weken later was ze dood.

Jeanine en ik liepen een stukje de weg op. Tegen iedere man die we zagen zei Jeanine: 'Papa?' Ik zei dat we naar een stofwolk moesten kijken.

'Dat is een auto en daar zit papa dan in.'

Toen de zon op het hoogste punt stond, zochten we verkoeling in het hoge gras. Jeanine zwaaide naar iedereen die langskwam. Een boer die verderop woonde zei dat hij mijn vader in het dorp had gezien.

'Waarom staan jullie hier?' had hij gevraagd.

'Mijn vader komt naar huis.'

'Vergeet het maar, hij is in de bar en drinkt urwagwa met zijn broers.'

'Toch blijven we wachten.'

'Pas maar op dat je niet versteent.'

Ik snapte niet wat de boer daarmee bedoelde en was blij dat hij verder liep. De zon was al aan het zakken toen ik mijn vader met zijn jas over zijn arm aan zag komen. Hij liep ons voorbij zonder iets te zeggen. Hij rook naar sigaretten en bier.

'Papa, waar zijn al je spullen?'

Hij zei niets, liep ons huis binnen en ging slapen.

De volgende ochtend hoorde ik mijn ouders ruziemaken. Mijn vader was ontslagen omdat hij te veel dronk. Nadat hij een week niet op zijn werk was geweest hadden ze tegen hem gezegd dat hij helemaal niet meer hoefde te komen. Omdat hij geen geld meer binnenbracht, had zijn jonge vrouw hem het huis uit gezet. Onze spullen had ze gehouden en daar ruzieden mijn ouders nog dagen over. Na elke ruzie liep mijn vader de berg af, naar de bar, waar hij de rest van de dag bleef. We hadden allemaal naar de komst van mijn vader uitgekeken, maar na een week was iedereen teleurgesteld.

3

Met mijn vader in huis werd alles anders. Mijn ouders maakten bijna elke dag ruzie. Alleen als mijn vader naar de bar ging was het stil in huis. Soms kwam hij 's avonds terug, maar meestal zagen we hem een paar dagen niet. Ik zag hem wel eens zitten in de bar als ik water ging halen, of als ik naar school ging. Mijn vader zag mij nooit, om acht uur 's ochtends was hij al dronken.

Het stukje land achter ons huis bracht te weinig op voor de vijftien monden die gevoed moesten worden. Geld was er ook niet meer. Mijn vader had tegen mijn moeder gezegd dat zij moest gaan werken omdat hij er geen zin meer in had. Er zat niets anders voor haar op dan de boeren in de omgeving om hulp te vragen. Het enige werk dat ze in het dorp van mijn vader kon vinden was op het land. Zwaar werk, dat altijd midden op de dag, als het warm was, gedaan moest worden.

Het beetje geld dat ze daarmee verdiende gaf ze aan mijn vader, die daarmee zijn schulden in de bar kon afbetalen. De paar frank die ze achterhield waren niet genoeg om te voorkomen dat wij erop achteruitgingen. Eerst was er geen zeep meer, daarna geen nieuwe kleren meer en uiteindelijk ook geen eten. Toen mijn schoenen niet meer pasten, moest ik op mijn blote voeten lopen, en mijn kleren droeg ik totdat ze helemaal versleten waren. Na een paar maanden had ik luizen en pukkels en eelt onder mijn voeten en zaten er scheuren in mijn kleren. Als ik naar het dorp liep, werd ik nageroepen. De familie van mijn vader zette hun jaloezie graag om in leedvermaak.

'Heb je geen mooie schoenen meer?'

'Wat is er met je haar gebeurd?'

Mijn moeder dronk steeds vaker van het bananenbier dat ze voor mijn vader maakte. De twee jaar zonder mijn vader waren ellendig geweest, maar nu mijn vader terug was, was het hopeloos. Soms kwam ze dronken terug van de markt. Buurtkinderen kwamen naar me toe rennen als ze mijn moeder in de verte zigzaggend de berg op zagen lopen.

'Amina, daar is je moeder, ze danst door de straten.'

Ik durfde niets te zeggen. Ook niet tegen mijn moeder. Als ze langsliep, draaide ik me om.

Nog erger dan mijn ouders dronken te zien was dat er geen eten meer was. Honger werd mijn grootste vijand. Zo groot dat ik zelfs bij mijn oma om eten ging vragen, ondanks het feit dat mijn moeder dat verboden had.

'Oma, geef me een zoete aardappel,' bedelde ik als ik bij haar in de tuin stond en zag dat ze snel haar bord achter haar rug schoof.

'Je krijgt niks van mij,' schreeuwde ze, en ze gooide met een steen om me weg te jagen.

'Rot op, vervelend kind.'

Als ik bleef staan dreigde ze dat ze me mee zou nemen naar

haar hut achter in de tuin. Of ze gaf me bedorven eten en lachte als mijn vingers verdwenen in de bruine zachte smurrie.

In haar tuin beet ik de rotte plekken van het eten af en spuugde ze uit voordat ik snel wegrende.

De honger bezorgde me pijn in mijn buik. 's Nachts lag ik wakker en overdag was ik misselijk. Alles ging moeilijk. Water halen duurde twee keer zo lang. Ik droomde dat ik bij een rijke familie woonde. Of dat we een schat in de tuin vonden.

Steeds vaker zat mijn moeder 's morgens vroeg al in de tuin op een steen met haar rug tegen het huis. Ze keek naar de bergen die rondom Vunga glooiend in elkaar overgingen, rookte een pijp met tabak en dronk bier. Ik vond het vervelend om haar zo te zien en deed zonder dat ze daarom moest vragen alle klusjes. Ik wilde haar blij maken, maar soms was ze zo moe van alles dat ze me uit het niets een klap gaf. Ik huilde nooit, want ik wilde haar niet nog verdrietiger maken. Als ze in slaap was gevallen ging ik met Jeanine steentjes gooien. Links van het huis liep een pad tot boven op een heuvel. We gooiden steentjes vanaf het pad de berg af en telden totdat we ze hoorden neerkomen. Wie de meeste tellen had, had gewonnen. Daarna stuurde ik Jeanine de berg af om de steentjes te zoeken.

Paul was bij ons thuis de enige van de kinderen die een beetje geld verdiende met zijn baantje als chauffeur. Van het geld kocht hij eten, dat hij in een kast op zijn kamer bewaarde waar hij met zijn vrouw Brigitte woonde. Na hun bruiloft trokken zij in de jongenskamer, mijn broers verhuisden met hun bedden naar de huiskamer. Die dag had hij ook twee haakjes gekocht en een hangslot, zodat niemand zijn kamer in kon. Elke avond kookte Brigitte in hun kamer en stonden mijn broers, zussen en ik voor hun deur te roepen dat we ook wat wilden. De deur bleef altijd dicht.

Deo had een manier gevonden om toch binnen te komen. We hadden drie dagen niets gegeten en waren te moe om iets te doen. Als ik opstond, zag ik lichtpuntjes wegschieten voor mijn ogen en moest ik gaan zitten om niet te vallen. Jeanine huilde niet meer en zat apathisch in een hoek. Deo kwam me halen en zei dat ik met hem mee moest komen. Paul had vergeten het raam dicht te doen en hij kon met zijn manke been niet door het raam klimmen. Hij zei dat ik dat moest doen. Ik zette mijn ene voet in zijn handen en mijn andere op zijn schouder zodat ik bij het raam kon en me omhoog kon trekken.

In de kamer was het donker. De kast met eten stond achter de deur en was open. Ik kon de pannen met pap, bonen, maïs en vlees vanaf het raam al zien. Snel deed ik wat eten in bananenbladeren. Ik gooide eerst een pakketje naar buiten voor Deo en pakte daarna eten voor Jeanine en mijn moeder. Voordat ik naar buiten klom, pakte ik een stuk geitenvlees. Het was maanden geleden dat ik dat had gegeten. Het koude vlees was taai, en rook muf, maar smaakte heerlijk. Met mijn ogen dicht nam ik kleine hapjes. Ineens stond Brigitte voor me. Ik had de deur niet horen opengaan. Ze gilde toen ze mij met haar eten in mijn handen zag.

'Amina, kleine duivel, wacht maar tot je broer dit ziet.'

Ze deed de deur op slot. Snel at ik het vlees op en gooide het eten dat ik in mijn handen had door het raam naar buiten.

De deur ging weer open. Mijn broer keek naar zijn kast en daarna naar mij. Zijn ogen waren zo zwart dat ik zijn pupillen niet meer kon onderscheiden van de lichtbruine kleur van zijn ogen. Ik deed een stap achteruit en probeerde naar buiten te rennen. Op het moment dat ik langs Paul rende, voelde ik zijn vuist in mijn buik. Met een zwaai was ik weer terug in de kamer en lag op de grond.

De eerste vuistslag zag ik nog aankomen, daarna voelde ik ze alleen maar. Na drie klappen tegen mijn hoofd zakte ik op de grond. Paul schopte met zijn voet in mijn buik, net onder mijn ribben. Mijn maag kromp ineen. Ik draaide op mijn rug, waardoor zijn voet tussen mijn schouderbladen kwam en vanaf de achterkant de lucht uit mijn longen duwde. Happend naar adem rolde ik op mijn zij en probeerde met één hand op mijn buik en met mijn andere hand op mijn hoofd de klappen tegen te houden.

Paul stond voorovergebogen over me heen en sloeg daar waar ik mijn lichaam niet met mijn handen beschermde. Ineens hield hij op. Onder mijn arm door keek ik naar boven. Zijn ogen waren nog steeds zwart en het wit was bloeddoorlopen. Voordat hij verder kon gaan kroop ik snel over de vloer de kamer uit. Brigitte stapte over me heen de kamer in en deed de deur dicht. Ik lag op de gang en spuugde bloed. In de rode plas lagen witte stukjes geitenvlees.

4

Mijn moeder had een grote lijst in haar handen. De lijst had om een schilderij gezeten dat in ons huis in Zaïre aan de muur hing. Het was een uitzicht op de bergen in de stad waar we woonden. Het waren dezelfde bergen die ik zag als ik in onze achtertuin stond. Het schilderij stond op de grond tegen de muur en in de lijst zat nu een foto van mijn broer Julien. Hij had een bruin overhemd aan en stond voor een lichtblauwe muur. Zijn haar was mooi rond geknipt. Door de haarolie leek het alsof er op elk krulletje een klein diamantje was geplakt. De lamp die achter hem op de foto stond, maakte zijn haar aan de rechterkant donkerpaars. Mijn haar was kort. Ik had gehuild toen mijn moeder het afknipte, maar ze was onverbiddelijk geweest. Met lang haar kreeg je luizen. Julien lachte niet op de foto, maar keek heel serieus.

'Waarom hang je die foto op?' vroeg ik aan mijn moeder.

'Daarom.'

'Waarom lacht Julien niet?'

'Hij studeert, dan heb je geen tijd om te lachen.'

'Waar is Julien nu?'

'Hij is in Duitsland, een land waar blanke mensen wonen en waar iedereen geld en eten heeft.'

Ik kon het me niet voorstellen.

'Wat doet hij dan de hele dag?'

'Hij leert een vliegtuig besturen en als hij klaar is, komt hij terug om voor ons te zorgen.'

Mijn moeder had gehoopt dat haar derde zoon voor haar zou zorgen, nu mijn vader bijna nooit meer thuiskwam en mijn twee oudste broers niet veel van hun leven hadden gemaakt. Via een achternicht van mijn vader die voor de regering werkte, kon Julien in Moskou en later in Duitsland studeren. Omdat hij in Zaïre al had gestudeerd, kreeg hij een studiebeurs voor de luchtvaartschool. Hij wilde piloot worden. Mijn moeder wist niet waar Rusland of Duitsland lag, maar dat hij in een ander land ging studeren en een vliegtuig ging besturen was voor haar de bevestiging dat ze het wat hem betrof goed had gedaan.

Een paar jaar nadat hij was vertrokken, kwam hij op bezoek. Het hele dorp had het erover. Eén middag is hij in Vunga geweest, de rest van de tijd bleef hij bij de achternicht van mijn vader in Kigali. Toen ik Julien zag, wist ik het zeker: ik wilde ook naar Europa. Hij had mooie kleren aan, grote bruine leren schoenen en om zijn pols een gouden horloge. Hij had eten meegenomen en Jeanine en ik kregen twee jurken. Eén met glitters en een rode met kant en witte stippen. Het waren de mooiste jurken die ik ooit had gezien. De jurk met glitters droeg ik meteen, de rode bewaarde ik voor kerst. Toen het zes maanden later kerst was, paste ik er niet meer in. Huilend propte ik me in de jurk en liep de hele dag met de rits open. Na die middag in Vunga hebben we Julien niet meer gezien. Mijn moeder zei niets, maar ik voelde haar teleurstelling. Juist de zoon die iets kon doen, deed niks.

Toen Julien weer weg was, vroeg ik aan mijn moeder of ik ook naar school mocht. Ik had niet verwacht dat ze ja zou zeggen, maar een week later gaf ze me de oude blauwe jurk van Olivera die alle meisjes op school droegen en zei tegen mijn broer Oscar dat hij mij mee moest nemen. De blauwe jurk was te groot, maar met een touw om mijn middel bleef alles goed zitten.

De volgende dag liep ik, nadat ik water had gehaald, met mijn broer een uur de berg af naar het dorp. Veertig kinderen zaten op vier kleine banken gepropt en schreeuwden door elkaar. Oscar duwde twee meisjes opzij en zei tegen mij dat ik daar moest gaan zitten. Hij zat achter mij op een bank waar allemaal jongens zaten. Stil wachtte ik op wat ging komen. De meester kwam binnen en iedereen ging staan.

'Goedemorgen meester,' riep de klas.

De meester knikte. Dat ik er was, leek hem niet op te vallen. Er waren elke dag nieuwe kinderen, en kinderen die niet meer kwamen. De school hield zichzelf op die manier in balans.

De hele ochtend luisterde ik naar de meester en keek naar de kinderen in de klas. Als zij hun vinger opstaken deed ik dat ook. Om twaalf uur mochten we weer naar huis. Er waren maar twee lokalen; de jongste kinderen gingen in de ochtend naar school en de oudste in de middag, de school was te klein voor alle leerlingen. Op de terugweg naar huis schreef ik de letters die de meester op het bord had geschreven in de lucht. Ik vond het leuk op school.

Namu zat naast mij in de klas. Ze was ouder dan ik en had een nieuw uniform aan. Het was blauwer dan het mijne. En haar blouse was wit en gestreken. Na een paar maanden vroeg ik of ik met haar mee naar huis mocht. Ze lachte.

'Met die kleren zeker?'

Ze draaide zich om en liep weg. Ik wist waar haar huis was,

achter het houten gebouwtje dat als kerk diende. Het was een groot huis met een hek eromheen. Ze woonde daar met haar vader en moeder. Haar vader was nooit thuis en haar moeder zat altijd binnen. In een kamer die helemaal voor haar alleen was. Ik wilde dat Namu mij aardig vond, maar wist eigenlijk niet eens waarom. Het grote huis associeerde ik waarschijnlijk met veel eten.

'Hoe maak je vrienden?'

Mijn zus Verediane keek op. Ik wist niet of zij de aangewezen persoon was om deze vraag te beantwoorden, maar ze was de enige die thuis was. Ze was de oudste dochter en had vier kinderen van vier verschillende mannen. Ze woonden allemaal bij ons in huis. Ik was eraan gewend dat het thuis druk en vol was, ook al hadden we niet genoeg ruimte, of eten.

'Wat zeg je?'

'Hoe je vrienden maakt.'

'Waarom?'

'Ik wil vrienden worden met Namu die naast me in de klas zit, maar zij zegt niks tegen me en praat alleen met de andere meisjes.'

'Dan is ze ook niet jouw vriendin. Niet iedereen kan dat zijn.'

'Maar ik wil toch vrienden worden met Namu.'

Verediane liep naar de plek waar mijn moeder die ochtend urwagwa had gemaakt en pakte een van de bananen die over waren gebleven.

'Geef die maar aan haar, vrienden maak je door cadeaus te geven.'

Het was het proberen waard. Van mijn moeder mocht ik niet naar Verediane luisteren, maar een banaan meenemen kon geen kwaad.

Nadat ik tien rijpe bananen voor haar had meegenomen en

was blijven vragen of ik naar haar huis mocht, zei ze dat ik die middag met haar mee kon lopen. Het huis was zoals ik me voorstelde. De kamers waren donker en koel. In de huiskamer stond een kast met glazen deuren. Achter die deuren stonden beelden, boeken, foto's en zilveren doosjes. In de kamer van Namu stond ook zo'n kast, maar dan kleiner. Ik keek naar de spullen die erin stonden. Namu kwam met eten. Ik wist dat dat zou komen. Het was mijn voornaamste reden om bij Namu te zijn.

Haar moeder zat in een kamer met licht geverfde muren. Ze zat met haar rug naar de deur op een stoel. Heel recht en ze bewoog niet. Ze leek op een koningin. Ze hoorde dat wij achter haar stonden, maar ze draaide zich niet om en bleef naar de muur staren. Ik had nog nooit iemand zo lang naar een lege muur zien kijken.

'Kom, we gaan naar buiten,' zei Namu.

Ik wist niet of dat ze zich schaamde voor haar moeder of dat ze gewoon wilde spelen.

We speelden de rest van de middag met een grasbal, die we bij de ander tussen de benen door moesten rollen. Nadat Namu mij 's avonds weer eten had gegeven liep ik in het donker de berg weer op. Ik dacht echt dat Namu en ik vriendinnen zouden worden. Ook al had ze gezegd dat ik arm was en ze eigenlijk niet met mij mocht spelen.

Het tweede jaar dat ik op school zat, woonde ik zes maanden in Kigali, bij mijn oudste broer Antoine en zijn vrouw Laura. Ik was bang voor mijn broer, maar toen hij in Vunga was vroeg ik toch of ik met hem mee mocht. Ik had genoeg van mijn dronken moeder, mijn zussen die mij al het werk lieten doen en het weinige eten. Dan woonde ik liever bij een tiran die toch de hele dag aan het werk was. Ik hoopte dat zijn vrouw lief voor me zou zijn. Antoine zei dat ik mee mocht, maar alleen als ik goed mijn best zou doen op school. Ik beloofde het. In Vunga was ik de beste van de klas, dat moest in Kigali ook lukken.

Drie uur zaten we in de bus naar het zuiden, en het platteland veranderde langzaam in de stad. Er waren veel huizen, auto's, bussen, en mensen. Ik had nog nooit zoveel drukte bij elkaar gezien. De kinderen uit de stad waren anders dan de kinderen uit mijn dorp. De klassen waren kleiner en iedereen luisterde naar de juf. Ik wist niet dat het ook stil in een klas kon zijn. In Vunga liepen kinderen in en uit het lokaal. Er was altijd wel een oudere broer die een jonger zusje kwam halen omdat er thuis iets gedaan moest worden. Maar in Kigali was iedereen op tijd binnen, sloeg op tijd zijn boek open en schreef op tijd alles in een schrift. In Kigali kon iedereen beter rekenen en lezen dan ik. Mijn cijfers waren niet goed en Antoine vond dat ik niet genoeg mijn best deed.

'Je cijfers moeten beter worden,' zei hij. 'Je bent lui.'

'De sommen zijn hier moeilijker.'

'Onzin, een som is een som. Waarom werk je niet harder?'

'Ik doe mijn best.'

'Dat is niet genoeg. Als je cijfers niet beter worden zul je wel zien wat ik doe.'

Ik durfde niet te vragen wat dat was. In de klas lette ik goed op, maar het ging te snel. Ik kon me moeilijk aan het tempo aanpassen. Dat ik werd gepest maakte het er niet beter op. Als ik moest lezen lachte de klas me uit, als ik een som verkeerd deed ook.

Na zes maanden had de juf gevraagd of mijn broer naar school wilde komen. Tegen Antoine zei ze dat de achterstand te groot was. Ze wilde me in een klas met jongere kinderen zetten, maar zover kwam het niet. Toen ik die middag thuiskwam, stond Antoine me op te wachten met zijn handen op zijn rug. Hij stapte opzij zodat ik naar binnen kon, en ik zag een elektriciteitskabel tussen zijn benen bungelen. Het leek net alsof hij een staart had.

Zijn drie kinderen zaten op de bank. Laura liep naar de keuken en ik wilde meelopen omdat ik uit school altijd met haar het eten klaarmaakte. Ik kwam niet verder dan halverwege de kamer. Eerst was er een doffe klap, daarna een gloeiende, snijdende pijn op mijn rug. Ik zakte door mijn knieën. Achter me stond mijn broer.

'Ondankbare, je doet niet je best op school.' Mijn broer stond met de kabel in zijn handen. Hij had speeksel in zijn mondhoeken, net als een boze, wilde hond. Er was geen bonenveld waar ik in kon rennen. Ik was overgeleverd aan de boosheid van mijn broer over mijn falen op school.

Er volgde weer een doffe zweepslag met de kabel. En nog een. En nog een. Ik voelde mijn huid openbarsten en het warme bloed over mijn rug stromen. Daarna werd mijn huid gevoelloos. Alle zenuwen waren net als ik gebroken. Huilend rende ik de gang in van het appartementencomplex waar mijn broer woonde.

Een buurman kwam op het geluid af. Antoine stond achter me en zette een plastic tas met mijn spullen rustig bij me neer.

'Dag, Amina,' zei hij.

De buurman bracht me naar het busstation van Kigali en zette me op de bus terug naar Vunga. Toen ik de stad uit reed, miste ik de maaltijden al die ik bij Antoine en Laura thuis had gekregen.

5

Onderweg van school naar huis zag ik Constance al in de verte op de weg staan. Constance was mijn peettante en onze buurvrouw. Haar man was zakenman en was vaak in Kigali. Hun huis stond aan de andere kant van de weg, achter een braakliggend terrein. Via een klein stenen weggetje kon je over dat terrein bij hun huis komen. Constance droeg haar jongste zoon Beaudieu in een doek op haar rug. Hij sliep. Haar andere zoon sprong op de weg over een tak heen. Daarna pakte hij de tak op, legde die iets verder voor hem neer en sprong er dan weer over. Tegen de tijd dat ik bij hen was aangekomen, had hij acht rondjes over de weg gesprongen.

Ik had een manier gevonden om aan eten te komen. Rond etenstijd ging ik naar mijn tantes of buurvrouwen om te vragen of ik iets voor ze kon doen en hoopte dan dat ik na het werk eten kreeg. Ik hielp Constance vaak met haar kinderen. Beaudieu was al twee, maar kon nog niet lopen en was nog niet zindelijk. Constance had geen zin om hem elke keer te dragen en te verzorgen, en dat deed ik dan.

'Amina, kom me helpen,' zei Constance toen ik voor haar stond en ze de doek waar Beaudieu in hing losknoopte. Ik liep achter haar aan met het jongetje op mijn rug. Constance was een slanke, lange vrouw. Minstens twee koppen groter dan ik. Ik vond haar aardig, maar was ook bang voor haar. Ze had een zware stem en sprak altijd op dwingende toon. Alles wat zij zei klonk als een bevel. Ik hoopte dat ik de keuken schoon mocht maken. Ze had een pot met suiker boven in een kastje staan en voordat ik ging vegen, nam ik twee scheppen. De eerste schep spoelde ik met water meteen door, de tweede schep liet ik op mijn tong liggen zodat de suiker kon smelten voordat ik die doorslikte.

Ik hielp Constance de hele middag. Na het eten nam ze me mee naar de kamer waar Beaudieu sliep. In de hoek lag een mat met een laken.

'Als je wilt, kun je daar slapen.'

Ik zei dat het goed was. Mijn moeder vond het vast niet erg als ik niet thuis zou komen. Elke mond minder te voeden was meegenomen. Het maakte mij niet uit waar ik sliep, bij Constance had ik in elk geval geen last van mijn broer Deo, die 's nachts in de kamer van mij en mijn zussen kwam.

De eerste keer dat hij ineens naast me lag, schrok ik. Ik zei tegen hem dat hij weg moest gaan, maar hij hield zijn hand over mijn mond.

'Stil, Amina,' zei hij en hij ging heel dicht tegen me aan liggen.

'Als je niks zegt, krijg je een snoepje van me.'

Hij hield een roodgekleurd snoepje voor mijn ogen. Ik wilde het pakken, maar snel trok hij zijn hand weg.

'Ik geef het je als ik klaar ben.'

In mijn rug net boven mijn billen voelde ik iets hards. Deo bewoog zijn onderlichaam snel heen en weer tegen mij aan. Hij was groter dan ik en ik moest mij goed vasthouden om niet tegen mijn zus die naast me lag aan geduwd te worden. Zijn ademhaling werd zwaarder en de warme lucht uit zijn neus voelde ik steeds sneller over mijn voorhoofd glijden. Zijn greep werd steviger en zijn onderlichaam schokte. Ik wist niet wat hij aan het doen was, maar vond het vervelend om hem zo dicht tegen me aan te voelen. Zijn manke been hing slap over mijn benen heen en zijn zure zweetlucht maakte me misselijk.

Ik durfde me niet te bewegen en deed mijn ogen dicht. Ik dacht aan het rode snoepje en stelde me voor dat ik het openmaakte en het snoepje plat zou zuigen tussen mijn tong en verhemelte. Hoe elke keer als ik zou slikken de zoete smaak door mijn keel zou glijden. Ik voelde ineens iets warms op mijn rug. Mijn blouse was nat.

'Hier,' zei Deo en hij gooide het snoepje naar me toe. Even plotseling als hij was begonnen was hij gestopt.

Na die keer kwam hij zo vaak als hij kon bij me liggen. In het begin kon ik nog aan de snoepjes denken, daarna vond ik het vooral vies wat hij deed. Ik hoorde aan het slepende geluid van zijn manke voet over de vloer dat hij eraan kwam.

Meestal ging hij achter mij liggen, maar soms ook achter mijn zussen Verediane of Olivera. Als hij in onze kamer stond, lag ik met mijn handen tegen mijn oren en hoopte dat hij bij mijn zus zou gaan liggen, maar dat deed hij bijna nooit. Ik was groot genoeg om tegenaan te liggen en te klein om me te verzetten. Alleen als mijn moeder thuis was, bleef hij in zijn eigen bed, ook al deed hij in haar ogen nooit iets verkeerd. Toen ik tegen haar had gezegd wat Deo 's nachts deed, gaf ze me een klap en zei dat ik gek was. Zulke verhalen mocht ik niet vertellen.

Bij Constance waren de nachten rustig. Als ik wakker was, luisterde ik naar de ademhaling van Beaudieu. Een zachte, rustige ademhaling, heel anders dan de raspende, schokkende ademhaling van Deo. Na school hielp ik Constance in huis en speelde met de kinderen. We zeiden niet zoveel tegen elkaar. Constance zei wat ik moest doen en ging dan in een andere kamer zitten. Met Beaudieu op mijn rug haalde ik hout en maakte ik het eten klaar. Ik vond het leuk bij Constance. Er waren niet zoveel mensen in huis, het was er rustig en ik had elke dag eten. Wat over was, bracht ik naar mijn moeder.

Ik woonde een jaar bij Constance toen ik uit school kwam en Uwimana in de keuken stond met Beaudieu op haar rug. Uwimana was een van mijn buurmeisjes. Ze woonde schuin achter het huis van mijn moeder, naast het veldje waar de bonenplanten stonden. Constance was ook haar peettante. Tenminste, dat zei Uwimana toen ik haar vroeg waarom ze hier was. Constance kwam de keuken in lopen en zei tegen mij dat Uwimana hier kwam wonen en dat zij in de kamer bij Beaudieu ging slapen. Mijn matje had ze in de keuken gelegd. Een maand ben ik nog gebleven. Constance zei nooit iets tegen mij, maar met Uwimana zat ze de hele middag te kletsen. Ze deden elkaars haar en riepen dan vanuit de kamer wat ik in huis moest doen, of dat ik iets naar ze moest brengen. Toen ik ook Uwimana's kleren moest wassen ben ik terug naar huis gegaan.

'Ik ben er weer,' zei ik tegen mijn moeder. Ze keek op en gooide de witte plastic jerrycan naar me. Ik liep over het achtererf langs het huis waar Uwimana tot voor kort had gewoond naar de hoofdweg en ging het dorp in om water te halen.

Die nacht ging ik achter de deur liggen in de hoek van de kamer. Ik lag nog maar net op mijn matje toen ik Deo's geschuifel over de vloer hoorde. Ik pakte de bezem en duwde die tegen zijn manke been op het moment dat hij binnenkwam. Hij moest moeite doen om zijn evenwicht te bewaren.

'Als je nog één keer 's nachts naar mij komt, ga ik naar de politie,' zei ik tegen hem.

'Wat bedoel je, zus?' vroeg Deo met zijn ogen half dichtgeknepen. Ik zag aan zijn kloppende slapen dat zijn hartslag omhoogging. Hij hield zijn hand op zijn kruis. Zijn vuist omsloot zijn piemel.

'Dit hoort er allemaal bij.'

Ik duwde met de bezem tegen zijn been. Hij steunde met twee handen tegen de muur om niet te vallen. Ik wachtte tot hij weer rechtop stond.

'Ik zweer je, Deo, als ik je nog één keer achter me voel, ben je erbij.'

Ik wist dat hij nu naar Jeanine zou gaan, of naar de dochters van Verediane. Maar dat kon me op dat moment niets schelen.

6

Van alle klusjes vond ik water halen het vervelendst. De eerste keer dat mijn moeder me groot genoeg vond om alleen te gaan was ik zes. Ze wekte me om vijf uur en gaf me de grote jerrycan. Ik vroeg waar Olivera was.

'Vandaag ga je alleen,' zei mijn moeder.

Het was nog donker. Het zand voelde koud aan mijn voeten.

Op de weg zag ik schimmen van andere vrouwen en kinderen die naar de pomp in het dorp liepen. Annunciate liep voor me. Ze woonde een paar huizen verder.

'Mag ik met je meelopen?' vroeg ik.

Ze knikte. 'Loop op het midden van de weg.'

'Waarom?'

'Weet je dat dan niet? In de bosjes en tussen het hoge gras leven wilde katten en luipaarden. Zodra ze je horen gaan ze plat op hun buik liggen en vallen aan zonder dat je merkt wat er gebeurt. In één hap kunnen ze je hoofd eraf bijten.'

Annunciate had haar ogen wijd opengedaan en haar voorhoofd opgetrokken om haar verhaal kracht bij te zetten.

Ik liep zo ver mogelijk van de bomen en het hoge gras en bad tot God dat de dieren me niet zouden zien. Na een uur waren we bij de put en vulden onze jerrycans. De onderkant van mijn jerrycan was oranje van het zand op ons erf. Op de zijkant stond met grote letters tien liter. Ik waste mijn gezicht, dronk water en liep samen met Annunciate de berg weer op. De zon was opgekomen toen ik thuiskwam. Mijn broers lagen nog in bed. Zij zouden over een uur opstaan, al het water gebruiken zodat ik aan het einde van de dag weer de berg af en op moest. Het had geen zin om boos te worden of om te klagen bij mijn moeder. 'Ik heb dochters om water te halen,' was haar standaardantwoord.

Na een paar maanden nam ik Jeanine mee. In de tuin had ik een kleine jerrycan gevonden, die zij kon dragen. Dan hoefden we nog maar één keer per dag naar de put. Samen water halen was minder erg dan alleen, helemaal in het donker. Als ik alleen moest, rende ik in mijn eentje de berg af en weer op en dacht aan de beesten die zich verscholen in het hoge gras. Annunciate had gezegd dat als je rende ze juist achter je aan kwamen, maar ik wilde liever zo snel mogelijk weer thuis zijn.

Jeanine liep altijd iets achter me en luisterde naar mijn dromen die ik haar vertelde. Dat ik in het buitenland wilde wonen. Dat ik een rijke man wilde trouwen. En dat ik wilde studeren en arts worden.

Ik was één keer met Constance in het ziekenhuis geweest. Haar zus was aan haar buik geopereerd en lag een week in het kleine ziekenhuis in Vunga. 's Avonds brachten we haar geitenvlees, maïs en pap van zoete aardappelen. Het gebouw bestond uit twee kleine zalen, gescheiden door een dunne wand van stro en een bruin kalkmengsel. De bedden stonden dicht bij elkaar, je kon er maar net tussen staan. Voor het raam hingen doeken zodat het felle zonlicht en de insecten niet naar binnen konden. In de zaal was het warm. Bij de deur stond op een tafel een kleine ventilator te draaien, maar daar voelde je niets van. Ook niet als je er heel dichtbij ging staan. De zus van Constance lag stil in bed. Ze zei niks, maar hield haar hand even omhoog als begroeting. Onder haar blouse was een groot verband om haar middel gebonden.

Toen de arts binnenkwam, stond iedereen op om naar buiten te gaan. Ik keek naar de witte jas en de stethoscoop om zijn nek. Sommige mensen bedankten hem bij het naar buiten gaan. Ik was onder de indruk van het respect dat mensen voor hem hadden. Dat wilde ik ook.

Jeanine vroeg of je zomaar dokter kon worden.

'Je kunt alles worden wat je wilt,' antwoordde ik.

In de zomer toen ik dertien was, ging ik voor het laatst alleen naar de put. Mijn moeder was die dag naar de markt geweest. Ik zag aan de manier waarop ze liep dat het een zware dag voor haar was geweest. In een doek had ze de zoete aardappelen die ze niet had verkocht gewikkeld. Net als op de markt vouwde ze de doek open zodat het een kleedje werd en de rimpelige kleine rozerode bolletjes tussen het zand en de felle kleuren van de stof op een rij lagen. Ik wist dat mijn moeder de hele dag in de zon op haar hurken had gezeten. Ik wist ook dat ze de aardappels wilde klaarmaken omdat ze nog niets had gegeten.

'Amina, ga water halen.'

Het was donker. Jeanine sliep al. Verediane en Olivera waren weg.

'Ik wil niet in het donker, mama.'

Mijn moeder zei niets. Ik zag haar magere lichaam in de schemer, haar lange haren bijeengebonden door een stukje touw. Het pijpje, dat ze steeds vaker rookte, hing in haar mondhoek. Ik dacht aan alle keren dat ze was geslagen door mijn broers, hoe ze was vernederd door mijn oma, hoe ze in de steek was gelaten door mijn vader en hoe ze zich schaamde voor mijn zus die geen man had, maar wel vier kinderen. Hoe kwam het dat ze niet gek was geworden? In de hoek van de tuin stond mijn moeder bij de lage struiken. Met haar rug naar me toe deed ze haar rok een klein beetje omhoog en hurkte om te plassen. Ik vond haar op dat moment sterker dan ooit en pakte de jerrycan.

Er was niemand bij de waterput. Aan de rechterkant stonden dichte bosjes, zodat de vrouwen die zich wilden wassen vanuit het dorp niet te zien waren. Links stond een halfhoog muurtje waar potten en pannen op werden gezet. Bij de put was geen licht. Als de maan niet scheen, moest je op de tast je weg zien te vinden. Snel zette ik de jerrycan onder de kraan en keek hoe het water erin stroomde.

Ik deed een paar stappen achteruit en keek naar de berg achter het dorp. Vanaf de put kon ik de weg naar mijn huis zien, ook in het donker. De weg was een lichte streep met donkere vlekken aan weerskanten. Het was stil op geritsel in de bosjes na. Leefden er in deze bosjes ook dieren? Ik werd bang en voelde de aanwezigheid van iets of iemand die ik niet kon zien. De jerrycan was tot de helft gevuld. Snel deed ik de kraan dicht en wilde weglopen. Ineens sprong iemand uit de bosjes en greep me bij mijn arm. Ik gilde. Hij legde zijn hand op mijn mond en trok me naar zich toe.

'Als je nog een keer gilt, vermoord ik je,' zei hij.

Ik herkende de stem van Tade. Zijn adem rook naar alcohol. Hij had me waarschijnlijk vanuit de bar naar de put zien lopen.

Tade kende ik via zijn nichtje Tatiana. Een paar maanden geleden was ik nog verliefd op hem. Mijn moeder werkte af en toe voor zijn ouders als er geoogst moest worden. Tatiana en ik zaten dan aan de rand van het veld en keken naar de mensen op het land. Ik keek naar Tade. Het was misschien kinderachtig, maar ik dacht dat als ik met hem zou trouwen mijn toekomst een stuk beter zou zijn dan die van mijn moeder.

Ik zei tegen Tatiana dat ik haar neef leuk vond. Die avond gaf ze me een briefje. *Ik hou van jou,* had Tade er met nette letters op geschreven. Hij had zijn best gedaan, de letters met lange uitlopers waren gekruld. Ik voelde me warm worden vanbinnen. Tade vond mij leuk. Een man die zeventien jaar ouder was dan ik, en een bepaald aanzien in het dorp had, had mij een brief geschreven. Ik voelde me vereerd. Ik schreef een briefje terug en kreeg een paar dagen later weer een briefje.

Tade vroeg of ik naar zijn huis wilde komen. Ik ging ervan uit dat hij me aan zijn ouders wilde voorstellen. Mijn broer Julien had gezegd dat Tade te oud voor mij was en daarom zei ik tegen niemand wat ik die middag ging doen. Als Tades ouders me goed genoeg vonden zou mijn familie wel bijdraaien.

Onderweg probeerde ik de vouwen uit mijn jurk te trekken en met spuug de moddervlekken weg te poetsen. Ik wilde een goede indruk maken.

Tade deed open.

'Kom snel binnen,' zei hij.

Zijn huis had een echt dak, geen golfplaten zoals bij ons thuis, waar de regen doorheen sijpelde, maar een houten frame met dakpannen. Het was koel binnen. Hij pakte mijn hand en nam mij mee naar zijn kamer. Ik vroeg waar zijn ouders waren.

'We zijn helemaal alleen, Amina, dat wil jij toch ook?'

Ik voelde me ineens ongemakkelijk in het grote, lege huis.

Tade pakte mijn hoofd tussen zijn handen en probeerde mij te zoenen. Ik vond het vies. Die grote natte lippen en zijn tong die hij in mijn mond wilde duwen. Hij trok mij stevig tegen zich aan. Zijn ene hand om mijn middel en zijn andere hand op mijn billen. Ik voelde door zijn broek zijn piemel hard worden. Ik deed een stap naar achteren en duwde hem weg. Ik vond het vies en eng wat hij deed. Toen hij me weer naar zich toe wilde trekken, rukte ik me los en rende zijn huis uit.

Tade stond hijgend bij de put en haalde langzaam zijn hand van mijn mond. Ik voelde zijn hart kloppen, het ging nog sneller dan het mijne. Ik durfde niet te gillen. Zijn arm had hij rond mijn nek geslagen. Tade was een kop groter dan ik, ik zou het nooit van hem winnen. Hij trok zijn overhemd uit en snoerde het om mijn mond. In mijn nek knoopte hij de mouwen strak vast en daarna sleurde hij me aan mijn arm de bosjes in.

Ik viel en hij verloor zijn greep op me. Snel stond ik op en probeerde weg te rennen. Met één stap was hij al bij me. Hij duwde me hard naar achteren zodat ik weer viel en sleepte me over de grond de bosjes in. Ik voelde het zand en de takken langs mijn benen en rug schuren.

Toen we uit het zicht waren scheurde Tade mijn jurk stuk en ging boven op me liggen. Zijn broek was halfopen. Hij duwde hard met zijn heupen tegen mijn heupen aan. Ik voelde een steek in mijn buik. Tade ging hard op en neer, zijn adem werd zwaarder, en met zijn handen betaste hij mijn borsten. In paniek sloot ik mijn ogen en hoopte dat niemand, ook God niet, dit zou zien.

Tade was al weg toen ik mijn ogen weer opendeed. Op handen en knieën kroop ik de bosjes uit en stond op. Ik probeerde de pijn in mijn buik te negeren en voelde voorzichtig tussen mijn benen. Het voelde warm, vurig, alsof het ontstoken was. Ik rook het bloed dat mijn lichaam uit druppelde. Mijn benen zaten onder de schrammen. Voorzichtig waste ik me en met een half gevulde jerrycan strompelde ik naar huis. Mijn moeder was in slaap gevallen.

7

De oma van Cléo nam me mee naar de achtertuin. Cléo zat bij mij in de klas en woonde bij haar oma halverwege de berg van mijn huis naar het dorp. Soms, als Cléo er niet was, haalde ik water voor haar oma. Het was een lieve, wijze vrouw, ik kwam graag bij haar thuis. In de tuin vroeg ze of er iets met mij aan de hand was. Ik schudde mijn hoofd.

'Je ziet er anders uit, Amina, heb je wel eens met een man geslapen?'

Ik schrok. Ik had al een paar maanden niet meer aan Tade en de put gedacht. Ik schudde nogmaals. Ik durfde niet te vertellen wat er was gebeurd.

'Je weet dat als je bij een man bent geweest er een baby in je buik groeit. Je buik en borsten zijn dikker dan normaal.'

'Gisteren hadden we zoete aardappelen, daar is mijn buik dik van geworden.'

Ik hoopte dat ze niet verder zou vragen. Met haar duim en wijsvinger pakte ze mijn kin vast en keek me aan. Ze vroeg niets meer.

Onderweg naar huis dacht ik aan Tade. Een week geleden kreeg ik mijn jurk niet meer over mijn heupen en moest ik in de taille een stuk losscheuren. Ik was ook niet meer ongesteld geworden.

Mijn moeder was niet thuis, mijn broers lagen op bed. Achter het huis kwam mijn zus Olivera met hout onder haar arm terug uit het bos. Ze ging koken.

Olivera was vijf jaar ouder dan ik. We kookten vaak samen en hadden het dan over de jongens van ons dorp. Olivera had een zacht karakter, ik vond het jammer dat ze vaak weg was omdat ze bij andere families in het huishouden hielp om geld te verdienen. Ik twijfelde even toen ze me vroeg wat er aan de hand was, maar vertelde haar toch dat ik dacht dat ik zwanger was. Als ik het aan iemand kon vertellen, dan was het aan haar. Olivera zei dat ze wist hoe we abortus konden plegen.

'Wat is abortus?'

'We halen het kindje uit je buik.'

'Hoe dan?'

Ik wist nog maar net hoe dat kind in mijn buik kwam en kon me geen voorstelling maken hoe het er weer uit zou komen.

'Ga je in mijn buik snijden?'

'Nee, een kindje komt uit het gaatje tussen je benen naar buiten.'

'Is het dan al groot?'

'Je buik is nog niet zo dik, dus volgens mij valt het mee.'

Het was alle voorlichting die ik zou krijgen.

Olivera maakte een drankje van as, zeep en water. Daar moest ik zoveel mogelijk van drinken, dan zou het de volgende dag voorbij zijn. Drie bekers dronk ik en was toen zo misselijk dat ik die dag niets meer dronk of at.

Het had niet geholpen, de volgende dag was er niets veranderd.

Daarom nam Olivera me mee naar de bonenstruiken achter het huis. We liepen nog een stukje verder, tot we zeker wisten dat niemand ons kon zien. Mijn zus zei dat ik op de grond moest gaan liggen en mijn ogen dicht moest doen. Ze zou hard in mijn buik slaan en stompen om het kind dood te maken. Dan zou het vanzelf naar buiten komen. Ik lag stil en incasseerde de klappen van mijn zus. Ze sloeg en duwde. Ik werd weer misselijk.

'Binnen nu en twee weken komt je kindje eruit,' zei Olivera.

'Hoe weet ik dat dan?'

'Dat merk je vanzelf.'

Na twee weken was er niets gebeurd. Olivera had gezegd dat ik ongesteld zou worden, maar dat was niet het geval. Aan mijn zus kon ik niet meer vragen wat we nu moesten doen. Een week geleden was ze naar een tante in Mushubati in het zuiden van Rwanda gegaan om haar te helpen met haar baby.

's Avonds hoorde ik mijn moeder met Deogracias praten. Ze zaten samen op het erf. Mijn moeder maakte urwagwa. Ze scheidde de rijpe bananen van de overrijpe bananen die ze nodig had om het bier te maken. Ik lag op mijn matje in de kamer. Jeanine lag dicht tegen me aan en sliep. Ik luisterde naar de stemmen achter het huis. Mijn moeder zei dat ze Verediane had gezien, dronken op schoot bij een man in de bar.

'Wat is er fout gegaan?' vroeg mijn moeder hardop. De eerste keer dat Verediane zwanger was, was ze net klaar met school en werkte als lerares. Huilend kwam ze thuis omdat ze was ontslagen. Een ongetrouwde zwangere vrouw was ondenkbaar op school, ze kon meteen vertrekken.

Mijn moeder was boos, mijn broer Paul nog veel meer. Hij sloeg mijn zus totdat haar gezicht onder het bloed zat en schopte haar in haar buik. Hij schreeuwde dat ze een hoer was. Daarna draaide hij zich om en sloeg mijn moeder in haar gezicht. Tegen haar schreeuwde hij dat ze een slechte moeder was die haar dochters niet goed opvoedde. Pas toen mijn broer naar zijn kamer was gegaan begon mijn moeder te huilen. Zonder dat ze geluid maakte, rolden de tranen over haar wangen. Mijn zus liet ze op de grond liggen.

Verediane werd daarna nog drie keer zwanger zonder dat ze getrouwd was of wist wie de vader van het kind was. Alle drie de keren sloeg mijn broer eerst haar en daarna mijn moeder. Hij noemde haar ook niet meer bij haar naam. Als hij het over Verediane had, zei hij altijd 'die hoer'. Mijn zus was het grootste verdriet van mijn moeder, haar ongetrouwde dochter met vier bastaardkinderen. Ze had ons gezin geen grotere schande kunnen bezorgen.

Mijn moeder zei tegen Deo dat als er nog een dochter ongetrouwd zwanger zou raken ze dat niet zou overleven.

'Dan is Paul niet de enige die slaat.'

Ik wist dat ze dat meende en probeerde me voor te stellen hoe het zou zijn als eerst mijn moeder en daarna mijn broer hun woede over het kind in mijn buik op mij zouden afreageren. Ik wilde het mijn moeder ook niet aandoen om ongetrouwd een kind op de wereld te zetten. Ik duwde Jeanine voorzichtig naar haar eigen matje. Ze ging op haar zij liggen en trok haar knieën op. In het donker had ze zich zo klein gemaakt dat ik haar bijna niet zag. Ze sliep gewoon verder en ademde heel zachtjes, alsof ze er niet wilde zijn. Dat leek mij ook de beste oplossing: er niet meer zijn.

De volgende dag liep ik weg van huis. Ik was eerst naar de markt geweest. De zoete aardappelen die ik had verkocht brachten 300 frank op. Een kaartje naar Ruhengeri was 200 frank. De stad lag veertig kilometer naar het noordoosten, ver genoeg van mijn moeder en broer. Ze zouden me er niet komen zoeken.

In de bus ging ik achterin zitten, daar zou ik het minst opvallen. Naast me zat een vrouw met een kind op schoot, voor me een man en een vrouw met hun drie kinderen. Ze hadden een zak met koekjes bij zich en elke keer als het zakje openging, rook ik de zoete amandelgeur. Ik had geen honger. De angst was groter dan elk ander gevoel. Ik ging naar een stad waar ik niemand kende. Waar moest ik naartoe? Waar kon ik slapen?

Na twee uur rijden door de bergen stopte de bus op het busstation van Ruhengeri. Ik wachtte tot iedereen was uitgestapt en ging als laatste de bus uit. Het busstation was lang en smal, op de grond lag rood zand dat door de bussen plat was gereden en hard was geworden. Bussen, fietsers en motortaxi's reden door elkaar. Reizigers en straatverkopers liepen zigzaggend tussen alle voertuigen door.

De deuren van de bus waar ik net was uitgestapt gingen sissend dicht. De chauffeur toeterde en gebaarde dat ik weg moest omdat hij erlangs wilde. Ik deed een stap opzij. Mensen botsten tegen mij aan, maar niemand zag me. Ik dacht aan Constance en hoe ik voor haar kinderen had gezorgd, dat zou ik hier ook kunnen doen. Een vrouw met een stijf gestreken jurk liep voor me. Haar jurk was van dezelfde stof als de doek waarin ze haar haren had gewikkeld en die waarin ze haar baby droeg. Naast haar liepen twee kinderen. Ik tikte haar op haar schouder en durfde haar niet aan te kijken toen ik vroeg of ik haar kon helpen met haar kinderen. De vrouw zei niets, schudde haar hoofd en liep door.

Achter haar liep een andere vrouw met twee kinderen.

'Ik kan voor je kinderen zorgen,' zei ik tegen haar.

Ze hoorde me niet en liep door. Een uur lang zocht ik op het busstation naar werk. De vrouwen die ik aanhield waren geïrriteerd, zeiden niets en liepen verder. Er waren er maar een paar die vroegen waar ik vandaan kwam en wat ik wilde, maar ik mocht met niemand mee naar huis.

Ik had een droge keel van het losse zand dat aan de rand van de weg steeds opstoof als er een bus langsreed. Ik vroeg aan een vrouw die maïs verkocht of ik ergens water kon drinken. Bij het houten hok aan het begin van het busstation hing aan de zijkant een kraantje. Mannen die uit de bus stapten gebruikten de planken om tegenaan te plassen. De urinelucht rook ik op meters afstand. De kraan hing los en door het lekken was het zand eronder donker gekleurd. Ik dronk water en vroeg aan een jongetje dat in de schaduw van het hokje zat waar het rustig was in de stad. Hij gebaarde met zijn hand, het busstation uit en naar rechts.

De rest van de middag liep ik door de stad. De huizen waren groter dan in Vunga. Sommige winkels langs de weg waren turkoois, geel of rood geschilderd. Het asfalt voelde warm aan onder mijn voeten. Ik liep langs de markt een smalle straat in. Hier waren minder auto's. Aan de rand van de weg stonden nog een paar marktkraampjes. Ik keek over kramen heen naar de horizon. Vijf vulkanen aan de rand van de stad ontnamen me elk zicht. In deze grote stad, omgeven door bergen, voelde ik me kleiner dan ooit.

In de schemer liep ik nog steeds door de straten van de stad. Zolang ik bleef lopen voelde ik niet hoe bang ik was. Waar kon ik slapen? Ik wilde net teruglopen naar het busstation om daar de nacht door te brengen, toen een man op een motor stopte en vroeg wat ik aan het doen was. Ik zei dat ik naar werk zocht. 'Je hebt geluk,' zei hij. 'Mijn zus heeft wel werk voor je, stap maar achterop.'

Zonder na te denken stapte ik op de motor en hield me aan

zijn wapperende shirt vast. Ik had geen idee waar we naartoe gingen, maar het leek me beter om bij hem te zijn dan in het donker rond te lopen. Na een kwartier stopten we voor een huisje.

Hij duwde me naar binnen. Het was een kleine ruimte die eigenlijk maar uit één kamer bestond. In de hoek stond een oud bed van ijzer. De ene kant van het bed was lager dan de andere kant omdat een poot gebroken was. Het bed was ooit geel geweest, maar nu was de meeste verf er afgebladderd. Er lag een dun matras op, vol vlekken. Naast het bed stonden lege blikjes cola en bier. In één blikje waren sigaretten uitgedrukt, de as lag op de bovenkant.

Ik vroeg of zijn zus hier woonde, maar wist het antwoord eigenlijk al. De man zei niets. Hij duwde me op het bed, hield zijn hand voor mijn mond en ging op me liggen. Hij had zijn hand ook kunnen weghalen, ik was zo bang dat ik niet durfde te gillen. Nadat hij klaar was, trok hij zijn broek omhoog en liep zonder iets te zeggen weg.

Dit was de wereld waarin ik terecht was gekomen.

8

De volgende ochtend ging ik terug naar het busstation. Het was de enige plek in de stad die ik kende. Bij twee vrouwen die achter een plastic tafel amandazi, zoete oliebollen, verkochten ging ik staan. De man die mij gisteren mee had genomen reed op zijn motor langs. Op zijn koplamp had hij een bordje taxi gezet. Elke keer als hij langsreed likte hij langs zijn lippen.

Een paar uur later zat ik nog steeds op het zand naast de vrouwen. Ik had een paar mensen aangesproken, maar niemand had mij nodig. Of wilde mij nodig hebben. De motorrijder reed weer langs. Hij stopte en gebaarde dat ik naar hem toe moest komen. Ik keek de andere kant op. Heel lang, totdat ik zeker wist dat hij er niet meer stond.

Aan de vrouw naast me vroeg ik waar de hotels waren. Toen ik bij mijn broer in Kigali woonde had hij steeds gezegd dat ik dankbaar moest zijn dat hij in het beste deel van de stad woonde. Ik vroeg hoe hij kon weten dat dit het beste deel was. 'Omdat hier ook de hotels staan,' had hij gezegd.

De vrouw bij het busstation keek verschrikt op. De oude krant die zij in haar handen had om de vliegen boven de oliebollen op het tafeltje voor haar weg te wuiven hield ze stil. Haar andere hand zette ze in haar zij.

'Musanze,' zei ze.

'Welke kant is dat op?'

Met de oude krant wees ze richting de hoofdstraat die vanaf het busstation door de stad kronkelde.

'Loop die maar af, bij de rotonde moet je zijn.'

De rotonde was een kwartier lopen. Op goed geluk ging ik linksaf. In de lange straat stonden een paar huizen, een klein guesthouse, een restaurant. Het was rustig in dit deel van de stad. Er reden minder auto's en er waren minder voetgangers op straat. De meeste huizen hadden een hek en in de tuinen bloeiden bloemen. Het grootste hotel in deze buurt was oranje geschilderd. Aan weerskanten van de oprijlaan stonden bloemen. Voor de deur was een groot terras en met blauw geschilderde letters stond boven de deur KARISIMBI.

Ik liep naar de achterkant van het hotel. Door het hek zag ik de deur van de keuken openstaan. De koks liepen lachend met hun sigaret in hun mond naar buiten en weer naar binnen. Soms pakten ze iets uit een kist bij de deur of zetten ze flessen en pannen buiten. Ook de ober liep naar buiten. Rechts achter de deur stonden vuilnisbakken. Het eten van de borden schoof hij erin en hij nam de lege borden weer mee naar binnen. Ik had al drie dagen niet gegeten en de kip en patat werden zomaar in de vuilnisbak gegooid. Ik deed mijn ogen dicht en snoof de vette baklucht op. Heel even werd mijn honger minder. Ik liep verder de straat rechts van het hotel in en onthield elke bocht die ik nam. Als het donker was wilde ik hier terugkomen om te eten.

Ik was in het noordelijke deel van de stad. Vlak voordat de stad ophield, stroomde een smal riviertje onder een brug de stad in. Ondanks het feit dat er weinig daglicht onder de brug was, groeide er gras en stonden er dorre struiken. Er lagen blikjes, papier, plastic bakjes, lege pakjes sigaretten en glas van flessen die waren stukgegooid. Aan de waterkant lag een teenslipper. In de zool zat een gat zodat je door de slipper heen kon kijken. Precies in het gat lag een groen stukje glas. De grond onder de brug liep af, met hier en daar een recht stuk. Op een van die stukken veegde ik met mijn hand door het zand om zeker te zijn dat er geen glas lag, en ik legde er droog gras neer. Hier kon ik vanavond slapen.

Naast de brug stond een bruingrijs huisje met golfplaten dak. Met rode letters stond boven de deur BAR geschreven. Er waren geen ramen. Ik hoorde de muziek uit de bar onder de brug. Radio Rwanda hadden ze aanstaan. Na de muziek praatte iemand over het weer in Kigali. Als ik op de brug stond, kon ik langs het doek, dat maar voor de helft voor de deuropening hing, naar binnen kijken. Het was een donkere ruimte. Na een paar minuten stond iemand op, maar ik kon niet zien wie het was. Of wat hij ging doen.

In de schemer liep ik terug naar het hotel. Aan de achterkant was de deur dicht. De vuilnisbakken stonden er nog. Ik liep eerst een paar keer heen en weer om er zeker van te zijn dat er niemand was. Het hek was niet zo hoog. Ik ging op een steen staan, klemde mijn voet tussen de spijlen en trok mezelf omhoog. De houten punten stonden een stuk uit elkaar waardoor ik er met één been tussen kon. Ik zwaaide mijn andere been eroverheen en sprong naar beneden. Ik bleef tegen het hek staan en luisterde naar de stemmen achter de deur.

Vier stappen moest ik nemen voordat ik bij de eerste vuilnisbak was. Toen ik het deksel optilde, rook ik de muffe lucht van oud eten. Bovenop lagen botjes, een kapot glas en kartonnen bakjes. Daaronder lege flessen, twee lege melkblikken en blikjes waar vlees in had gezeten. Ik ging met mijn vinger door de lege vleesblikjes en likte de olie die er nog in zat van mijn vinger af. Tussen de botjes vond ik nog een klein stukje vlees. In de tweede vuilnisbak lagen schillen van aardappels en bananen bovenop. Daaronder lag patat, tussen een servet en sigarettenpeuken in. Ik veegde een paar patatjes schoon en stopte die snel in mijn mond.

In het donker liep ik terug naar de brug. Het licht en geluid uit de huizen voelden op een vreemde manier veilig aan. Bij de brug zaten twee meisjes aan het water. In het donker zag ik hun silhouet, achter op hun rug hadden ze ieder een kind in een doek. Ze dronken bier en lachten hard. Een van hen stond na een tijdje op en liep naar de bar. Ze kwam terug met een nieuw flesje bier. Mama-juna en Mama-mina heetten ze. Elke zin die ze uitspraken begon met de naam van de ander, alsof er een vergissing kon ontstaan tegen wie ze aan het praten waren. Ik sloop zachtjes naar de plek waar ik een paar uur geleden gras had neergelegd en ging op mijn zij liggen. Ik luisterde naar de meisjes bij de rivier en Radio Rwanda uit de bar en viel uiteindelijk in slaap.

9

Na vier dagen kwam Mama-juna naar me toe en ging voor me staan.

'Ik heb problemen met mijn familie,' zei ze.

Ik knikte. Ze wees op haar zoon die in een doek op haar heup zat. Met één hand hield ze hem een beetje omhoog zodat hij uit haar borst kon drinken. Haar borst kwam onder haar blouse vandaan, een ronde borst met een grote roze tepel.

'Door hem.'

Weer knikte ik.

'Hoe heet je?'

'Amina.'

'Kom bij ons zitten, Amina.'

Mama-juna liep naar de rivier toe. Ik liep achter haar aan. Mama-mina vroeg of ik gegeten had en gaf mij een stukje stokbrood zonder mijn antwoord af te wachten. Het flesje dat ze in haar hand had zette ze bij me neer. Er zat nog een restje bier in. Het lauwe bier smaakte bitter, ik vond het niet lekker.

Zij sliepen iets verder onder de brug naast een rij dorre struiken. Ik moest bij hen komen liggen, dat vonden ze beter. Ik durfde niet te vragen waarom. Die nacht lag ik naast Mama-mina. Haar dochter had ze tussen ons in gelegd. Ik dacht aan het kind in mijn buik en hoopte dat er iets zou gebeuren waardoor het dood zou gaan.

Toen ik wakker werd waren Mama-juna en Mama-mina al naar de rivier gelopen. Daar wasten we ons en dronken water. Het was het enige moment dat de kinderen van Mama-juna en Mama-mina niet in de doek zaten. Ze kropen rond de voeten van hun moeder en wachtten totdat ze opgepakt zouden worden en weer op de rug van hun moeder werden gezet. Daar zaten ze dan de rest van de dag.

Overdag waren Mama-juna en Mama-mina samen. Ik wist niet wat ze deden en waar ze naartoe gingen. Als het begon te schemeren zagen we elkaar weer bij de brug. Ik had ze verteld van het eten dat ik had gevonden in de vuilnisbakken bij Hotel Karisimbi en soms gingen we er samen in het donker naartoe. Ik klom altijd over het hek, omdat ik geen kind op mijn rug had.

De mannen die in de keuken werkten wisten dat we eten zochten aan het einde van hun werkdag. Ze hadden ons vaak betrapt. Meestal gooiden ze met stenen om ons weg te jagen. Of ze zetten het hek aan de andere kant van het terrein open zodat de wilde honden die daar rondzwierven, en die net als ik op zoek naar eten waren, naar binnen konden. De eerste keer rende ik in paniek weg en zag hoe die beesten mijn eten opaten. Daarna had ik een stok bij het hek gelegd zodat ik ze op hun neus kon slaan.

Een van de koks was een agressieve dronkenman. Meestal was ik al aan de andere kant van het hek omdat ik hem hoorde aankomen. Behalve die keer dat hij me stond op te wachten. Hij rukte het deksel van de vuilnisbak uit mijn handen en sloeg er hard mee op mijn hoofd. De restjes kip en vis die ik vasthad vielen op de grond. Ik bukte om ze op te rapen. Weer kreeg ik het deksel dat de kok nog steeds vasthield tegen mijn hoofd. Ik viel om en voelde hoe hij in mijn buik schopte.

Mama-juna gilde aan de andere kant van het hek dat ik op moest staan en weg moest rennen. Het lukte niet. We hadden twee dagen niet gegeten, toen ik opstond zakte ik weer in elkaar. De kok spuugde op me, draaide zich om en liep weer naar binnen. Ik schraapte de kip en vis bij elkaar. In de rivier wasten we het zand er af. Een paar dagen later waren we weer bij het hotel. We luisterden naar de stemmen in de keuken. De kok die mij had opgewacht was er niet, ik kon over het hek klimmen.

Mama-juna en Mama-mina liepen elke dag naar het centrum van de stad. Ik bleef in de buurt van het hotel en liep langs de huizen om te vragen of ik klusjes kon doen. De meeste mensen lieten me hun kleren wassen. Dat kon ik in de tuin doen. Ook schoenen poetsen deed ik in de tuin. Ze wilden mij liever niet in hun huis hebben. Ik was vies, mijn kleren zaten vol vlekken, mijn haren waren niet gekamd en ik had geen schoenen aan.

Ik was ook vaak ziek. Soms had ik wekenlang diarree, of moest ik veel overgeven. Niemand wilde dat in zijn huis. Ik werd ook vaak weggestuurd. Of de deur werd niet opengedaan terwijl ik wist dat er iemand thuis was. In het begin liep ik weg, maar later ging ik gewoon om de hoek zitten wachten. Als de vrouw dan naar buiten kwam, liep ik op haar af en vroeg waarom ze de deur niet open had gedaan. Niet iedereen vond dat leuk. Ze schreeuwden dat ik ze niet mocht lastigvallen en dat ze me nooit meer wilden zien. Soms zeiden ze niets en liepen me gewoon voorbij.

Eén vrouw moest lachen toen ik haar had opgewacht omdat ze de deur niet opendeed. Emilie had een groot huis, zes straten achter het hotel.

'Je bent een slim kind, kun je kleren wassen?'

'Ja, mevrouw.'

'Kom dan maar mee, op het erf is een kraan, daar kun je werken.'

Ik mocht achter haar aan door het huis naar de tuin lopen. De vloer voelde koud, ik was vergeten hoe koel het in een huis kon zijn. Hoe het zonlicht speelde met de gordijnen die voor de ramen hingen. Hoe de geur van eten door alle kamers slingert, en hoe het voelt om een dak boven je hoofd te hebben. Ik bleef even staan en snoof de lucht van vis en aardappelen op. Met mijn tenen bewoog ik heen en weer op de tegelvloer.

Emilie zei dat ik niet kon blijven staan en trok me aan mijn arm mee de tuin in. Toen ik het water in de emmer liet lopen zag ik dat zij de vloer waar ik op had gelopen aan het vegen was. Drie uur lang waste ik de kleren van Emilie, haar man en hun vijf kinderen. Daarna legde ik alles te drogen in het droge gras in de hoek van de tuin waar de zon scheen. De zon was al ondergegaan toen Emilie weer naar buiten kwam en ik haar de stapels opgevouwen schone was liet zien. Ze gaf me tweehonderd frank. Terug bij de brug kocht ik in de bar een amandazi. Van het geld dat Mama-juna en Mama-mina hadden verdiend kochten ze twee flesjes bier en een flesje Fanta voor mij.

10

Ik voelde geprik in mijn rug. Slaperig keek ik om. Een soldaat boog zich over me heen. De loop van zijn geweer was, nu ik omgedraaid was, ten hoogte van mijn ogen. Ik keek in de holle pijp.

'Wat doe je hier?' vroeg de soldaat.

Achter de soldaat zag ik nog meer soldaten lopen. Ze liepen langs de rivier. Ook hoorde ik ze boven op de brug en in de bar. Ze riepen dat er genoeg bier was. De soldaat prikte met zijn geweer in mijn wang.

'Wat doe je hier?'vroeg hij nog een keer.

Ik durfde niets te zeggen en draaide me om, om te kijken waar Mama-juna en Mama-mina waren. Hun plek was leeg.

Toen ik weer naar de soldaat keek, had hij zijn broek opengemaakt en stond halfnaakt voor me.

'Kleed je uit,' schreeuwde hij en hij richtte zijn geweer op me. Ik deed mijn rok uit en de soldaat trok mijn onderbroek met een harde ruk uit en ging op me liggen. Het geweer hield hij op me gericht. Doodsbang wachtte ik tot hij klaar was. Toen hij van me af ging, wilde ik opstaan, maar een andere soldaat duwde mij tegen de grond.

Ik begon te schreeuwen, maar dat vond de tweede soldaat alleen maar leuk. Steeds harder ging hij op en neer. Ik voelde zijn broek tegen de binnenkant van mijn been schuren en een stekende pijn in mijn buik elke keer als hij zijn onderlichaam tegen dat van mij duwde. Toen hij klaar was, hield hij me met zijn knieën tegen de grond en riep een groep soldaten achter hem.

'Hier is er een die het fijn vindt.'

Drie soldaten kwamen om me heen staan. Twee hielden mijn armen en benen vast zodat de derde makkelijk zijn gang kon gaan. Daarna wisselden ze van plek. Ik sloot mijn ogen en probeerde niets te voelen. Het lukte niet. De soldaten gingen als beesten tekeer, aangemoedigd door elkaar. Ik voelde elke beweging, elke stoot, elke grip, en uiteindelijk hun lichaam verslappen als ze klaar waren. Na nummer vijf lieten ze me met rust en liepen naar de bar. Huilend pakte ik mijn rok en wikkelde die weer om me heen.

Ik wachtte tot alle soldaten weg waren voordat ik naar de rivier liep naar Mama-juna en Mama-mina. Ik vroeg waar zij waren geweest.

'Toen we de soldaten hoorden zijn we weggegaan,' zei Mama-mina.

Ze gaf me het flesje bier dat ze met Mama-juna deelde.

'Hier, neem ook een slok. De soldaten hebben het voor ons achtergelaten.'

Ik sloeg de fles uit haar handen. Drie maanden hadden we samen onder de brug geleefd. Maar er was geen samen, op straat was het ieder voor zich.

Na een week wist ik waarom er zoveel soldaten in de stad waren. Ik hoorde op Radio Rwanda dat in het noorden van de provincies Byumba en Umutara rebellen vanuit Uganda het land binnenvielen. De Rwandese soldaten moesten hen tegenhouden.

Ruhengeri was in deze provincie de eerste grote stad vanaf de grens met Uganda. Daarom was er in het noorden van de stad een grote kazerne gebouwd. Als je over de brug de stad uit liep, kwam je na een kwartier bij houten barakken, de slaapplaats van de soldaten. In Ruhengeri waren geen rebellen, ook niet bij de grens, twintig kilometer verderop. De soldaten verveelden zich. Ik was nergens veilig. Zodra soldaten me zagen konden ze met me doen wat ze wilden. Gewoon omdat ze vonden dat ze dat recht hadden. Ze sloegen me en rukten de kleren van mijn lijf. Soms kreeg ik geld van ze, maar meestal gingen ze na elkaar in me tekeer en lieten me daarna achter in een plas van urine, bloed en sperma.

Na een paar maanden wilden Mama-juna en Mama-mina met de soldaten mee. Langs de weg naar de kazerne stonden kleine houten huisjes die de soldaten van de bewoners hadden gehuurd. Ze lieten er vrouwen in slapen. Mama-juna zei dat ze een eigen huis wilde en dat ik mee moest gaan. Ik had geen zin.

'Waarom niet?' vroeg ze. 'Dan hebben we een huis met een deur, die we dicht kunnen doen.'

De soldaten zouden zich niet laten tegenhouden door een deur. Ik zei dat ik liever onder de brug bleef slapen. Ik kon daar de soldaten goed in de gaten houden. Als ik ze in de verte hoorde aankomen, liep ik over de brug naar de andere kant van de rivier. Ik zag hoe ze naar de bar gingen en bier kochten en hoe ze daarna naar de rivier liepen en keken of er iemand onder de brug zat. Soms zagen ze me aan de overkant zitten en rende ik snel naar het hotel. In de bosjes bij de keuken wachtte ik tot ik zeker wist dat de soldaten weg waren.

Na een paar maanden lieten de soldaten me met rust. Mijn buik was te dik. Het was het enige voordeel dat ik had van het kind in mijn buik. Om de twee dagen deed ik klusjes bij Emilie. De dagen dat ik niet bij haar was, liep ik langs de huizen om te kijken of ik daar kon werken. Naar het hotel ging ik niet meer. Ik kon niet meer over het hek klimmen. Mijn eten bedelde ik op straat bij elkaar. Het was eind maart. Een halfjaar geleden was ik van huis weggelopen. Ik dacht eigenlijk nooit aan mijn moeder. Of aan teruggaan. Zelfs niet toen de soldaten elke nacht naar de brug kwamen. Het was een vreselijk leven, maar thuis zou het niet beter zijn. Mijn broer Deo zou zijn handen niet thuis kunnen houden, en mijn kind en ik zouden geen leven hebben. Misschien had ik al niet meer geleefd als ik thuis was gebleven. Paul kon me makkelijk doodslaan. Het kon zomaar zijn oplossing zijn om de eer van de familie te redden.

Ik waste mijn voeten in de rivier omdat ik niet kon slapen. Ik dacht dat ik ziek was. Ik had pijn in mijn buik, en was afwisselend koud en warm. Mijn lichaam wende slecht aan het leven op straat. Door het bedorven eten, het vervuilde water en de wonden op mijn voeten en benen had ik vaak opgezette klieren en diarree. 's Nachts kon ik niet slapen omdat ik het warm had, overdag kon ik niet werken omdat ik het koud had.

De steken in mijn zij werden steeds erger. Emilie had gezegd dat ik als ik buikpijn had naar haar toe moest komen. Het was elf uur 's avonds toen ik bij haar aanklopte.

'Je baby komt,' zei ze. 'We gaan naar het ziekenhuis.'

Het ziekenhuis was in het centrum van de stad, twintig minuten lopen. Stil liep ik naast Emilie en ik hoopte dat de buikpijn niet erger zou worden.

De portier deed het houten hek een stukje voor ons open. Langs het hek lagen mensen te slapen. Als de zon opging konden ze naar de binnenplaats van het ziekenhuis, waar ze onder een golfplaten afdak konden wachten op een dokter. Soms lukte dat, maar soms moesten ze nog een nacht bij het hek slapen. Op de binnenplaats was het nu rustig. Emilie wees op de blauw geschilderde houten barak en liep weg. Over een halfuur zou ze weer thuis zijn.

Twee verpleegsters waren met elkaar in gesprek toen ik naar binnen liep en huilend zei dat mijn baby kwam. Een van hen keek op en vroeg of ik een man had. Ik zei dat ik alleen was.

Ze zette haar handen in haar zij.

'Waarom huil je? Huilde je soms ook toen je negen maanden geleden je benen wijd deed? Ik dacht het niet.'

Ze keek naar de andere verpleegster en schreeuwde dat er een hoer in het ziekenhuis was die nu huilde omdat haar baby kwam. De pijn in mijn buik werd erger.

'Help me alsjeblieft,' smeekte ik de verpleegsters. 'Ik kan niet meer.' De pijn was ondraaglijk. Ik zocht een stoel, maar omdat de verpleegsters op de enige twee stoelen zaten die in de kamer waren, ging ik op de grond zitten.

'Moet je kijken hoe je je nu gedraagt,' zei de verpleegster die nog steeds met haar handen in haar zij stond.

'Zet je tanden maar even op elkaar.'

Ze trokken me omhoog en namen me mee naar een ander kamertje. Er stond een klein bed op wielen. Het leek meer op een karretje dan op een bed. De verpleegsters schreeuwden tegen me dat ik daarop moest gaan liggen, dat ik mijn benen open moest doen en dat ik mijn mond moest houden. Ik raakte in paniek. De druk op mijn buik was zo groot dat ik alleen maar kon gillen. Bij elke gil kreeg ik een klap in mijn gezicht.

'We houden niet van hoeren die gillen,' beet een van de verpleegsters me toe. Ze pakte mijn handen en zei dat ik mijn knieën vast moest houden. Daarna liepen ze alle twee weg.

Ik schreeuwde dat ze me niet alleen moesten laten. Dat ik niet wist wat ik moest doen. De pijn werd steeds heviger. Huilend schreeuwde ik om hulp. Toen het leek alsof ik moest poepen en ik het niet tegen kon houden, kon ik alleen nog maar huilen. Niemand kwam.

De pijn tussen mijn benen sneed door mijn hele lichaam. Ik voelde dat mijn bekken uit elkaar werd geduwd en de botten die langs elkaar gleden veroorzaakten een brandende pijn. Het leek wel of mijn vagina in brand stond. Ik zag sterretjes voor mijn ogen en liet mijn hoofd vallen. Plotseling nam de druk op mijn buik af. Een plas water lag op het bed en de vloer. Tussen mijn benen lag mijn kind. De pijn was weg. Het was helemaal stil in de kamer. Een van de verpleegsters kwam binnen. Ze pakte de baby en knipte de navelstreng door.

'Hier is je kind,' zei ze, en ze ging weer weg.

11

Het hoopje tussen mijn benen bewoog niet. Ik durfde het niet aan te raken. Rond het bed lag een plas bloed. Als mijn moeder vroeger een geit slachtte lag er ook zo'n plas. Een verpleegster kwam binnen en zei dat ik de kamer uit moest.

Ik had twee truien aan. Eén trok ik uit en scheurde ik in twee stukken. Eén stuk wikkelde ik om mijn kind. Toen ik het oppakte en omdraaide zag ik dat het een meisje was. Het andere stuk vouwde ik dubbel en legde ik in mijn onderbroek zodat dat het bloed, dat nog steeds uit mijn vagina druppelde, op kon vangen. Daarna liep ik met mijn kind naar de zaal waar de vrouwen lagen. Er waren twee rijen met bedden, elk bed was bezet. Een oude vrouw wees op het voeteneind van haar bed. Ik knikte en ging zitten. Ze was ouder dan mijn moeder, en had ook een baby. Ze zei dat ik mijn kind aan de borst moest leggen zodat het niet zou gaan huilen.

De volgende dag lag ik nog steeds bij de vrouw in bed. Met Niyigena aan de borst. 'Zij die wijst naar God' vond ik een mooie naam. Normaal kreeg een baby pas een naam na een paar dagen, maar zo lang wilde ik niet wachten. Een paar uur later maakte ik er Nina van, Niyigena was te lang. De meeste vrouwen die met hun kind in het ziekenhuis lagen bleven een week. Ik wilde de volgende dag al weg. Een week in het ziekenhuis kostte 500 frank. Van dat bedrag kreeg ik pijn in mijn buik.

's Avonds pakte ik de doek die over het bed hing, en van de oude vrouw was, en bond Nina op mijn rug. Samen met mijn kind sloop ik het ziekenhuis uit. De portier vroeg waar ik naartoe ging en ik zei dat ik ging wandelen. Hij deed het hek open en zei dat ik pas morgenochtend weer naar binnen mocht omdat hij ging slapen. Bij de brug was niemand. De bar was dicht.

De volgende dag ging ik naar Emilie. Ze keek niet naar mijn kind en vroeg alleen of ik kon werken. Ik knikte. 's Middags riep ze me binnen. Een oude man stond in haar kamer. Ik had hem wel eens eerder gezien, hij was de oom van Emilie en woonde ergens in de buurt. De man had grijze slapen en rimpels op zijn voorhoofd. Hij zag er moe uit. Emilie zei dat ik bij hem kon eten. We liepen samen de straat uit en de hoek om.

Bij een klein huisje stopten we. Er waren twee kamers. In de ene kamer stonden een tafel en twee stoelen, in de andere kamer een bed. Aan de achterkant van het huis was een plek om vuur te maken. Tegen het huis stonden op twee planken potten en pannen. Aan de muur hingen reclames die hij uit tijdschriften en de krant had gescheurd.

Tegenover zijn huis was een klein restaurant.

'Daar gaan we eten,' zei de oude man.

Voor het stenen huisje was een afdak gemaakt van twee stokken en een stuk zeil. Er stonden vier witte plastic tafels en acht stoelen. Een dikke vrouw met een rood-gele jurk aan liep het huisje in en uit. Ze nam volle borden met vis en aardappels naar buiten en lege mee naar binnen. De man zei tegen haar dat ik elke dag hier mocht eten. Hij zou betalen. De dikke vrouw keek naar mij en Nina. Het zweet liep in kleine straaltjes langs haar ogen.

'We zullen zien,' zei ze, en ze spuugde op de grond tussen de tafels.

's Avonds bij de rivier haalde ik Nina uit de doek. Ik waste haar in de rivier. Ze zag er grappig uit. Haar huid was lichter dan die van mij en ze had allemaal kleine zwarte krulletjes op haar hoofd. Zelfs als ze haar ogen open had leek ze op een bokser na een zwaar gevecht. Ik wist niet wat ik met haar aan moest, maar vond het fijn dat ze er was. Ik was nu niet meer alleen.

De eerste weken met Nina liep ik elke ochtend naar het huis van Emilie om te kijken of er werk was. Daarna naar de dikke vrouw in het eethuisje tegenover het huis van de oude man. Soms was hij er en zaten we samen aan een tafeltje, soms was ik alleen. De dikke vrouw stuurde me ook wel eens weg. Dan zei ze dat de oude man niet had betaald. Of dat ze die dag gesloten was. Meestal ging ik dan naar het hotel en bedelde bij het hek om eten. De koks deden net alsof ze mij niet zagen.

Het leven met Nina was moeilijk. Ze was er altijd. Het werk duurde langer omdat ik voor haar moest zorgen. Als ze huilde moest ik haar troosten en zat in de hoek van het erf met haar aan de borst of waste de pies en poep uit de doeken die ik om haar billen had gevouwen. De meeste mensen zeiden nee als ik voor de deur stond en vroeg of ik kon werken. Ze hadden geen zin in een meisje met een baby.

Na drie weken vroeg de oude man of ik bij hem in huis wilde wonen. Op straat lieten de meeste soldaten me met rust als ze

Nina zagen, maar er helemaal zeker van zijn kon ik niet. Als ze heel dronken waren, kon het ze niets schelen dat er terwijl ze bezig waren een baby naast ze lag te huilen. Ik dacht aan de rust bij de oude man in huis. En het bed waar ik met Nina in kon slapen. En met hem, want dat dat zijn bedoeling was, was duidelijk. Ik zei dat het goed was.

Twee maanden woonde ik bij de oude man toen zijn vrouw naar het huis kwam. Ik wist dat de oude man getrouwd was. Zijn vrouw en kinderen woonden in een andere stad. Soms ging hij een paar dagen naar ze toe. De laatste keer dat hij bij hen was geweest had zijn vrouw hem gevolgd. En nu zag ze mij in zijn huis staan met een baby. Schreeuwend stond ze voor de deur en toen ik die open had gedaan in huis. Ik heb Nina opgepakt en ben weggegaan.

Ik had geen zin meer om onder de brug te slapen. Of bij het hek van het hotel. Nergens kon ik ontkomen aan dronken soldaten en andere mannen. Op straat was ik vogelvrij. Het geld dat ik van de oude man had meegenomen was genoeg om met de bus naar Mukamira te gaan, de stad waar Mama-juna en Mama-mina woonden.

Mukamira was maar een halfuur rijden, maar de bergen leken hoger en de bossen groener dan in Ruhengeri. Mama-juna was verbaasd me te zien, maar trok me meteen naar binnen.

'Kijk,' zei ze terwijl ze haar armen spreidde en trots liet zien waar ze woonde. Het huisje bestond uit één ruimte. In de hoek lag op een groot stuk karton een matras. Er lagen twee kussens op met daarnaast twee lakens, netjes opgevouwen. In de andere hoeken stonden een stoel, een kistje met een radio erop en een tafeltje waar make-up en een borstel op lagen. Onder de tafel lagen kleren en boven op die kleren sliep de zoon van Mama-juna.

'Je kunt hier slapen,' zei ze. 'Op de grond, want wij liggen op het matras.'

Ik knikte.

'Hoe heet je baby?' Ze wees naar mijn rug.

'Nina.'

'Als onze soldaten hier zijn, zijn alle kinderen buiten. En Nina mag dan ook niet huilen.'

Weer knikte ik.

12

Bij Mama-mina en Mama-juna in huis gebeurde er helemaal niets. We hingen de hele dag maar een beetje rond. 's Avonds kwamen hun vrienden uit de kazerne en zat ik buiten met alle kinderen. Als het lang duurde sliepen we in de tuin. Ondanks het feit dat ik een dak boven mijn hoofd had, en eten, vond ik het niet leuk bij Mama-mina en Mama-juna. Elke dag was er ruzie. Over wie het huis moest schoonmaken, wie de was moest doen, wie er op de kinderen paste. En 's avonds over wie er bier en sigaretten ging halen.

Elke dag zei Mama-juna dat ik blij moest zijn dat ik bij hen in huis kon wonen. Ze vond dat ik daarom alles moest doen. Ik had geen keus, ik had geen geld en werken ging bijna niet met Nina. Ik had ook geen man die mij hielp. De meeste vrouwen in deze buurt woonden in huisjes die hun soldatenvriendjes hadden gehuurd, in ruil voor elke avond seks. Als ik in de tuin lag, luisterde ik naar de geluiden. Eerst gelach, dan gekreun en daarna was het stil. Als de soldaten aan het einde van de avond weer naar de kazerne gingen, ging ik naar binnen. Eerst legde ik de kinderen op de stapel kleding in de hoek onder de tafel en pakte dan mijn matje om ernaast te gaan liggen.

De laatste avond dat ik bij hen was, had Mama-juna ruziegemaakt met haar vriend Claude. Ik zat achter het huis met de kinderen en hoorde ze bekvechten. Claude had gevraagd wie ik was, en waarom ik altijd buiten was en niet bij hen binnen. Toen Mama-juna riep dat het hem niets aanging en dat zij uitmaakte wie in het huis kwam en wie niet, had hij haar geslagen. Ik hoorde een doffe klap. En daarna weer een. De eerste was van zijn vuist, de tweede van Mama-juna die op de grond viel. Claude was opgestaan en weggegaan. Mama-juna riep me. Ze had alle kleren door het huis gegooid en stond midden in de kamer. Ze spreidde haar armen, net als de eerste dag dat ik bij haar was en ze trots het leven dat ze als soldatenhoer had opgebouwd liet zien. Nu was ze dronken.

'Ik wil nog meer bier, ga het voor me halen.' Ze had moeite om de zin uit te spreken.

Ik zei dat ik geen geld had.

'Claude wil je wel betalen, je vindt hem toch zo leuk?'

Mama-juna stond nog steeds midden in de kamer. Ik zag dat haar oog dik was. Ze bukte om een flesje te pakken en gooide dat mijn richting op. Het flesje kwam tegen de muur en viel op de grond zonder dat het stukging. Plotseling rende ze op me af en begon me te slaan en te schoppen. Ik trok aan haar haar. Het was de enige manier om haar te stoppen. Ze had me wel eens eerder geslagen, maar ik was snel en trok aan haar haren voordat de volgende klap kwam. Op school had ik geleerd dat aan haren trekken een effectieve manier van vechten is.

Meisjes die groter waren dan ik kon ik pijn doen door hun hoofd bij hun haren vast te grijpen. Als ik ze dan van me af duwde konden ze niets meer doen omdat ik hun haren vasthad.

Mama-juna gilde, maar gaf niet op. Met haar armen begon ze wild om zich heen te slaan. Omdat ik mijn hand half in haar vlecht had gedraaid kon ik haar makkelijk met een harde ruk achteruit duwen. Ze verloor haar evenwicht en viel naast het matras op de grond. Ik rende langs haar de tuin in. Met Nina op mijn rug liep ik langs de achterkant van de huizen naar de straat. Het was de zoveelste ruzie geweest. Ik had geen zin meer om terug te gaan.

In Mukamira was het leven op straat net als in Ruhengeri. Ik bedelde om eten, geld en werk. Soms had ik het alle drie op één dag, maar meestal had ik honger en sliep ik op straat. Steeds op een andere plek in de stad. Dan had ik de minste kans dat er vervelende dingen gebeurden. Dronken mannen, politie, soldaten, als ze me één nacht hadden gevonden kwamen ze altijd weer terug om te kijken of ik er de volgende nacht weer was.

Nina werd steeds rustiger. Soms vergat ik dat ze op mijn rug zat. Mama-juna had gezegd dat Nina klein was, maar ik vond juist dat ze was gegroeid. Haar buikje werd steeds dikker, dat was toch een goed teken? Als ik haar op de doek voor me legde, stak haar buikje helemaal naar voren. Haar dunne armen en benen zag je er bijna niet door.

Het was september. Nina had al weken diarree en ik wist niet hoe ik dat kon stoppen. Het was vooral lastig omdat ik de doeken die ik om haar heen had gevouwen elke keer moest wassen. Het kwam steeds door de omslagdoek heen en dan voelde ik het langs de onderkant van mijn rug lopen. Ik stonk dan net zo erg als Nina.

'Je kind is ziek,' had een vrouw op straat gezegd. 'Je moet met haar naar het ziekenhuis.'

Het ziekenhuis lag een halfuur lopen buiten de stad. Ik kwam langs de kazerne die bij de rivier aan de westkant van de stad lag. Claude stond bij het hek. En naast hem Mkuza. Ze riepen me. Mkuza had ik een paar weken geleden leren kennen toen hij met Claude in de stad was. Ze reden in een jeep rond. Claude vroeg wat ik aan het doen was. Ik zei dat ik in het gras zat en daar moest Mkuza om lachen. Later die middag zag ik Mkuza weer en dronken we samen Fanta. Hij was verbaasd dat ik bier niet lekker vond. Mkuza was jong, nog geen achttien, en ik vond het leuk om samen met hem door de stad te lopen. Soms gaf hij me een beetje geld, of nam hij me mee naar een restaurant in de hoofdstraat, waar we vis en bonen aten.

Claude vroeg waar ik naartoe ging. Ik zei dat ik naar het ziekenhuis moest omdat Nina ziek was. Ze knikten.

'Misschien zien we je later nog?'

Ik zei dat ik het niet wist.

In het ziekenhuis vroeg de verpleegster hoe lang Nina al diarree had. Ik haalde mijn schouders op, een paar weken? Ze zei dat ik eerder had moeten komen. In een groot bed lag Nina met een naald in haar arm. De verpleegster had uitgelegd dat het een infuus was omdat ze uitgedroogd was. Nina sliep. Het was raar om haar in dat bed te zien liggen. Nadat we bij de oude man waren weggegaan hadden we niet meer in een bed geslapen. Ik ging ernaast liggen.

Twee dagen waren we in het ziekenhuis. Nina sliep het grootste gedeelte van de dag. En als ze wakker was lag ze met grote ogen om zich heen te kijken. De tweede nacht werd ik zelf ziek. Diarree, net als Nina. Met buikpijn liep ik over de gang naar de wc. Het kleine houten hokje voelde benauwd aan. Mijn handen begonnen te zweten en langs mijn slapen voelde ik zweetdruppeltjes.

Ik werd ineens heel bang. Mijn hart klopte twee keer zo snel en ik had moeite met ademhalen. Ik leek wel een vis die naar lucht hapte. Op de wc werd mijn buikpijn niet minder, de steken schoten bij elke inademing door mijn buik en langs mijn hart. Ik was bang dat ik flauw zou vallen en liep snel weer terug naar het bed. De meeste vrouwen sliepen. De geluiden die ik de vorige nacht had gehoord waren er niet. Niemand zuchtte, niemand kreunde, er klonk geen gehoest. Kinderen huilden niet, de slapende ademhaling van hun moeders leek verdwenen. De stilte was beangstigend. Nog nooit had ik zo'n stilte gehoord.

In bed lag Nina bij mijn voeten. Ik duwde zachtjes met mijn tenen tegen haar zij. Dat had ik de vorige nacht ook gedaan en elke keer had zij met haar handjes bewogen. Nu lag ze stil. Ik duwde nog een keer met mijn tenen, nu iets harder. Er gebeurde niets. Ik rolde haar voorzichtig met mijn voet op haar zij. Ze rolde terug, maar dat kwam alleen doordat ik mijn voet had weggehaald. Ik ging uit bed en boog me over Nina heen. Ze ademde niet meer.

Ik schrok. Wat zouden de verpleegsters doen als ze merkten dat Nina dood was? Ze zouden de politie bellen en zeggen dat ik mijn kind had vermoord. Had de verpleegster niet gezegd dat ik eerder naar het ziekenhuis had moeten komen? Mijn buikpijn was over. De geluiden van het ziekenhuis waren weer terug. In de hoek werd gekreund. Iemand riep om water. Een kind begon te huilen. Naast me lagen twee vrouwen in één bed. Een jonge vrouw met een verband om haar hoofd en haar oma. Vier uur hadden ze gelopen om bij het ziekenhuis te komen. De oma bleef totdat ze samen weer terug konden lopen. De oma was wakker en keek naar me. Ze glimlachte.

'Mijn kind is dood,' zei ik tegen haar.

'Dat weet ik,' antwoordde ze heel rustig.

Ik vroeg wat ik nu moest doen. Het leek haar het beste als ik heel vroeg in de ochtend zou vertrekken. Nog voor de verpleegsters er waren. Naast het bed waarin de twee vrouwen lagen stond een rieten mand. Er zaten kleren in. Ze gaf me een rok en zei dat ik daar mijn kind in moest wikkelen. Daarna gaf ze me honderd frank.

'Dan kun je met de taxi naar huis om je kind te begraven,' zei ze.

Het was drie uur, nog twee uur voor de zon opging. Ik wikkelde Nina in de rok en wachtte tot het tijd was om te gaan. De oma was weer in slaap gevallen. Naast haar hoofd lagen de voeten van haar kleindochter. In de taxi keek de chauffeur naar Nina. Ik hield haar tegen me aan zodat hij haar gezicht niet kon zien.

'Is ze ziek?' vroeg de man achter het stuur.

Ik schudde mijn hoofd en zei dat ik bij mijn oma in het ziekenhuis was geweest om eten te brengen. Daarna zei ik dat hij me naar de kazerne moest brengen.

Vroeg in de ochtend kon je het terrein waar de soldaten sliepen zo op lopen. Meestal zat er iemand bij het hek, maar dat stond nu gewoon open. Aan de eerste de beste soldaat die ik zag, vroeg ik of hij Mkuza voor me wilde halen.

Mkuza kwam slaperig naar buiten. Hij vroeg wat ik hier kwam doen. Ik vertelde wat er in het ziekenhuis was gebeurd en dat ik Nina moest begraven. Mkuza liep met me mee richting het centrum van de stad. Hij vroeg of ik een plek wist waar we haar konden begraven. Ik wilde eerst naar Mama-juna gaan, maar zij zou me alleen maar uitlachen. Of de politie bellen.

In dezelfde straat woonde ook een oude man. Soms haalde ik water voor hem omdat hij niemand meer had die voor hem zorgde. Hij zei dat iedereen in zijn familie dood was, maar volgens mij was hij gewoon gek. Aan hem durfde ik wel te vragen of we Nina in zijn achtertuin konden begraven. De oude man vond het goed. Ik had gezegd dat we daarna bier voor hem zouden kopen en gaf Mkuza het geld dat ik overhad van de taxirit.

Mkuza en de oude man schepten om beurten in de grond in de hoek van zijn tuin. Ik keek naar Nina. Ik haalde haar uit de rok waarin ze lag en wikkelde haar in mijn eigen rok. Het minste wat ik voor haar kon doen was haar begraven in mijn eigen kleren. Daarna liep ik naar de voorkant van het huis. Ik wilde er niet bij zijn als ze Nina in het gat zouden leggen en aarde over haar heen gooiden. Niet omdat ik verdrietig was, maar omdat ik vond dat ik zo geen afscheid kon nemen van haar. Er was geen kist, geen dienst, en ze lag niet in een witte jurk: wat voor afscheid was dat?

13

Zonder Nina was mijn leven een stuk makkelijker. De doek waarin ik haar had gedragen had ik bij de oude man achtergelaten. Een paar dagen later was ik teruggegaan naar Ruhengeri in de hoop dat ik weer bij Emilie kon werken. De eerste nacht was ik naar de brug gegaan en ontmoette Iman. Ze stond voor de bar te luisteren naar Radio Rwanda. Ik ging naast haar staan.

'De soldaten van het RPF, het Rwandan Patriotic Front, zijn in het noorden binnengevallen om zich blijvend in ons land te vestigen,' zei een serieuze mannenstem. Hij vertelde nog meer nieuws, maar ik luisterde niet langer.

'Waarom ben jij hier?' vroeg Iman.

'Ik ben net teruggekomen uit Mukamira, ik vond het er niet leuk. Misschien kan ik hier werken. Bij een groot huis verderop mag ik soms de was doen.'

'Ik ga naar Byumba, terug naar de stad waar ik ben geboren.'

'Waar is dat?'

'Ongeveer twee uur met de bus naar het oosten.'

'Ik heb geen geld'.

'Dat hebben we ook niet nodig.'

De volgende ochtend stapte Iman als eerste in de oude witte Toyota-bus en zei tegen de chauffeur dat haar moeder haar in Byumba geld zou geven voor de reis. We mochten mee, maar moesten in het gangpad zitten. Ik zat op een zak bonen. Onder de stoel naast me lag een kleine geit. Om haar nek zat een touw dat de eigenaar op de stoel vasthield. De geit had een paar keer geprobeerd om onder de stoel vandaan te komen en telkens schopte de man de geit weer terug. De geit gaf het op en was gaan liggen. Ze leek net een hond.

Iman zat voor me, tussen de zak met bonen en drie plastic inklaptafels die plat op elkaar lagen. Bovenop stonden rieten gevlochten manden die gevuld waren met eten, kleding en flesjes drinken. Elke keer als de bus door een gat in de weg reed of een scherpe bocht maakte, hoorde ik de flesjes tegen elkaar slaan. Ik dacht aan de cola die er waarschijnlijk in zat en hoe die eruit zou spuiten als de flesjes na deze rit zouden worden opengemaakt. Het eten rook muf. Zoete aardappelen die te lang waren gekookt en zacht waren geworden in de hitte die de rieten mand niet uit kon. Ik had die dag nog niet gegeten, maar ik had geen honger.

Het busstation in Byumba was kleiner dan dat in Ruhengeri. Er stonden twee andere bussen, en er waren maar een paar kinderen die naar de passagiers renden met hun spullen. Een klein jongetje probeerde de krant van gisteren te verkopen, en twee meisjes kwamen schreeuwend met hun snoepjes en zakjes water aanlopen. De buschauffeur kreeg ruzie met de man van de geit. Iman pakte mijn hand.

'Nu!'

We renden langs de chauffeur, die het te druk had met ruziemaken.

We liepen de hoofdstraat in, een lange, smalle straat van rood platgetrapt zand en modder. Ook om deze stad lagen bergen die als een groen hek de stad bewaakten. Zou er in Rwanda een plek zijn waar geen bergen waren, waar je vrij in de verte kon kijken? Iman wist waar we konden werken en slapen, maar voordat we daar waren werden we opgepakt door Inkotanyi, de onoverwinnelijken, zoals de soldaten van het RPF zich noemden.

In een open jeep reden ze door de stad. Vier meisjes zaten achterin. Naast elk meisje zat een soldaat met een geweer. Twee meisjes huilden, de andere keken voor zich uit. De jeep stopte voor ons zodat we niet verder konden lopen en de soldaat die naast de chauffeur zat stapte uit en begon tegen ons te schreeuwen. Hij deed dat zo snel dat ik hem bijna niet kon verstaan. Iman en ik zeiden niets. De soldaat begon harder te schreeuwen en sloeg met de achterkant van zijn geweer tegen onze benen. Hij pakte Iman bij haar arm en trok haar mee naar de jeep. Met de loop van zijn geweer duwde hij haar omhoog de auto in. Daarna deed hij hetzelfde met mij.

Even dacht ik dat ze ons naar de kazerne zouden brengen. Dat is wat de soldaten in Mukamira vaak deden als ze van een hogere rang de opdracht kregen om meisjes te halen. Vaak lukte het me voordat ik een tent in werd geduwd om weg te komen, maar soms was ik te laat en eindigde in een tent waar op een dun matras een soldaat lag die zijn broek al uit had. Ik leerde al snel dat hoe rustiger ik was, hoe eerder ik weer buiten stond.

We reden de stad uit, door de bergen. Ik keek naar Iman. Ze haalde haar schouders op, zij wist ook niet waar we naartoe gingen. De soldaten hadden dertig kilometer ten noorden van de stad gevochten tegen het Rwandese leger. Nu was het tijd voor hun beloning, zeiden ze lachend en veelbelovend tegen elkaar. Na een halfuur stopten we boven op een berg. Het groen om ons heen werd onderbroken door roodbruine vlakken, de akkers van de boeren, met hier en daar het dak van het huis.

Byumba lag als een kleine wit-beige stip in de verte. Ik vroeg me af hoe we, nadat de soldaten met ons hadden gedaan wat ze wilden, weer terug moesten komen. Ik vond het ook raar dat ze zo ver waren gereden, ze hadden het overal met ons kunnen doen.

De soldaat die naast de chauffeur zat begon weer te schreeuwen. We moesten hem volgen. We liepen achter hem aan, door het hoge gras en langs een rij bananenbomen. Bij een deur die half verscholen lag in het gras bleef hij staan. De deur kon open en gaf toegang tot een donker hol waar we een voor een naar binnen gingen. We liepen door een smalle gang en mijn ogen moesten aan de duisternis wennen. Met mijn handen tegen de wanden vervolgde ik mijn weg.

Aan het einde van de gang was een grote ruimte. De soldaten pakten de olielampen die in het midden op de grond stonden en staken die aan. Ik keek om me heen, er lagen gevlochten matjes en overal stonden lege bierflesjes en etensresten. Het leek wel alsof er een feest was geweest en iedereen zonder op te ruimen weg was gegaan. Er was niemand, alleen de acht soldaten, de vijf meisjes en ik. Ik moest kokhalzen van de warme penetrante geur. Een mix van urine, zweet, braaksel, bedorven eten en te weinig frisse lucht. De soldaat die naast me had gezeten in de jeep moest lachen toen hij mij zag. We wachtten op wat ging komen. De soldaat die al die tijd had geschreeuwd zei nu op een ijzige kalme toon wat we moesten doen.

'Jullie blijven hier zolang als wij willen. Trek je onderbroek uit, en hou die maar uit want je zult geen tijd hebben om hem weer aan te doen.'

Een van de meisjes begon te huilen. De soldaat pakte haar haar vast en trok haar hoofd naar achteren.

'Je hebt ook geen tijd om te huilen.'

Hij sloeg haar met zijn vlakke hand in haar gezicht. Het geluid weerkaatste tussen de ondergrondse muren. Daarna gooide hij haar op de grond, rukte haar onderbroek uit en stak de loop van zijn geweer in haar vagina. Hij dreigde dat hij haar kapot zou schieten als ze niet zou stoppen met huilen.

Zwijgend deed ik mijn onderbroek uit en wachtte tot de eerste soldaat zou komen.

Twee weken zat ik in de bunker. Ik had nooit eerder nagedacht over hoe de hel eruit zou zien, maar wist zeker dat het hierop moest lijken. Ik ging met mijn moeder op zondag vaak naar de kerk in Vunga, een houten gebouw dat wit was geschilderd. Boven de deur hing een groot rood kruis. Ik vond het fijn om er te zijn. Vader Emanuel zei dat God er voor iedereen was, en dat voor God iedereen gelijk was. Ik had een keer aan Vader Emanuel gevraagd waarom wij arm waren en geen geld en eten hadden, dat kon God toch niet zo hebben bedoeld? Nog voordat hij kon antwoorden kreeg ik een klap van mijn moeder, die tegen Vader Emanuel zei dat hij het mij niet kwalijk moest nemen.

Ook toen ik op straat zwierf, ging ik bijna elke week naar de kerk. In Ruhengeri was een kerk vlak bij het hotel. Een klein gebouwtje van rode baksteen met een torentje met bovenin een bel. Op zondag wachtte ik bij het hotel tot ik de klok hoorde luiden en ging dan als laatste de kerk in. Op de achterste bank, in de hoek, vlak bij de deur, luisterde ik naar de preek. Altijd met gesloten ogen. Het was het enige moment dat het stil in mij was. Soms zat ik een hele dag in de kerk en dacht aan wat de pastoor had gezegd. Dat God er voor mij was en naar mij luisterde. Als ik maar lang genoeg met mijn ogen dicht in de stilte van de kerk zat, hoorde ik vanzelf een stem vanbinnen die zei dat het ooit goed met mij zou komen. Ik verwonderde me er vaak over dat dat troost gaf, hoe uitzichtloos mijn situatie ook was.

In de bunker leek God verder weg dan ooit. De eerste paar dagen in de bunker was ik koppig. Ik wilde naar buiten, ik wilde niet de hele dag zonder onderbroek lopen, ik wilde hun kleren niet wassen en ook geen eten voor ze klaarmaken. Het had geen zin. Of ze sloegen me zo hard dat ik het uit angst toch ging doen, of ze bonden me vast zodat zij met mij konden doen wat ze wilden. Na een week gaf ik het op en deed alles wat ze vroegen.

Ik maakte samen met de andere meisjes de bunker schoon, kookte eten, waste hun kleren en ging op een matje liggen zodra er een soldaat binnenkwam. We leken wel getrainde dieren. Niemand zei meer wat, niemand dacht wat, we voerden alleen nog hun bevelen uit. De Inkotanyi gebruikten de bunker om bij te komen. Om de paar dagen werd de groep die er was afgewisseld door een nieuwe. Soms waren er meer dan twintig soldaten in de bunker die we om de beurt moesten afwerken. Daarna gingen ze drinken en als het bier op was, sloegen ze ons uit verveling.

Naast de smalle gang die naar de deur leidde, waren er nog twee kleinere gangen, die allebei doodliepen. In de ene hadden we een gat gegraven, zodat we daar naar de wc konden gaan. Als ik op mijn hurken ernaartoe liep, rook ik de geur van urine en oude poep niet meer. Iman en ik zeiden vaak tegen elkaar dat we iets moesten doen, want dit zouden we niet overleven. We wisten alleen niet hoe. De deur naar buiten was altijd op slot en we hadden geen idee wie de sleutel had.

Een van de meisjes werd na een week ziek. Ze had pijn bij het plassen, daarna kreeg ze buikpijn en op het laatst kon ze niet meer lopen. Ze lag op een matje in het andere kleine gangetje.

Daar hadden we haar neergelegd omdat ze zo vreselijk stonk. Toen we haar droegen viel haar rok open. Haar vagina was een gat met allemaal wonden. Er liep pus uit. Ik had het vaak gezien op straat, meisjes met geslachtsziekten. Ik had het ook een keer gehad, maar had toen gelukkig geld om antibiotica te kopen. Ik keek naar het meisje, ze was jonger dan ik. Ik legde haar rok weer over haar vagina zodat ze bedekt was. Zo erg als bij haar had ik het nog nooit gezien.

Drie dagen lag ze te huilen en schreeuwen van de pijn. Ik vond het vreselijk om te horen. De soldaten stoorden zich er niet aan. Ze leken het ook niet te ruiken, terwijl de geur met de dag erger werd. De vierde ochtend werd ik wakker en hoorde ik haar niet meer. Ik keek in de gang, ze lag stil met haar mond en ogen open. Haar vagina was dik en opgezet, ze kon alleen nog maar met gespreide benen liggen. Uit de wonden liep nog steeds pus.

'Moeten we haar niet weghalen?' vroeg ik aan Iman. 'We kunnen haar hier niet zo laten liggen, dan worden we misschien allemaal ziek.'

'Ik durf het niet te vragen, wat zouden ze doen als ze merken dat ze dood is?'

'Misschien kunnen we haar bij de deur neerleggen, dan moeten ze haar wel naar buiten slepen.'

'Ik durf haar niet aan te raken, ik kan niet eens naar haar kijken.'

Iman wendde haar hoofd af en hield haar hand voor haar mond. De stank was ondraaglijk.

'Jij daar, kom hier.'

Een soldaat met alleen zijn onderbroek en schoenen aan, gebaarde dat we naar hem toe moesten komen.

'Geef me een sigaret.'

Met zijn vinger drukte hij op mijn borst. De soldaat had een wond op zijn been en kon moeilijk lopen.

'Er zijn geen sigaretten meer.'

Ik was naast hem gaan liggen.

'Zal ik sigaretten voor je halen?'

Iman gaf de soldaat een flesje bier en ik streelde zijn rug.

'Beneden aan de weg is een klein winkeltje waar losse sigaretten worden verkocht.'

Iman deed haar hand in zijn onderbroek, en ik kuste zijn borst.

'We zijn zo terug, daarna kunnen we je verwennen,' zei ik zacht in zijn oor. 'Niemand zal weten dat we even weg waren.'

De soldaat twijfelde.

'Je gaat alleen,' zei hij tegen mij en gaf me een paar frank.

'Iman hoort bij mij, als je wilt dat we je beiden verwennen, moet je ons nu laten gaan.'

Uit zijn laars pakte hij de sleutel en gaf die aan mij. De andere soldaten lagen hun roes uit te slapen.

'Over een minuut zijn jullie terug.'

We knikten. Snel kropen we de gang door naar de deur. De buitenlucht was overweldigend. De wind blies tegen mijn wangen, en voor het eerst sinds dagen rook ik de frisse lucht van aarde en bossen. Ik ademde heel diep in. Het was vroeg in de ochtend, het schemerde nog. In de jeep van de soldaten, die voor de deur stond, lag iemand te slapen. Zwijgend liepen Iman en ik de weg af naar beneden. We durfden niet te praten of te rennen. Bang dat we de soldaat in de jeep wakker zouden maken.

We liepen het kleine houten winkeltje aan de weg voorbij. Het luik was naar beneden, de eigenaar sliep aan de achterkant op de grond. Iman en ik keken elkaar aan en renden voor ons leven richting de stad. We durfden niet om te kijken. De jeep had ons zo kunnen inhalen, maar kwam niet.

Bij de eerste huizen van Byumba stopten we en liepen door de achtertuinen van de huizen naar het busstation in het centrum van de stad. Die middag zaten we in de bus naar Ruhengeri. Ik keek naar mijn kleren. Ze waren helemaal rood van de aarde waar ik in de bunkers op had gelopen en geslapen. Ik stonk naar urine en sperma en had geen onderbroek aan. De bus reed de stad uit, langs een klein kerkje waar op dat moment allemaal mensen naar binnen liepen. Op een spandoek dat aan de kerk was gehangen stond in grote blauwe letters geschreven: GOD HOUDT VAN IEDEREEN. Ik had dat de afgelopen dagen niet gevoeld, en kon me voorstellen dat het meisje dat drie dagen had geschreeuwd van de pijn en toen was doodgegaan dat ook niet had gevoeld.

14

Karisa was zakenman. Samen met zijn vrouw en vier kinderen woonde hij in een groot huis in Ruhengeri. Ze hadden twee auto's en een huis met wel acht kamers. Aan het einde van een lange gang, achter de keuken, was het washok. Daar werkte en sliep ik. Op de dag dat Karisa hun wasmeisje op straat had gezet omdat ze geld had gestolen stond ik voor de deur. Ik kon meteen beginnen.

De eerste twee maanden moest ik alleen kleren wassen en mocht ik niet verder komen dan het washok en de gang. Daarna kwam de vrouw van Karisa me vertellen dat ik de keuken moest schoonmaken en weer later dat ik ook de andere kamers moest doen. Er was nog een vrouw in huis, die ook schoonmaakte, en een kok. Aan het einde van de dag kon ik bij de kok het eten halen dat over was gebleven. Soms stond er wat, soms niet.

Karisa was een aardige man. Hij had een bierbrouwerij en een paar winkels in de stad. Hij was niet vaak thuis, maar als hij er was, vroeg hij altijd hoe het met me ging. De vrouw van

Karisa zei alleen het hoognodige tegen me. En als ze geen zin had om tegen me te praten wees ze de dingen aan die ik moest doen.

De broer van Karisa, Uwizeye, woonde ook in het huis. Uwizeye bracht het bier van de brouwerij naar de winkels in de stad. Als er niemand thuis was, kwam Uwizeye aan het einde van de dag met eten naar het washok. Hij vond het niet leuk om alleen in de keuken te eten en ik vond het allang best dat er iemand was om tegen te praten. Uwizeye had een vrouw en een kind in een ander dorp. Eén keer in de maand ging hij een paar dagen naar ze toe. Ik wist eigenlijk niet eens waarom hij niet bij hen woonde. Als iedereen thuis was deed Uwizeye net alsof hij mij niet zag staan. Ik was eraan gewend dat mensen twee gezichten kunnen hebben. Ik vond het ook niet erg, want uit schuldgevoel gaf Uwizeye me geld.

Ik was vijftien en woonde nu al zes maanden in het grote huis. Van het geld dat ik had verdiend had ik slippers gekocht, zodat ik niet meer op mijn blote voeten hoefde te lopen. Ook had ik een stuk stof gekocht en aan Karisa gevraagd of ik er een rok van mocht naaien. Van zijn vrouw zou ik haar naaimachine nooit mogen lenen, en daarom vroeg ik het aan hem. Ik had goed gegokt; die middag kwam Uwizeye de naaimachine naar beneden brengen. Ik had hem al een tijd niet gezien. Nadat hij had gezegd dat hij me leuk vond en steeds met zijn handen aan mijn billen zat ging ik wandelen als de familie niet thuis was. Ik wilde niet meer alleen met hem zijn.

Met de naaimachine in zijn handen vroeg hij waarom ik er nooit meer was. Ik zei dat ik het druk had. Hij kneep zijn ogen samen en zei dat hij het niet geloofde. Hij zette de machine neer en liep het washok uit.

Ik had Karisa en zijn vrouw niet weg horen gaan. Ik had Uwizeye ook niet naar beneden horen komen. Ineens stond hij achter me. Ik was bijna klaar met mijn rok en schrok toen hij zijn hand op mijn borst legde. Ik sloeg zijn hand weg en stond op om de gang in te lopen. Ik had verwacht dat de kok daar zou zijn, of een van de kinderen, maar het was helemaal stil.

Uwizeye kwam achter me staan en ik voelde zijn handen om mijn nek. Ik gilde en wilde weglopen, maar hij trok me, met zijn handen nog steeds om mijn nek, naar achteren zodat ik viel en sleurde me het washok in. Ik bleef gillen en Uwizeye sloeg met zijn vuist tegen mijn kaak. Mijn mond klapte hard dicht en ik proefde het bloed tussen mijn tanden en op mijn tong. Ik spuugde het in zijn gezicht. Uwizeye sloeg nog een keer en bond mijn handen en voeten met touw vast. Uit zijn zak pakte hij een rol breed plakband dat ze gebruikten om de dozen met flesjes bier dicht te plakken en deed dat over mijn mond en neus. Ik kon amper ademhalen. Uwizeye had zijn broek losgemaakt en ik kon alleen maar hopen dat hij snel klaar zou zijn.

Uwizeye was al een tijdje weg toen ik me weer durfde te bewegen. Het brandde tussen mijn benen en ik voelde zijn nagels in mijn rug. Mijn buik deed pijn. Hij was zo wild tekeergegaan dat het touw om mijn handen en voeten los was geraakt. Voor me lag zijn trui, die hij in de haast was vergeten. Ik legde hem op de wasstapel, ging achter de naaimachine zitten en maakte mijn rok af. Daarna liep ik in mijn nieuwe rok het huis uit.

Die maand werd ik niet ongesteld. En een maand later ook niet. Ik was weer zwanger. De rok die ik had gemaakt zat al een beetje strak om mijn middel. Ik sliep weer onder de brug omdat dat de enige plek was waar ik naar terug kon keren. Karisa had ik nog een keer op straat gezien. Hij had gevraagd waarom ik niet meer bij hem thuis was. Ik vertelde hem wat zijn broer had gedaan, maar hij geloofde me niet.

Bij de brug had ik meisjes die net als ik met een dikke buik op straat rondzwierven, horen praten over abortus. Het was iets wat we allemaal wilden, maar de tienduizenden franken die het kostte zou niemand van ons ooit hebben. Ik ook niet, dus ik had me erbij neergelegd dat dit kind geboren zou worden. Het voelde alsof ik terug bij af was.

Eerst deed ik alsof er niks aan de hand was, en toen mijn buik heel dik was, probeerde ik er het beste van te maken. Ik wist dat er minder werk zou zijn en dat het werk dat ik nog kon vinden heel zwaar zou zijn. De laatste weken waren vreselijk, elke dag hoopte ik dat de baby geboren zou worden. Ik was misselijk, mijn buik zat in de weg en ik had pijn in mijn botten als ik liep. Toen ik op een middag steken in mijn zij kreeg, wist ik dat het eindelijk zou gaan gebeuren. Ik ging naar een ziekenhuis in een naastgelegen dorp omdat ik bang was dat de verpleegsters die me twee jaar geleden hadden geholpen er weer zouden zijn.

De kliniek in het dorp was kleiner, er was geen hek en geen portier. Iedereen kon zo naar binnen lopen. Er waren twee grote kamers en in het midden een behandelkamer. Het was midden op de dag dat ik in het kamertje bij de verpleegster stond.

Ik had een uur gelopen. Ze vroeg of ik alleen was. Ik knikte. Het geschreeuw en de klappen had ik verwacht. Ik boog mijn hoofd en concentreerde me op mijn buik. Ik had me voorgenomen om niet te gaan schreeuwen. Een van de meisjes bij de rivier had me een stokje gegeven waar ze een stuk stof omheen had gevouwen.

'Doe dit in je mond als je in het ziekenhuis bent,' had ze gezegd. Ik pakte het en beet er zo hard in als ik kon. De pijn werd er niet minder van, maar met het stokje in mijn mond kon ik tenminste niet schreeuwen.

De verpleegster duwde me een klein kamertje in, naast de behandelkamer. Aan de muur hing een wasbak zonder kraan erboven. Ernaast hingen twee planken waar niets op stond. De grond was van cement en voelde koud aan. Ik ging op handen en voeten zitten en voelde de kou van de vloer mijn armen en benen in trekken. Door een klein raam dat vlak onder het plafond zat, kwam een beetje licht.

Het stokje had ik nog steeds in mijn mond. Mijn buik deed pijn en ik wachtte tot ik het gevoel kreeg dat ik moest poepen. Toen dat kwam, drukte ik met alle kracht die ik in me had mijn kind naar buiten en beviel op de kale koude vloer.

Ik pakte het op en riep de verpleegster.

Het duurde even voordat ze kwam. Ik zat op de grond en had mijn kind op mijn benen gelegd. Het was een meisje. De verpleegster bond de navelstreng af en gooide die met de nageboorte in de wasbak aan de muur. Ik liep met mijn baby naar de zaal waar de andere vrouwen lagen. Ik wachtte niet totdat ik een plek aangeboden kreeg, maar ging op het eerste bed liggen waar een andere vrouw met een kind lag.

15

Mijn tweede dochter had ik Iradukunda genoemd, maar na twee dagen vond ik dat een christelijke naam toch beter was en noemde haar Germaine. De eerste weken van Germaines leven wilde ik dat ze dood was. Ze huilde de hele dag, ik werd er wanhopig van. Door het gehuil kon ik niet werken en daarom liep ik de hele dag met haar op straat. Ik bedelde om eten en geld, maar niemand zag mij staan.

Bij het hotel durfde ik niet meer te komen. De laatste keer dat ik bij het hek had gestaan, had de kok geroepen dat mijn kind de gasten tot last was en dat ze haar bek moest houden. Ik zei dat ik weg zou gaan als hij me eten zou geven. Hij pakte een hand kale botjes uit de bak die hij in zijn handen had, gooide die naar me en schreeuwde dat ik moest oprotten.

Als Germaine zo huilde wilde ik haar het liefst op straat laten liggen. Ik zou haar naast de weg in de doek kunnen leggen en weglopen, maar durfde het niet. Als iemand het zou zien kreeg ik nog meer problemen. Eigenlijk hoopte ik dat ze gewoon dood zou gaan, net als Nina. Of dat ik doodging, want dan was ik ook van alles af. Ik had bij de rivier gezeten en getwijfeld of ik erin zou springen, naar het diepe gedeelte zou lopen en me mee laten nemen door de stroom. Ook had ik bij het kruispunt, halverwege het hotel en het busstation, gestaan. In de ochtend reden er soms vrachtwagens, als ik daar voor zou springen was alles in één klap voorbij. Maar ook dat durfde ik niet.

Voor mijn gevoel was ik alles kwijt. Bij Karisa had ik werk, geld, en een dak boven mijn hoofd. Het was een vrijheid die ik lang niet had gehad. Ik hoefde niet met mannen die ik niet kende het bed te delen om van de straat te zijn, of voor een bord eten. Met Germaine kon ik weer van voor af aan beginnen. Ik droeg haar op mijn rug, maar wilde niet voelen dat ze daar zat. Alles was haar schuld. Mijn laatste hoop was Emilie, misschien dat zij me wilde helpen. Bij het huis klopte ik op de deur. Een vreemde vrouw deed open en vroeg wat ik kwam doen. Ik zei dat ik Emilie zocht.

'Die woont hier niet meer,' zei de vrouw en ze pakte een stok die naast de deur stond en hield die dreigend omhoog. Snel liep ik weg en hoorde hoe ze de deur hard dichtgooide. Zonder er verder bij na te denken liep ik om het huis heen naar het kleine huisje van de oude man.

Hij woonde er nog steeds. Ik vroeg of ik binnen mocht komen. Hij deed een stap opzij en legde zijn handen op mijn billen toen ik langs hem naar binnen liep. Ik had het verwacht. Ook dat hij daarna in zijn bed ging liggen en met zijn hand op de lege plek op het matras klopte.

'Je mag blijven,' zei hij, 'maar dan moet je wel met me trouwen.'

Ik schatte dat hij ouder dan mijn vader moest zijn, maar knikte toch.

'Op een dag trouw ik met je,' beloofde ik hem. Ik legde Germaine in de doek naast het bed, ging naast de oude man liggen en deed mijn ogen dicht. Alles was weg, ik hoorde zelfs mijn dochter niet meer huilen.

Bij de oude man in huis had ik een rustig leven. Ik zorgde voor hem, hij zorgde voor geld. Ik wist niet wat voor werk hij deed, maar elke dag kwam hij thuis met een stapel bankbiljetten. Het was genoeg om eten te kopen. Na drie maanden was Germaine gestopt met huilen. Meestal liet ik haar op het matras liggen, maar nu ze stil was, droeg ik haar in een doek op mijn rug.

Ik was aan het vegen toen er op de deur werd geklopt. Ik schrok, er klopte nooit iemand op de deur. De oude man kwam altijd via het achtererf het huis binnen. Voorzichtig deed ik de deur open en keek in het gezicht van mijn moeder. Ik liet de bezem die ik in mijn handen had vallen. Ik kon niet geloven dat zij voor me stond. Ik was niet blij om haar te zien, eerder teleurgesteld. Ze had me gevonden en nu zou ze het leven zien dat ik leidde. Ik was er niet trots op. Mijn moeder zei niets en ik wist niet wat ik moest zeggen. Kwam ze me alsnog vertellen dat ik een slechte dochter was? Zou ze me slaan als ze zag hoe ik leefde?

'Ik hoorde dat je hier was en wilde je zien,' zei mijn moeder plotseling. Op de markt in Vunga had ze gehoord dat ik in Ruhengeri was. Ze had een uur in deze buurt rondgelopen en aan iedereen gevraagd of ze mij kenden. Een buurvrouw had haar naar dit huis gebracht.

Ik was op mijn hoede; twee jaar had ik mijn moeder niet gezien en in die tijd was ze mijn vijand geworden. Hoe slecht het ook met mij ging, ik had nooit overwogen om terug naar huis te gaan. Ik was heel bang voor mijn moeder geweest, maar nu ze voor de deur stond vroeg ik me af waarom. Ik liet haar binnen en ging naar de buurvrouw om een paar flesjes bier te halen.

Ook een voor mezelf, al vond ik het niet lekker. De alcohol zou alles een beetje verdoven en het leek me dat ik dat nu nodig had.

Toen ik weer binnenkwam, zat mijn moeder op de stoel aan de tafel. Ze zag er kwetsbaar uit. Ik was vergeten hoe diep de groeven in haar gezicht waren, ze verraadden een leven dat te hard voor haar was. Ik gaf haar een flesje en keek hoe ze het vasthield nadat ze een slok had genomen. De meeste mensen omklemmen het flesje met hun hele hand, maar mijn moeder hield het flesje boven aan de rand vast, met alleen haar duim en wijsvinger. Zo had ik haar wel honderden keren bier zien drinken.

Zonder dat ze het vroeg, vertelde ik wat er die avond bij de put was gebeurd en waarom ik was weggelopen. Even was ik bang dat ze me zou dwingen om met haar mee te gaan naar Vunga, maar dat deed ze niet.

'Wat heb ik in Gods ogen niet goed gedaan dat je zo terecht bent gekomen?' vroeg mijn moeder. Daarna keek ze naar mij en zei dat ze niet had verwacht dat ik net als Verediane een kind zonder man zou hebben.

'Ik woon met een man,' zei ik. Het was bedoeld om mijn moeder te troosten.

'Maar jullie zijn niet getrouwd.'

Ik was vergeten dat je in haar wereld eerst trouwt voordat je bij een man zijn huis binnenstapt.

'Waarom ben je niet met je eerste kind naar huis gekomen?'

De vraag kwam onverwacht. Ze meende het. Het was haar manier om te zeggen dat ze Tade veroordeelde, en niet mij. Ik begon te huilen.

Mijn moeder bleef de hele middag. Ik was blij dat de oude man niet thuiskwam. Germaine zat bij mijn moeder op schoot. Nu mijn moeder er was, waren mijn problemen er even niet. Ik vond het toch fijn dat ze was gekomen. We hadden het over Jeanine, mijn kleine zusje, over mijn vader die nooit meer thuiskwam, over mijn broer die in Duitsland woonde en over de marktvrouwen in Vunga met hun scherpe tongen en hun ziekelijke hang naar roddels.

'Je weet dat ik niet met je mee naar huis kan,' zei ik tegen mijn moeder.

Mijn moeder knikte, ze begreep wat ik bedoelde. Ze keek naar Germaine.

'Zal ik haar meenemen?' vroeg ze.

Het was de tweede onverwachte vraag die ze die dag stelde. Germaine lag op bed, ik tilde haar op. Wat voor leven had ze bij mij? Ze woonde in een oud houten huisje, met een moeder die geen zin in haar had en een oude man die niet naar haar omkeek. De kansen voor Germaine waren beter bij mijn moeder thuis. Ik wist niet waar we volgende week zouden zijn, of we een dak boven ons hoofd zouden hebben. En wat als Germaine ziek zou worden, zou ik dat nu wel op tijd zien?

Ik keek naar mijn moeder en knikte. Op een of andere manier lukte het me niet om hardop 'ja' te zeggen. Ik pakte de doek en gaf die aan mijn moeder. Ze pakte Germaine, hield haar met haar ene hand vast, sloeg met haar andere hand de doek in één beweging om zich heen en knoopte de twee uiteinden ter hoogte van haar navel aan elkaar vast. Ze zei dat ze moest gaan omdat de bus naar Vunga zou vertrekken voor de avond viel.

Ik deed de deur voor haar open en keek hoe ze naar het busstation liep. Mijn moeder had dertien kinderen gedragen en liep nu met mijn kind op haar rug. De beentjes van Germaine staken aan beide kanten onder de doek uit.

Ik vroeg me af wat ze zou zeggen als ze met een kind thuis zou komen. En wat Deo zou doen als Germaine iets groter was. Ik kon me voorstellen hoe hij zijn kans zou afwachten om alleen met haar te zijn. Maar dat was nog altijd beter voor Germaine dan doodgaan.

16

Mukamira was kleiner en rustiger dan Ruhengeri en daarom ging ik weer terug. Nadat mijn moeder Germaine had meegenomen had ik geen reden meer om bij de oude man te blijven en ik was weggegaan zonder iets te zeggen. De eerste drie dagen had ik op straat gezworven en was toen op zondag Rachel in de kerk tegengekomen. Ze vroeg waarom ze mij nog niet eerder had gezien. Ik zei dat ik pas in Mukamira was aangekomen en dat ik werk zocht.

Rachel woonde alleen met haar zoon en kon hulp gebruiken. Die nacht sliep ik bij hen in huis. Ze had een groot huis, vlak bij de kerk. Haar huis deed me denken aan mijn huis in Vunga, maar dan groter. Er was een lange gang die van de voorkant van het huis naar de achterkant liep, aan beide kanten waren drie deuren. Achter de keuken was nog een klein kamertje, waar ik sliep. Rachel zei dat haar man vaak weg was.

Ik had geleerd om niet verder te vragen. De meeste mannen die vaak weg waren, waren zakenmannen in Kigali. De man van Rachel zag ik nooit in het huis. Er stonden foto's van hem in een vitrinekast in de woonkamer. Zijn leven weergegeven in zwart-wit. Als kleine jongen, als student, en als man met zijn zoon op zijn arm. De zoon was op de foto een baby. Dat was dus zes jaar geleden. Ik had Rachel een keer de foto's een voor een uit de kast zien pakken. Ze huilde. Ik dacht aan de oude man in Ruhengeri. Zou zijn vrouw ook zo met een foto van hem in haar handen hebben gestaan?

Aan het einde van de straat waar ik woonde was een bar. Een echte bar en geen klein, donker hol met een gordijn als deur, zoals de bar bij de brug in Ruhengeri. Er waren drie grote ramen waardoor je van de straat naar binnen kon kijken. In de middag zaten er soms vrouwen cola te drinken, in de avond waren er alleen maar mannen. De meisjes die dachten een kans te maken bleven 's avonds voor de deur staan en wachtten tot ze een flesje cola of bier aangeboden kregen. Er klonk altijd vrolijke muziek, van een cassettebandje. Dat was leuker dan de radio, waar uiteindelijk altijd weer iemand over politiek begon.

Aan de buitenkant waren de muren geel. Naast de deur was op het geel een rode ster geverfd en met groene letters inyenyeri geschreven, 'de ster'. Binnen was de rode bakstenen muur turkoois geverfd, met hier en daar een rode en groene ster. Op de vloer lagen houten platen.

De bar bestond eigenlijk uit twee ruimtes. In de eerste stonden links de bar en rechts een stuk of acht plastic tafels met rood-wit geblokte tafelkleden en stoelen. Tussen de bar en de tafels kon je doorlopen naar een andere ruimte. Daar hingen gedraaide zilveren kerstslingers langs de muren, en een discolamp aan het plafond. Tegen de muur, onder het raam, stonden een tafel met een bandrecorder en twee boxen en een stuk of twintig stoelen langs de kant. In het weekend werd er gedanst.

Jean was de eigenaar van de bar en een neef van Rachel. Ze

had ons aan elkaar voorgesteld. Jean had meteen gevraagd of ik voor hem wilde werken. Ik had het niet zo op een bar met dronken mannen, maar dacht dat ik me met Jean niet zoveel zorgen hoefde te maken. Jean vond mij leuk, maar was te verlegen om daar iets mee te doen. Ik zei tegen Jean dat ik die avond zou beginnen.

Aan het einde van de maand telde ik het geld dat ik van Rachel en Jean had gehad. 1500 frank, zoveel geld had ik nog nooit verdiend. Ik kocht bruine schoenen met een hak. Alle vrouwen in Mukamira droegen schoenen met hakken, en ik was daar nu een van. Ik kocht ook een nieuwe rok. De rest van het geld bewaarde ik.

Om vier uur 's middags stopte ik met werken bij Rachel en liep naar de bar. Ik zat altijd eerst een uur op de stoep en dronk cola of Fanta. Als Jean zei dat hij naar zijn kamer boven de bar ging, begon ik met werken. Achter de bar was een kleine ijskast die gevuld was met twee soorten bier. Flesjes cola, 7-Up en Fanta stonden in kratten buiten in de schaduw.

Langs de muur stonden op een lange plank bierglazen die nooit werden gebruikt. Een plank hoger stonden flessen drank die ik niet kende. Whisky met op het etiket de Belgische vlag. En een fles wodka met vreemde tekens. Volgens Jean was dat Russisch. Hij had hem van zijn broer gekregen, die hem weer van iemand had gekregen die in Rusland was geweest. Ook stonden er flesjes sinaasappelsap, maar daar vroeg nooit iemand om.

De meeste mannen dronken het goedkope urwagwa, en heel soms het bier dat minder zoet smaakte en een rood-wit etiket had met een gouden rand eromheen. Op de dagen dat Jean kip had gekocht, stookte hij om een uur of acht een vuur in een oude olieton naast de bar en legde de stukjes kip, die Annabelle, een meisje dat ook in de bar werkte, aan houten stokjes had geregen, op een rooster op het vuur. Voor een paar frank kochten mannen kip en hoefden ze niet naar huis om te eten.

Om vijf uur vulde ik de ijskast, ruimde het achtererf op, maakte de bar schoon, zette alle tafels recht en nam de plastic rood-witte tafelkleden af. Daarna ging ik op een kruk achter de bar zitten en wachtte op de eerste klanten.

Een van hen was meestal Innocent, een soldaat uit het Rwandese leger met een mooi uniform met allemaal strepen op zijn schouder. Hij was de chauffeur van een majoor. De eerste keer dat ik hem in de bar zag, viel hij op omdat hij als enige cola dronk. Hij vond het niet lekker, zei hij, toen ik vroeg waarom hij geen bier dronk. Innocent moest vaak weg met de majoor. Soms een paar dagen, soms een week. Hij zei nooit veel over zijn werk. Hij was eigenlijk tegen de oorlog, maar zijn vader had hem dit baantje bij het leger bezorgd. Hij was allang blij dat hij in een auto kon rijden en niet met een geweer aan de slag moest.

Innocent was een dromer. Hij kwam uit een rijke familie, had op school gezeten en zijn leven in redelijke veiligheid doorgebracht. Ik begreep hem niet altijd. Hij kon lang voor zich uit staren en dan ineens vragen: 'Bestaan we als we elkaar niet kunnen zien?' Of 'Waarom denk jij dat we op aarde zijn?' Ik wist nooit wat ik daarop moest zeggen.

Op een avond was Innocent in de bar gebleven en hielp me opruimen en afsluiten. Ik bracht de sleutel naar Jean en liep met Innocent naar het huis van Rachel. Bij het hek kuste hij me, de eerste oprechte kus die ik van een man kreeg. Ik zei dat hij niet mee naar binnen kon en liet hem bij het hek staan.

De week daarna was Innocent elke avond naar de bar gekomen en had gewacht tot ik klaar was met werken. Aan het einde van de week nam ik hem mee naar huis en sliepen we samen op mijn matje. Innocent was lief voor me en daar raakte ik van in de war. Ik wachtte tot hij ging slaan, dreigen, liegen, of me bedroog met een ander, maar dat gebeurde niet. Daarom deed ik het zelf maar en nam op een avond een man die in de bar was mee naar huis, en die avond daarop weer.

Toen Innocent doorhad waar ik mee bezig was, kwam hij naar Rachels huis en vond mij met de man van de bar.

'Wie is dat?' vroeg de man.

Ik durfde niets te zeggen en deed een stap naar achteren.

'Ik ben haar vriend,' zei Innocent heel kalm. 'En jij niet.'

'Maar zij heeft me zelf meegenomen.'

'Dat weet ik, en nu zegt ze dat je weer mag gaan.'

Innocent keek me aan. Hij was niet boos, maar teleurgesteld. Erger kon niet.

'Ga maar weg,' zei ik zacht tegen de man.

De man pakte zijn spullen en zei dat ik een hoer was.

Innocent gaf me een wit doosje. Er zaten medicijnen in. De man had een geslachtsziekte en Innocent had die via mij ook opgelopen.

'Een week lang elke dag een pil,' zei hij heel rustig. De man uit de bar had gelijk, ik was een hoer. Ik zei tegen Innocent dat hij niet meer bang hoefde te zijn dat dit nog een keer zou gebeuren.

'Dat weet ik,' zei hij en hij ging terug naar de auto om de majoor te halen.

Haarvlechten in Nairobi, Mama-natasja (rechts), Amina (links)

Haarvlechten in appartement van Amina (links) in Nairobi

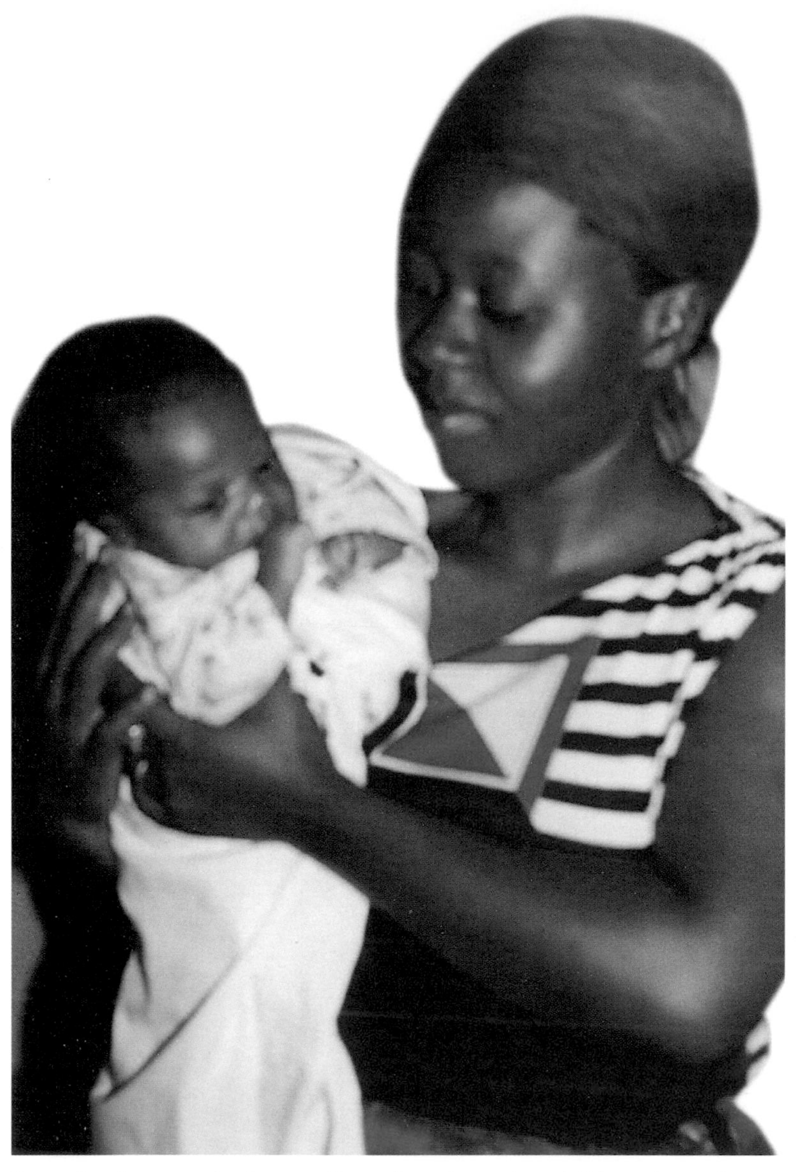

De enige foto van Amina en Germaine, die ze later bij haar broer in Duitsland vond

Innocent bij een legeroefening in Rwanda

Met Patrick in Tsavo National Park, Kenia

Voor de lodge in Nairobi waar Amina de eerste paar maanden woonde

Amina (rechts) krijgt een verblijfsvergunning

Amina in Drachten

In de personeelsruimte van het Rode Kruis Ziekenhuis in Beverwijk

Voor de eerste keer sneeuw

Een horloge kopen van het eerste salaris

Toestemming vragen aan de Rwandese regering om straatkinderen op te mogen vangen

Jeanine (links) met haar kinderen en Julienne (rechts)

Huis in Ruhengeri dat Amina voor haar zus Jeanine kocht

Julienne (links) en Jeanine (rechts)

Amina met de tienermoeders en hun kinderen

De kinderen bij het huis van Jeanine

Amina met de kinderen van Julie

In 2006 heeft Amina ervoor gezorgd dat haar moeder een graf kreeg

Laurence Nayino, moeder van Amina

17

In de bus naar Ngororero zaten Innocent en ik voorin naast elkaar. We luisterden naar de muziek uit de transistorradio die bij de chauffeur op het dashboard stond. Elke keer als er een kuil in de weg was, schoot de radio omhoog en liet de chauffeur het stuur los om hem op te vangen. De bus slingerde dan naar de andere kant van de weg, waar de chauffeur maar net kon voorkomen dat we in de berm terechtkwamen.

Ik lag met mijn hoofd op Innocents schouder. Ik luisterde naar zijn rustige ademhaling. Innocent keek naar buiten. In Ngororero woonde zijn familie. Hij had gezegd dat hij me wilde voorstellen aan zijn ouders. Ik was zeventien, hij vijfentwintig, als we bij elkaar wilden zijn konden we beter trouwen. Zijn uniform was stijf gestreken en mijn rok en blazer zaten ongemakkelijk in de bus. Ik durfde me bijna niet te bewegen, bang voor vlekken en kreukels. De hele ochtend was ik bezig geweest met mijn haar. Ik had Rachel gevraagd om het in te vlechten en wilde het daarna in een knot opsteken. Het lukte niet en daarom had ik mijn vlechten bijeengebonden in een staart. Voor zijn moeder en zus had ik een lap stof gekocht. Daar zou ik een goede indruk mee maken. En een goede indruk was alles wat telde als ik ging kennismaken met mijn aanstaande schoonfamilie.

Ik had met Innocent de gesprekken die we met zijn ouders zouden voeren voorbereid. Ze wilden natuurlijk weten waar ik vandaan kwam, wat ik had gestudeerd en waar ik nu werkte. Ik kon ze moeilijk vertellen hoe mijn leven de afgelopen twee jaar was geweest. We hadden daarom bedacht dat ik zou zeggen dat ik verpleegster was en in Mukamira in het ziekenhuis werkte. Innocent zou zijn ouders ook vertellen dat we een dochter hadden. Germaine kon niet voor altijd bij mijn moeder wonen en zou nadat we waren getrouwd bij ons komen. Het leek ons het beste als iedereen dacht dat zij ons kind was.

De ontvangst in het kleine bergdorp was warm. Ik snapte meteen waarom Innocent een lief en zacht karakter had, dat had iedereen in zijn familie. Een week bleven we in Ngororero en op de laatste dag vroeg zijn moeder wanneer we gingen trouwen.

'De volgende keer als we elkaar zien, is het op onze bruiloft,' beloofde ik haar. Ik was nog nooit zo blij geweest.

Een paar maanden later gingen Innocent en ik naar Vunga. Ik had hem verteld dat het bij ons thuis er iets anders aan toe ging. Het huis was kleiner, er zou minder eten zijn. We hoefden ook geen gesprekken voor te bereiden, mijn moeder was allang blij dat ik ging trouwen. In Vunga stond mijn broer Oscar te wachten bij het marktplein waar de bus stopte.

Innocent gaf hem geld om eten en drinken voor de hele dag te kopen. Trots liep ik met Innocent van het busstation de berg op naar het huis van mijn moeder. Daar was ik, het meisje dat met een kind in haar buik het dorp uit vluchtte, op wie iedereen neerkeek, en over wie iedereen wel iets te zeggen had. Die dag hielden ze allemaal hun mond. Met een militair in een mooi uniform met strepen dwong ik voor het eerst respect af bij de mensen van Vunga. Ik hield de hand van Innocent vast, ik hoopte dat ze allemaal zouden kijken.

Mijn moeder was blij en kuste de hand van Innocent. Germaine stond achter haar en hield haar rok vast. Ik had haar al bijna negen maanden niet gezien. Ik wilde haar optillen, maar ze begon te huilen.

'Mama,' riep ze en ze stak haar armen naar mijn moeder uit.

Germaine wist niet wie ik was, en ik wist niet of ik dat erg vond of niet.

De hele dag zaten we bij het huis. Mijn moeder had mijn oom gevraagd om alles met Innocent te bespreken. Niemand wist waar mijn vader was. Aan het einde van de middag hield Innocent een toespraak voor mijn familie waarin hij mij officieel om mijn hand vroeg. Mijn moeder had tranen in haar ogen. De verlossing waar ze op had gewacht was gekomen. Ik had ook tranen in mijn ogen, mijn leven was net zo goed verlost. Ik ging trouwen met een lieve man die me ondanks alles had geaccepteerd.

Mijn moeder kwam naar me toe en pakte met haar beide handen mijn gezicht vast.

'Mijn dochter,' zei ze zacht, 'ik weet niet hoe je dit voor elkaar hebt gekregen.'

Ik zei tegen mijn moeder dat dit het plan was dat God voor mij had.

Toen we terug waren in Mukamira, ging Innocent meteen aan het werk. Hij moest met de majoor naar het noorden van het land. De legerauto reed langs de bar. De majoor zat achterin.

Hij hield zich met één hand vast aan de lus boven het portier van de auto. Als de auto schommelde kon hij door hard met zijn hand in de lus te knijpen zijn lichaam recht houden. Naast hem zat een man en samen keken ze op een landkaart. Innocent zat achter het stuur. Op de stoel naast hem zat een soldaat met zijn geweer rechtop zodat de loop naast zijn hoofd stond.

Innocent keek serieus. Meestal zwaaide hij als hij langsreed, nu knikte hij alleen maar. Ik dacht aan de toekomstplannen die we hadden gemaakt, aan het huis dat hij wilde kopen en aan het leven dat we samen zouden hebben. Over een week kwam hij weer terug. In de bar zette Jean de olieton buiten. Vanavond was er kip.

Na een week was Innocent nog niet terug, en na twee weken ook niet. Er werd gevochten bij de grens met Uganda, maar ik wist niet of ze daarnaartoe waren gegaan. Ik had geen zin om naar de kazerne te lopen, maar het leek me de enige mogelijkheid om erachter te komen wanneer Innocent terug zou komen. Bij het hek werd ik tegengehouden door een soldaat die op een stoel zat bij een houten hokje. Het was lang geleden dat ik in de kazerne was geweest. Ineens viel de stilte me op. Het was er rustig, alsof alle soldaten in hun tenten en barakken wachtten tot ik weer weg zou gaan. Niemand liep over het terrein, de auto's stonden stil, de transistorradio's maakten geen geluid. Zelfs de stoel waarop de soldaat heen en weer wiebelde was gestopt met piepen. De stilte kwam me bekend voor. Ik was daarom ook niet verbaasd toen de soldaat zei dat de auto van de majoor was opgeblazen.

18

Ik droomde niet. Het geluid dat ik hoorde was echt. Ik lag in mijn bed, in een kamer boven de bar. Een paar maanden geleden was ik daar gaan wonen omdat Rachel met haar zoon naar Kenia ging. Ze vond het te gevaarlijk worden in Rwanda. Er waren wisselende regeringen die het niet met elkaar eens konden worden. En in het noorden stonden nog altijd het Rwandese Patriotic Front en het regeringsleger tegenover elkaar. Toen Jean hoorde dat Rachel wegging, had hij al zijn spullen in één kamer gezet zodat ik in de andere kon slapen.

In de verte hoorde ik schoten. Het leek alsof jongens kleine steentjes door een buis hard tegen een stuk plastic bliezen. Ik had ze het wel eens bij het busstation zien doen. Het ging erom wie zoveel mogelijk steentjes achter elkaar kon blazen. Het was midden in de nacht, dit konden geen steentjes zijn. Het waren kogels. Ineens was er een harde knal. Ik sprong uit bed en keek naar buiten. Achter de rij huizen die aan de overkant van de bar stonden zag ik vlammen. Ik probeerde na te gaan wat er in brand stond, maar had geen tijd om na te denken. De volgende harde knal was vlak bij de bar.

Nadat de rook was opgetrokken zag ik een gat in de weg. De kogels die eerst nog ver weg leken, kwamen dichterbij. Buiten op straat waren veel mensen. Iedereen schreeuwde, maar niemand luisterde.

'Het zijn de Inkotanyi,' riep iemand.

'De Interahamwe,' zei een ander.

'We worden afgemaakt,' schreeuwde iedereen.

Ergens verderop ontplofte er weer iets. Ik kon niet zien waar het was omdat iedereen door elkaar ging rennen. Nieuwe schoten klonken, net als de stemmen van de soldaten. Niemand wist welke soldaten. Ze waren nog maar een paar straten van ons verwijderd. Een vrouw stond naast me en zei dat het oorlog was.

'Ga weg, nu het nog kan,' zei ze en ze liep snel verder. Ze verdween tussen de mensen. Ik rende de straat naast de bar in. Aan het einde van de straat waren de akkers van de boeren en voorbij de akkers liep de weg de bergen in. Ik was niet de enige die die kant op rende. Ik hoorde mannen en vrouwen naar elkaar schreeuwen en kinderen huilen. Ik rende tot ik de schoten bijna niet meer hoorde en zocht een plek om te slapen. De boom waar ik tegenaan zat voelde hard. Ik was bang. Alleen in het bos met op de achtergrond het geluid van de kogels die in de stad werden afgeschoten wachtte ik tot ik in slaap zou vallen.

De volgende ochtend liep ik langs dezelfde weg de stad weer in. Aan de akkers en huisjes van de boeren was niet te zien dat er die nacht iets was gebeurd. Dat zag ik pas in de stad.

Het was rustig op straat. Voor de bar lag een vrouw in een plas bloed. Ik kon haar gezicht niet zien. Rond de wond op haar achterhoofd vlogen vliegen. Verderop lag een man op straat. Het bloed dat uit zijn hoofd was gestroomd, liet een rood spoor over de weg achter. Naast hem lag ook iemand, en daarnaast weer. Zo ver ik kon kijken lagen er mensen op de weg.

In de bar leek het alsof er een enorm feest was geweest dat uit de hand was gelopen. Alle deuren waren opengebroken. Binnen lagen de tafels op hun kant. De stereo en de boxen waren van de muur gerukt. Er bungelde alleen nog een witte stroomdraad waaruit kleine koperen draadjes staken. De grond voor de bar kleefde. De flesjes bier waren op de grond stukgegooid. Het glas knarste onder mijn voeten terwijl ik rondliep om te kijken wat er nog van de bar over was.

Alle ramen en deuren waren stuk. De stereo, de ijskast en de flessen sterkedrank waren meegenomen, de flessen bier waren op de grond en tegen de muur stukgegooid. Het rook naar verbrand plastic. De slingers uit het achterste gedeelte van de bar waren zwart. Iemand had geprobeerd om ze in brand te steken. De muren zaten onder de zwarte roetstrepen. Een plastic stoel stond half gesmolten tegen de muur, eronder lagen halfverbrande kranten. Het verbaasde me dat het ze niet was gelukt om de bar in brand te steken. Op de muur stond LIBRE DES MILLE COLLINES gekrast. Daarnaast stond met rode letters DOOD ALLE TUTSI-INYENZI. Kakkerlakken, zo werden de Tutsi's genoemd. Het was met bloed geschreven.

De kamers boven de bar hadden ze niet gevonden. De deur naar boven zat aan de buitenkant van de bar, net als de trap. Jean was er niet. Ik liep naar de winkels in de hoofdstraat. Ook hier was geplunderd en liepen eigenaren verdwaasd door het glas op zoek naar spullen die niet waren meegenomen. Daarna werden deuren weer in de scharnieren getild en het glas opgeveegd. Sommige winkels waren open, ook al hadden ze bijna niets om te verkopen. Bij de kiosk stond een groep mensen naar de radio te luisteren.

'Vannacht is het vliegtuig van president Juvénal Habyarimana en president Cyprien Ntaryamira van Burundi neergeschoten.'

Het was stil. Ons land had geen president meer. Ik vroeg me af wie nu de baas was.

'Agathe Uwilingiyimana,' hoorde ik iemand zeggen.

Mensen kregen ruzie om de vrouw die nu president zou worden. 'Hoe kan een vrouw die Hutu en Tutsi is ons land leiden,' werd er geroepen. 'Dat kan alleen een Hutu.'

Er werd nog meer geschreeuwd en later ook gevochten. Mannen liepen op straat met machetes. Ik ging aan de achterkant van de kiosk staan, waar minder mensen waren.

De man van de kiosk riep dat we naar Radio Libre des Mille Collines moesten luisteren. Er was belangrijk nieuws. Premier Uwilingiyimana en haar man waren doodgeschoten. De man op de radio zei dat het werk afgemaakt kon worden en dat alle inyenzi dood moesten. Daarna zei hij niets meer. De mannen met de machetes schreeuwden dat ze alle Tutsi's zouden afmaken en zwaaiden dreigend met hun zwaarden in het rond. Ik zag niet wie het deed, maar ineens was een van de machetes in iemands nek terechtgekomen. Het bloed spoot eruit en de man viel meteen op de grond. De plas bloed werd steeds groter. De meeste mensen renden weg. De mannen met de machetes keken elkaar tevreden aan en besloten dat ze alle Tutsi's in de stad gingen afmaken.

Ik wachtte tot ze weg waren en ging terug naar de bar. Daar was het in elk geval rustiger. Ik bleef op mijn kamer boven de bar en keek naar de straat. De dode vrouw lag nog steeds voor de deur.

Tegen het einde van de middag kwamen de soldaten van het Rwandese leger de stad weer in. Ze werden bijgestaan door de Interahamwe, de jongerenmilitie van een regeringspartij. Ze schreeuwden dat iedereen die niet wegging, werd doodgemaakt.

Samen met duizenden anderen ging ik die nacht de bergen weer in. Met een grote groep liepen we zo ver mogelijk van de stad vandaan en stopten bij een huisje in het bos. Naast het huisje lagen mensen uit te rusten en te slapen. Kinderen zaten bij hun moeder op schoot en keken met grote ogen naar de nieuwkomers. De oude vrouw van wie het huisje was, vroeg aan iedereen wat er aan de hand was. Niemand wist het, we konden alleen maar zeggen wat we hadden gezien.

De volgende dag ging ik weer naar de stad. Ik wilde niet in het bos blijven. Wie zei dat ik daar veilig was? De informatie lag op straat, in de stad. Vooral bij de kioskhouder, omdat hij de enige was die ik kende met een radio. Bij de bar was Annabelle.

'Waar was je vannacht?' vroeg ik aan haar.

'Ik ben in de stad gebleven, ik wist niet waar ik naartoe moest en heb me verstopt tussen de huizen. De hele nacht heb ik rondgelopen. Ik was bang dat ik in slaap zou vallen en door de soldaten gevonden zou worden.'

Annabelle zag er inderdaad moe uit.

'Het is in de stad niet meer veilig, Amina. De soldaten en Interahamwe gingen langs de huizen en hebben zoveel mogelijk Tutsi's gedood. Ze werden geholpen door de mensen uit de stad. Tegen de ochtend hadden ze duizenden mensen vermoord.'

De laatste paar jaar was het onrustig geweest in Rwanda. Ik begreep niet precies waar het om ging, het leven was voor mij al moeilijk genoeg, maar ik had nooit het gevoel dat het hier-

op uit zou draaien. In het dagelijkse leven konden Hutu's e
Tutsi's naast en met elkaar leven. Binnen het tijdsbestek va
een paar dagen slachtten die mensen elkaar nu af. Buren verraadden elkaar en Hutu-mannen werden gedwongen om hun Tutsi-vrouwen en -kinderen te doden. Overal lagen lijken. Er was niemand om ze op te ruimen of te begraven.

'Ik ga de stad uit,' zei Annabelle.

'Waar ga je naartoe?'

'Naar mijn tante in Kigali.'

'Is het daar veilig?'

'Ik weet het niet, maar ik wil hier niet alleen blijven.'

Ik ging terug naar de hoofdstraat. Het was rustig, maar in de verte hoorde ik schoten. Twee jongens liepen zwaaiend met een machete op me af.

'Ben jij een Hutu?'vroeg de kleinste. Ik zei niets. Mijn vader was een Hutu, mijn moeder een Tutsi, wat was ik dan? De jongens hadden rode ogen. Ze hadden waarschijnlijk de hele nacht niet geslapen en *urumogi*, marihuana, gerookt.

'Je ziet toch dat zij een Hutu is,' zei de andere jongen en hij liep verder. Ik was klein en had een platte brede neus, in hun ogen was dat Hutu genoeg.

Bij de kiosk was niemand. Het stonk er. De dode lichamen lagen al twee dagen op straat. De eigenaar van de kiosk luisterde met zijn armen steunend op een stapel oude kranten naar zijn favoriete Radio Libre des Mille Collines. Hij leek de lijken rondom zijn winkel niet te zien. Ik bleef schuin achter de kiosk staan zodat hij me niet zag. Weer werd er op de radio over het opruimen van alle kakkerlakken gesproken.

Een kwartier lang luisterde ik, maar niemand zei iets over het waarom, en al helemaal niet over hoe lang ze dachten daarmee bezig te zijn.

Ik liep terug naar de bar en zocht iets te eten. Het was twee dagen geleden en ik had hoofdpijn van de honger en de stank op straat. Mijn kamer was nog steeds niet ontdekt. Bij de bar viel ook niks meer te halen. Binnen lagen twee dode mannen. De een had een diepe wond op zijn hoofd, het hoofd van de ander was er half afgehakt. Ze wilden waarschijnlijk schuilen maar waren toch gevonden. In mijn kamer leek alles normaal, maar de waanzin was zelfs hier voelbaar.

19

Een week lang ging ik 's avonds de bergen in en zodra het licht werd, liep ik weer terug naar de stad. Ik wist niet wat ik anders moest doen. Zo onopvallend mogelijk liep ik door de straten, op zoek naar bekenden, eten of informatie. Elke ochtend wanneer ik langs de boerderijen en akkers naar de rand van de stad liep, hoopte ik dat er 's nachts een wonder was gebeurd. Dat de straten schoon waren, het bloed was opgeruimd en de mensen bij de bar wachtten op hun drankje. Bij de akkers rook ik de lijkengeur al. Bij een van de boerderijen lagen een vrouw en haar zes kinderen dood voor de deur. Jongens van de Interahamwe hadden de boer gedwongen om zijn vrouw en kinderen te doden. Daarna lieten ze hem huilend achter en slachtten op hun weg terug naar de stad zijn vee. Er lag een spoor van verderf voor zijn huis en op zijn akkers. De man had gesmeekt of ze hem wilden doodmaken, maar de jongens hadden niet geluisterd. De man was opgestaan en weggelopen. Het huis was verlaten, op de lijken voor de deur na.

Na een week bleef ik in de stad. Ik wilde niet meer heen en

weer lopen en bleef in mijn kamer boven de bar. Ik wist dat soldaten en Interahamwe 's nachts langs de huizen gingen om mensen te zoeken, maar ik was te moe en te verdoofd om bang te zijn. Als het moest mochten ze mij ook afmaken. De eerste nacht had ik amper geslapen. Ik luisterde naar het geschreeuw op straat. Voor de bar lagen steeds meer dode mensen. Een jong meisje riep toen de soldaten weg waren om hulp. Ze lag tussen een vrouw en een man in. Haar been was afgehakt en er zat een grote wond in haar nek. Ze hadden haar willen onthoofden, maar het was niet gelukt. Pas tegen de ochtend hield ze op met roepen.

Die middag ging ik naar de kiosk. Ik liep voorzichtig over straat, dicht langs de huizen, en zorgde dat niemand me zag. De eigenaar van de kiosk gebruikte de oude kranten waar hij op leunde om een vuur te maken zodat door de rook de rotte geur van dode mensen minder werd. Hij verkocht niets meer, de mensen kwamen alleen nog om naar de radio te luisteren.

Ik stond schuin achter de kiosk, in een klein steegje tussen twee huizen in. Tegenover de kiosk, aan de andere kant van de straat, stond een groep mannen. Ze hadden een zwangere vrouw bij zich. De vrouw keek bang om zich heen en huilde zonder geluid te maken.

Ze schreeuwden tegen de vrouw dat ze moest gaan liggen. Ik hoorde hoe ze hun riemen uit hun broeken trokken en de vrouw de mond snoerden. Twee soldaten verkrachtten haar, de derde hield haar tegen de grond. Daarna pakten ze een mes, sneden haar buik open, haalden haar kind eruit en zeiden dat ze het op moest eten.

Ik werd misselijk en moest overgeven. Zachtjes spuugde ik op de grond. De gal voelde zuur in mijn mond. De man van de kiosk zette zijn radio harder zodat hij het geschreeuw van de vrouw niet hoefde te horen. Ik deed mijn handen tegen mijn oren.

De vrouw hield één hand op de wond op haar buik en met de andere hand hield ze haar dode baby vast. Het bloed droop langs haar armen op haar benen en vormde een kleine plas op de grond tussen haar voeten. Een van de soldaten trapte haar tegen de grond, en hakte haar armen af. Ze lieten de vrouw zonder armen op straat liggen met de levenloze baby op haar buik. Ze leefde nog.

'Laat de hoofden van de kakkerlakken achter aan de kant van de weg,' zei een stem uit de radio. Toen de mannen dat hoorden kwamen ze terug, hakten haar hoofd af en schopten het naar de kant van de weg. Lachend liepen ze weg.

De tweede nacht hoorde ik schoten en stemmen rond het huis. Ik keek door het raam. Op straat voor de bar stond de buurvrouw met een paar mannen en ze wees naar boven. Die middag had ik haar bij de bar gezien en gevraagd of zij wist waar Jean was. Ze haalde haar schouders op.

'Wie weet waar hij kan zijn.'

Ik vroeg waar haar man was.

'Hij heeft de hele nacht gewerkt,' zei ze. Ik durfde niet te vragen wat voor werk dat was en deed net alsof ik begreep waar ze het over had.

'Waarom ben jij nog hier?' vroeg mijn buurvrouw.

'Dat weet ik niet.'

'Jouw vader is Hutu, toch?'

Ik knikte.

'En je moeder?'

Ik knikte omdat ik dacht dat dat het beste antwoord was. Ik wilde weg bij de buurvrouw, de vragen die ze stelde bevielen mij niet. Hield ze me aan de praat zodat haar man me straks kon vermoorden? Ik zei dat ik iets in de bar ging pakken en liep naar binnen. Ze was waarschijnlijk blijven kijken en had gezien hoe ik naar achteren liep, de trap op naar mijn kamer.

Buiten stond de buurvrouw nog steeds met de drie mannen. Ze gebaarde dat de trap naar boven aan de achterkant van de bar was en dat ze om moesten lopen. De mannen hadden machetes en messen in hun handen.

Snel liep ik de trap af en verstopte me op het achtererf. Mijn hart bonkte in mijn keel. Het was donker, ik kon de bergen niet meer in. De mannen stonden nu ook op het achtererf van de bar en gingen de trap op.

In de kamer van Jean sliep een vrouw. Haar man en kinderen waren dood en haar huis was in brand gestoken. Ze lag de hele dag op bed, wachtend op wat nu ging komen. De mannen trapten de deur in en staken haar meteen neer. Ze gilde niet eens.

Ik wist dat ik de volgende zou zijn en wilde niet wachten tot ze mijn kamer leeg vonden en buiten gingen zoeken. Ik rende naar de voorkant van de bar, waar acht lijken lagen. Het was een vreemde berg dode lichamen. Met mijn blote voeten stond ik in het donkerrode zand en probeerde een levenloos lichaam op te tillen. Het was een vrouw en ik kreeg haar met moeite opzij.

Boven de bar hoorde ik dat mijn deur werd opengetrapt. Ik ging tegen de dode vrouw aan liggen en duwde met mijn benen een ander lijk weg zodat ik eronder kon rollen. De geur van ontbinding was ondraaglijk, ik wilde spugen, maar mijn lichaam werkte niet mee. Zelfs kokhalzen ging niet meer. De armen en benen die op mij lagen waren zwaar en ik voelde mijn jurk nat worden van het bloed. Ik lag met mijn gezicht in het zand en durfde me niet te bewegen.

Pas toen het licht werd, kroop ik tussen de lijken vandaan. In de kamer van Jean lag de vrouw dood op bed. Ze glimlachte, alsof ze blij was dat het was gebeurd. In mijn kamer hing de deur scheef in de deurpost. Ik ging op het bed zitten en probeerde na te denken over wat er gebeurde en wat ik moest doen. Ik wilde de bergen niet meer in. Daar was ik niet veilig. De soldaten zochten ook daar naar Tutsi's. En anders waren er nog de Hutu's uit de bergdorpen, die net zo gevaarlijk waren. In de stad wilde ik ook niet blijven. Degenen die nog waren gebleven vluchtten zodra het ochtend werd in kleine groepen de stad uit.

Toen het donker werd, zat ik nog steeds op mijn bed. Ik dacht aan de mannen die hier waren geweest. Ze zouden ook deze avond komen. Ik ging naar buiten, al was dat ook gevaarlijk. Het kon het me niets meer schelen, als dit het moment was dat ik moest sterven, dan was dat maar zo.

In het donker zagen de straten er nog schimmiger uit. De rook van afgebrande huizen en gebouwen hing als een mist over de stad. Overal lagen dode mensen en dieren, afval, bloedsporen, kapotte machetes en afgehakte ledematen. Insecten en wilde honden waren niet bij de lijken weg te slaan. Sommige mensen waren niet dood en riepen zacht om hulp. Ik zag het, maar hoorde het niet. Ik hoorde ook het kind dat huilend naast zijn dode moeder zat niet, terwijl ik ernaast stond. Het kind keek met grote ogen naar me, maar ik liep verder.

Aan het einde van de straat sleurde een groep mannen en vrouwen het lichaam van een dode man en vrouw door de straat. Aan hun voeten was een rafelig touw gebonden dat door verschillende mensen werd vastgehouden. Een vrouw tilde een peuter boven haar hoofd die hard huilde. Ze riep dat de volgende muur voor hem zou zijn. Toen ze bij een huis stilstonden pakte de grootste man van de groep de peuter en sloeg hem met zijn hoofd tegen de muur. In één zwaai was het kind dood. Een streep bloed liep over de muur tot aan het witte shirt van de peuter, die ze boven op zijn ouders hadden gegooid. Zijn hoofd lag geknikt op zijn schouders en de rode vlek in zijn shirt werd steeds groter.

De geluiden kwamen terug. Het geschreeuw van mensen op straat, het gehuil van kinderen, het geblaf van wilde honden die vochten om een stuk vlees of bot, het gekreun van halfdode mensen. Voor het eerst sinds de totale gekte was losgebroken moest ik huilen. Waarom gebeurde dit? Waarom was ik niet dood? Waar waren mijn moeder en Germaine? Ik dacht aan Innocent en hoe hij in alle rust een probleem aanpakte, zonder een keer zijn hoofd te verliezen. Wat had hij gedaan als hij nog leefde?

Ik liep terug naar de bar en ging in het achterste gedeelte op de grond zitten, naast de verbrande stoel. Het was al een tijd donker toen ik schoten en stemmen dichterbij hoorde komen. Ik kon maar één plek verzinnen waar ik veilig was. Ik zocht de vrouw die ik de vorige nacht opzij had geschoven, tilde haar arm op en kroop tussen haar en twee dode mannen.

De buurman stond weer voor de bar. Nu met een groep jonge jongens van de Interahamwe. Ik keek langs de benen van de dode vrouw en zag hun schoenen. Eén jongen draaide met zijn schoen in het zand heen en weer om zijn sigaret uit te maken. Iemand hoestte. De soldaten hoorden het ook. Het was vlak bij mij. Ze kwamen mijn kant op en luisterden. Weer werd er gehoest. Was het een van de lijken? De soldaten trokken aan de benen van het lichaam dat schokkend heen en weer ging. Het was een man die zich had willen verstoppen, maar de doordringende lijkengeur niet aankon. De soldaten schopten hem, zodat de man kotsend op straat viel. Daarna rolde zijn hoofd naar de kant van de weg.

‘Sommige kakkerlakken ademen nog, steek ze met machetes,’ zei de buurman tegen de jongens. ‘Ik wil er zeker van zijn dat iedereen dood is.’

De voetstappen kwamen dichterbij. Vlak naast mijn hoofd verdween het zilveren blinkende blad van een machete in een been. De man die om de stapel lijken liep stond naast me. Ik hoorde zijn machete door de lucht zwaaien en met een licht fluitend geluid op mijn been terechtkomen. De man stak, maar ik voelde niets. Mijn hoofd en hart waren verdoofd.

‘Ze zijn allemaal dood,’ zei de jongen en hij liep achter de groep aan de straat uit. Ze gingen rechts de hoek om, richting de bergen. Ik duwde de dode vrouw van me af en stond op. Langs de kant van de weg liepen zes mensen. Ik vroeg waar ze naartoe gingen.

‘Gisenyi,’ zei de enige vrouw in de groep heel zacht, en zonder naar me te kijken liep ze verder. Gisenyi lag bij de grens met Zaïre, dat leek me ver genoeg. Ik liep achter de groep aan de stad uit.

Overal lagen dode mensen langs de weg. Mannen, vrouwen, kinderen, jong en oud. De meesten zonder hoofd. Op school had ik geleerd dat God heerste over de hele wereld, maar in de bergen van Rwanda woonde. Ik wist zeker dat God die week Rwanda had verlaten.

20

Het was donker. De wond op mijn been deed pijn als ik liep. Na een uur was het bloeden gestopt. We liepen langs de weg, een paar meter in de berm, zodat we niet opvielen. Pas toen het licht werd, zag ik dat de groep veel groter was dan de zes mensen met wie ik de stad had verlaten. Er waren meer dan honderd mensen. Ik had ze niet gehoord of gezien.

Voorzichtig begonnen mensen met elkaar te praten over wat ze hadden gezien. Ik luisterde, maar durfde niets te zeggen omdat ik niemand vertrouwde. Om niet op te vallen keek ik niet naar de mensen om me heen, maar naar elke stap die ik met mijn blote voeten in het gras zette. Het opgedroogde bloed op mijn been had precies dezelfde kleur als de rode kussens op de bank in mijn kamer boven de bar. Ik had er een week voor moeten werken, toen kon ik ze betalen. Met de kussens leek mijn kamer op een echt huis. Ook mijn schoenen met hakken lagen er nog. Ik had alleen nog de jurk die ik aanhad. Misschien was ik over een paar maanden weer terug, maar ik betwijfelde dat mijn spullen er dan nog zouden zijn.

Een groep jonge jongens beval ons te stoppen. Ik schatte ze op een jaar of vijftien, zestien. Ze waren jonger dan ik. Een paar dagen geleden was ik achttien geworden. Een jongen die twee boventanden miste, vroeg om onze identiteitspapieren. Niemand zei iets.

'Dan kiezen we zelf wel,' zei de jongen zonder boventanden. Hij liep langs de groep en stond stil bij de twee langste mannen uit de rij. Hij priemde de loop van zijn geweer tussen de ribben van de een en zei terwijl hij de ander strak in zijn ogen keek: 'Jammer dat jullie geen dikke neus hebben.'

Hij trok de twee mannen uit de rij en gaf ze een schep. Met zijn geweer wees hij naar een plek langs de kant van de weg en riep dat ze konden beginnen. De mannen groeven twee kuilen. Toen ze klaar waren zei de jongen zonder boventanden tegen twee andere jongens dat ze hun gang konden gaan. Met hun machetes zwaaiden ze door de lucht en een paar seconden later vielen de hoofdloze lichamen in de kuilen. Langzaam begon de groep weer te lopen. De jongens schopten lachend met de twee hoofden naar elkaar en riepen dat ze een voetbal hadden. Ik had verstijfd staan kijken, maar realiseerde me dat als ik bleef staan, ik de volgende zou zijn.

In Mukamira was ik op mezelf aangewezen. Ik was de twee weken dat ik in de stad was elke minuut bang geweest. Tussen de honderden, of misschien wel duizenden mensen die net als ik op de vlucht waren, was ik gek genoeg niet bang. De angst die me in de stad had lamgeslagen, voelde ik niet meer.

Aan het einde van de dag liepen we van de weg af het bos in. Ik hielp een paar vrouwen die planten, hout en water aan het zoeken waren. Een van de mannen maakte een klein vuur. Iemand had een pannetje bij zich waarin de planten werden gekookt. Na het koken gingen de vuurtjes die overal in het bos waren meteen uit zodat de soldaten ons niet konden vinden. Het duurde lang voordat we allemaal een klein beetje gegeten hadden, de paar happen die ik kreeg kon ik maar met moeite doorslikken. Iemand zei dat we moesten gaan slapen. Ik ging in het hoge gras liggen en luisterde de hele nacht naar de schoten in de verte.

Het lopen door de bergen was zwaar. Ik was te moe om zelf te kunnen denken. Als de mensen voor me stopten, stopte ik ook. Gingen ze eten, dan at ik mee, wilden ze slapen dan wilde ik dat ook. In een stroom van tienduizenden mensen liepen we op de weg, in de berm of door het bos. Ik volgde de groep, maar was niet een van hen. Op deze overlevingstocht was ik alleen.

Op straat was ik ook alleen geweest, maar daar was de aanwezigheid van de andere meisjes, de soldaten, de mannen, mijn dochters, en zelfs mijn familie altijd voelbaar geweest, waardoor ik geen zeggenschap over mezelf had. Anderen bepaalden mijn leven, het werk dat ik deed, de plek waar ik sliep, het eten dat ik at en de mannen met wie ik mijn bed deelde.

In de bergen was het ieder voor zich, niemand bepaalde wat ik moest doen. Het was een schijnvrijheid, want het enige wat ik kon doen was blijven lopen. Met pijn in mijn voeten, vieze kleren, een lege buik en in angst. Wie kon ik vertrouwen en wie niet? Ik had geen geld, geen eten, en geen spullen die ik kon ruilen. Mijn hele bezit was een bebloede jurk en die wilde niemand hebben.

Ineens riep iemand mijn naam. Een vrouw met een gele rok en gele doek om haar hoofd kwam op me af rennen. Op haar rug bungelde een doek met daarin haar spullen.

'Amina, ben jij het?'

Ze kwam naast me lopen en zei nog een keer mijn naam.

Toen herkende ik haar. Het was Agathe, een buurvrouw uit Vunga. De laatste keer dat ik haar had gezien was toen ik met Innocent in Vunga was. Ze had tegen de zijkant van haar huis geleund en gekeken hoe we bij mijn moeder op het erf mijn aankomende bruiloft aan het vieren waren. Het was raar om in deze mensenmassa een vertrouwd gezicht te zien.

'Wat doe jij hier?' vroeg ik aan Agathe.

'Wat jij ook doet, naar Gisenyi vluchten.'

'Hoe is het in Vunga?'

'Dat weet ik niet, ik kom uit Kabaya, waar mijn broer woont. Toen we daar werden beschoten zijn we meteen weggegaan.'

Ik vond het jammer dat ze geen nieuws had over mijn familie. Onderweg had ze gehoord wat er in Vunga was gebeurd.

'Iedereen is uit Vunga gevlucht,' zei Agathe. 'Er is niemand meer in het dorp, alleen de Interahamwe en de soldaten van het Rwandese leger. Zij wonen in de lege huizen.'

Waar kon mijn moeder naartoe zijn gegaan? En Jeanine? En bij wie was Germaine? Agathe liep naast me. De potten, messen en bekers in de doek op haar rug maakten bij elke stap een dof klingelend geluid.

'Hoe is Zaïre?' vroeg Agathe.

'Hoezo?'

'Jij hebt er gewoond, nu ga je terug.'

Het voelde niet als teruggaan. Ik wist niet wat er bij de grens zou gebeuren, maar ik kon me voorstellen dat niemand op honderdduizend vluchtelingen zat te wachten, misschien mochten we Zaïre niet eens in. Ik zei dat ik me niets meer kon herinneren van de eerste vier jaar van mijn leven in Zaïre. Agathe haalde haar schouders op. Zwijgend liepen we verder.

Op de derde dag kregen Agathe en ik ruzie. Ik had zo'n honger dat ik op een ochtend het eten dat we nog overhadden had opgegeten. We hadden samen bananen en zoete aardappelen gevonden en besloten dat we een deel voor de volgende dag zouden bewaren. Ik werd als eerste wakker en at alles op.

Agathe was boos.

'Vreselijk kind. Je bent niet beter dan je moeder, die ook een dief was. Je moest je schamen.'

'Het eten was net zo goed van mij.'

'Je bent niet te vertrouwen en een slecht mens. Nu loop ik de hele dag met honger. Wil je mij soms dood hebben? Waarom heb ik je eigenlijk geholpen? Ik heb pannen, heb ik die soms niet met je gedeeld?'

Agathe had gelijk, maar mijn honger was groter dan de afspraak die ik met haar had gemaakt.

'Sorry,' zei ik tegen haar, maar het klonk niet alsof ik spijt had.

'Wat moet ik nu eten, waar kan ik nu zoete aardappelen vinden?'

Agathe pakte een pan en gooide die naar mijn hoofd. Met een doffe klap kwam de pan tegen mijn voorhoofd aan. Ik had geen zin in ruzie, legde de pan naast me neer en liep terug naar de weg om zonder Agathe naar Zaïre te lopen. Ze schreeuwde vanuit de bosjes waar we die nacht hadden geslapen dat ik een ondankbare hoer was en dat ze zonder mij verder zou gaan. Ze wilde me nooit meer zien.

Twee weken liepen we door de bergen richting de grens met Zaïre, in de brandende zon. Ik had honger en dorst en mijn voeten deden pijn. De wond op mijn been was dik en ontstoken.

De groep vluchtelingen bleef groeien. Het waren mannen, vrouwen en kinderen, Hutu's die op de vlucht waren voor de soldaten van de RPF, Tutsi's die vluchtten voor de Interahamwe en de soldaten van het Rwandese leger. We waren overgeleverd aan de gekte van iedereen die het idee had dat alle Tutsi's dood moesten. Die gekte was het gruwelijkste wat ik ooit had gezien. Niemand wist precies wie Hutu of Tutsi was, we konden allemaal de volgende zijn die werd gedood.

De aanvallen onderweg waren verschrikkelijk. Mannen en vrouwen werden uit de rij gehaald en half ingegraven en gescalpeerd. Vogels en insecten kwamen op de open wonden af zodat de mensen die vast in de grond zaten alleen nog maar gillend met hun hoofd heen en weer konden schudden. De vogels landden alsnog met hun scherpe poten op hun hoofd om in het rode vlees te pikken. Soms hoorde ik de mensen een halfuur lang schreeuwen.

Vrouwen werden uit de rij gehaald en gedwongen om hun kleren uit te trekken. Ze werden verkracht, en hun armen en benen afgehakt. Of soldaten staken een machete in hun vagina en draaiden die net zo lang rond totdat de vrouwen hun hoofd met halfopen ogen lieten hangen.

We liepen totdat we niet meer konden of totdat we de kogels niet meer hoorden. De soldaten van het Rwandese leger waren voelbaar achter ons en joegen ons dichter naar de grens toe. De jongens van de Interahamwe stonden bij elk dorp dat we passeerden op ons te wachten. De langste mensen werden uit de rij gehaald en een voor een onthoofd. Of ze werden bewerkt met een knuppel met spijkers en met hun open wonden op straat achtergelaten, waar kleine jongetjes lachend op ze plasten.

Niemand durfde iets te zeggen, niemand durfde te praten. Honderdduizend mensen liepen in doodse stilte door de bergen. Langs de weg lagen mensen die waren afgeslacht, in brand waren gestoken of van uitputting waren gestorven. Ik zag ze niet meer, stapte over ze heen en liep verder, zonder gevoel en zonder gedachten. Ik bleef lopen omdat ik hoopte dat er achter elke volgende berg geen schoten meer waren en geen doden meer langs de weg lagen.

In de buurt van Gisenyi liepen we op een geasfalteerde weg. De weg was vol mensen, acht rijen dik. Vrouwen droegen hun spullen in doeken op hun hoofd en hun kinderen op hun rug. Mannen droegen hun ouders op hun rug, of duwden de oude mensen voort in een kar of kruiwagen. Sommige mensen hadden een fiets bij zich met hun spullen opgerold in een matras op de bagagedrager.

De grens was niet ver meer. Vanuit Zaïre was het Zaïrese leger de stoet vluchtelingen tegemoet gereden. Met jeeps joegen ze de mensen opzij zodat zij op de weg konden rijden. De soldaten spraken Swahili. Wat ze zeiden klonk bekend, maar ik verstond het niet. Het was de taal die mijn ouders spraken toen we in Zaïre woonden.

De Zaïrese soldaten namen de wapens van de Interahamwe en de soldaten in. Honderden geweren en machetes belandden in de laadruimte van de jeeps. De ongewapende daders gingen tussen de mensen in de stoet lopen. Soldaten deden hun uniformen uit en trokken de kleren van de doden langs de weg aan. Na een halfuur wist ik niet meer wie wie was, iedereen was een slachtoffer geworden dat naar de grens liep.

Steeds meer Zaïrese soldaten reden in jeeps langs de rij en dreven ons in groepen bij elkaar. Ze riepen dat we naar Goma moesten lopen. Goma was een grote stad, net over de grens bij Gisenyi. Het was donker toen we in Goma aankwamen.

Duizenden mensen probeerden in de stad hulp te zoeken. Iedereen was op zoek naar water, eten, medicijnen en een plek om te slapen. In groepen lagen de vluchtelingen bij elkaar, ik lag langs de weg tussen mannen en vrouwen die ik niet kende.

De Zaïrese soldaten patrouilleerden de hele nacht. Voor het eerst sinds ik Rwanda was ontvlucht waren er geen schoten te horen. Na een paar minuten viel ik in slaap.

21

Bij de witte tent met een rood kruis kreeg ik een blauw zeil, een bord, bestek, en een pannetje van een blanke man die een rood kruis op zijn witte jas had. Ik liep het terrein op, een grote vlakte waar op elke denkbare lege plek zelfgebouwde hutjes stonden, gemaakt van riet, takken en het blauwe zeil.

Ik was in Kibumba, dertig kilometer ten noorden van Goma. De soldaten hadden ons na een paar dagen de stad uit gestuurd en gezegd dat we naar Kibumba moesten gaan omdat daar hulp was. De hele dag liepen we door de bossen. Niemand wist waar Kibumba was, totdat we het kamp met de blauwe tenten zagen. Tussen een paar hutjes met een scheef dak legde ik mijn zeil en matras neer. In Goma had ik het matras van een man gekregen. Hij had er vier gestolen, maar kon ze niet allemaal dragen. Ik zei dat hij er een aan mij moest geven en trok het matras uit zijn handen voordat een ander dat zou doen. Het matras was vies en aan de onderkant zaten drie gaten. Ik vond het niet erg, het was van mij. Ik rolde het op en droeg het op mijn hoofd naar Kibumba.

'Ik zal je helpen.'

Een man die had staan kijken hoe ik mijn spullen had neergelegd was naar me toe gekomen.

'Ik ben al klaar.'

Hij knikte met zijn hoofd naar rechts, de richting waar blijkbaar zijn hut stond.

'Wat heb je bij je?'

'Dit.'

Ik wees naar de grond.

'Ik zorg dat alles erin past.'

Ik keek naar mijn spullen die voor mijn voeten lagen. Het hutje hoefde niet groot te zijn. De man zei dat ik een paar takken moest gaan zoeken. Er was geen boom of bosje meer op de vlakte. Pas na een halfuur lopen stonden er struiken waar ik takken van af kon breken.

Ik had verwacht dat de man mijn spullen had gepakt, maar hij zat boven op mijn matras te wachten. Hij pakte twee stokken en bond de punten aan de bovenkant aan elkaar. Dat deed hij ook bij de andere stokken. Daarna hielp ik hem om de stokken in de grond te duwen en het zeil eroverheen te gooien.

Het was geen stevige constructie, maar ik had een dak boven mijn hoofd. De ruimte tussen het zeil en de grond maakte ik dicht met droog gras. Aan de voorkant had de man het zeil stuk geknipt zodat ik door het losse stuk naar binnen kon kruipen.

In de hut legde ik mijn bord, bestek en de pan op het matras, dat ik tegenover het plastic zeildeurtje had gelegd zodat ik kon zien wie er binnenkwam. De tent was niet hoog, ik kon er alleen in zitten. Buiten stond ik met de man voor de tent en keek naar de mensen die net als ik een tijdelijk onderkomen maakten.

'Ik heet Janvier,' zei de man.

Ik stelde me ook voor. Hij had een blauw overhemd aan met

daaroverheen een groene jas. Hij droeg het binnenstebuiten, maar ik kon nog steeds zien dat het bij het uniform van het Rwandese leger hoorde. Hoeveel mensen zou hij hebben vermoord? Wat deed hij hier in het kamp? Janvier vroeg of hij bij mij kon blijven. Ik zei dat ik erover na zou denken.

De volgende dag was ik ziek. Ik had diarree. Toen ik op straat zwierf had ik vaak diarree gehad, maar zo erg als nu was het nooit geweest. Janvier kwam die dag drie keer langs en elke keer deed ik alsof ik sliep. Aan het einde van de dag werd ik wakker en zat hij tegenover het matras. Hij zei dat er die dag veel mensen waren gestorven aan cholera.

'Met een graafmachine halen ze alle lijken van het veld, niemand durft ze meer aan te raken.'

'Ik ben morgen vast weer beter.'

Ik werd wakker in het veldhospitaal, met een infuus in mijn arm. Janvier zat ook nu tegenover me en ik vroeg waarom ik hier was. Hij had me gevonden toen ik bewusteloos in mijn eigen diarree lag en had me naar het ziekenhuis gebracht. Dat was twee dagen geleden.

'Ze hebben het bed weer nodig,' zei Janvier. 'Ik neem je mee.'

Ik stond op. Alles draaide voor mijn ogen. Janvier stond naast me en gaf me een arm. Stapje voor stapje liepen we naar zijn tent. Ik ging op zijn matje liggen. Het matje was nat en rook muf, net als de grond waar ik op lag. Ik sliep de rest van de dag. De zon was al onder toen ik wakker werd. Ik probeerde op te staan en naar mijn eigen tent te lopen, maar viel meteen weer op de grond. Alle kracht was uit mijn benen verdwenen.

Ik wachtte tot Janvier terugkwam en keek naar het blauwe zeil boven me. Door de blauwe kleur zag mijn huid er paars uit. Janvier kroop op zijn knieën en één hand de tent binnen. In zijn andere hand had hij een gedeukt steelpannetje met daarin een soort pap. Hij was naar een ander kamp gelopen waar eten werd uitgedeeld.

'Hier,' zei hij, 'eet dit.'

De pap was koud en kleverig en smaakte nergens naar, maar ik was blij dat ik iets te eten had. Janvier ging naast me op het matras zitten en sloeg zijn arm om me heen.

'Jij moet bij mij blijven,' zei hij en ik voelde hoe hij mijn schouder stevig beetpakte.

'Het enige wat ik nu moet doen is slapen. Ik ga naar mijn eigen tent, want ik wil niet dat iemand anders daar gaat slapen, of mijn matras meeneemt.'

'Dat geeft niet, je kunt hier blijven.'

'Ik wil niet blijven.'

'Ik heb je drie keer geholpen. Met je tent, toen je ziek was en nu met eten, als ik zeg dat je blijft, dan blijf je.'

Hij trok me met een harde ruk naar zich toe en ging boven op me liggen. Ik kon bijna geen adem halen. Ik probeerde hem van me af te duwen, maar hij was sterker dan ik. Met zijn ene hand duwde hij mij omlaag en met zijn andere hand knoopte hij zijn broek open. Ik had geen kracht om hem tegen te houden, of te gillen en liet hem zijn gang gaan.

Het duurde eindeloos, ik voelde mijn lichaam niet meer en zag alleen het bezwete gezicht van Janvier en zijn zweetdruppels die op mijn blote borsten vielen. Ik begon te huilen. Ik had al die weken de soldaten weten te ontlopen en werd nu alsnog gepakt door een ex-soldaat die hijgend boven me hing en zich me toe-eigende alsof ik vee was.

Toen Janvier klaar was, ging hij naast me op zijn rug liggen. Hij zei dat we gingen trouwen en viel in slaap. Ik wachtte tot hij diep en rustig ademhaalde en ging op mijn knieën zitten. Ik was duizelig, maar ik wist uit zijn tent te komen en naar mijn eigen hut te kruipen. Op mijn matras deed ik mijn kleren weer aan en nam me voor dat niemand ooit nog iets over mij te zeggen zou hebben. Mijn moeder had gezegd dat haar zonen egoïsten waren omdat ze alleen aan zichzelf dachten, maar een egoïst was het enige wat ik nu nog kon zijn.

22

Zo ver ik om me heen kon kijken zag ik een zee van blauwe tenten die aan de rand van de vlakte omhoogging de bergen in. Bijna tot aan de bergtop wapperden de blauwe zeilen. Elke dag kwamen duizenden nieuwe vluchtelingen in het kamp aan. Op een of andere manier vonden ze allemaal een plek.

De eerste weken was er totale chaos in het vluchtelingenkamp. Er was een tekort aan alles. Medicijnen, water, toiletten, eten en schoon drinkwater. De tenten stonden door elkaar en de ruimte tussen de tenten werd als wc gebruikt. Na een regenbui was het kamp in één grote modderpoel veranderd en liep ik met mijn blote voeten door modder die naar pis en poep stonk. Overal lag afval.

Er brak een cholera-epidemie uit, gevolgd door een difterie-epidemie. Na weken door de bergen lopen op de vlucht voor de soldaten was er in het kamp een nieuwe vijand: diarree. Veel mensen dachten dat ze eindelijk veilig waren en stierven alsnog omdat ze drie dagen lang bloed poepten. Het ziekenhuis had bedden tekort en daarom lagen veel zieken in hun tent. De stank was ondraaglijk, een weeë, rotte geur.

Degenen die het niet redden werden in doeken of kleren gewikkeld en naar het grote pad tussen de tenten gesleept. Een graafmachine haalde de lijken op. Elke dag lagen er nieuwe doden, en elke dag werden ze door mannen met plastic handschoenen aan en mondkapjes voor in de laadbak van de graafmachine gelegd.

Na vier weken overleven met honderdduizend mensen op een kale vlakte ten noorden van Goma ontstond er een dagelijkse routine en vormden de kleine, gammele hutjes een stad. Tussen de wirwar van tenten waren grote en kleine weggetjes. Waar de tenten ophielden werden winkeltjes van hout gebouwd en was er elke dag markt.

Vrouwen uit Goma en dorpen uit de omgeving kwamen met eten, kleding en andere spullen naar het kamp om ze te verkopen. Er waren motortaxi's die mensen naar de omliggende vluchtelingenkampen brachten zodat ze bij teruggevonden familieleden op bezoek konden gaan. Kinderen gingen naar school, mannen hingen rond bij een houten winkeltje naast de waterpompen, waar bier werd geschonken en ze naar de radio konden luisteren. Vrouwen zochten hout om een vuur te maken en kookten alles wat ze in de omgeving konden vinden. Pas toen de 'stad' zich op een wonderbaarlijke manier in leven kon houden kwamen de hulporganisaties. Na ruim een maand hadden we eindelijk schoon water en wc's.

Na een paar weken vond ik familie terug die ook in Kibumba was, de twee dochters en een zoon van mijn oudste broer Antoine. Er was een tent van het Rode Kruis waar lijsten hingen met namen van mensen die in het kamp waren geregistreerd; de namen van mijn nichtjes en neefje stonden erop. Een vrouw met een wit T-shirt met daarop een rood kruis bracht me naar ze toe.

Ze zaten onder een afdak dat ze zelf hadden gemaakt door een zeil over een paar planken te leggen. Ze zaten en sliepen op de modderige grond. Ze hadden een holle blik in hun ogen omdat ze al dagen niet hadden gegeten. Verdwaasd keken ze voor zich uit. Pas toen ik iets zei keken ze op.

'Hoe zijn jullie hier gekomen?'

'We zijn met een vrachtwagen van Kigali naar Ruhengeri gereden en vanaf daar konden we met een andere vrachtwagen mee naar Mutura. De rest hebben we gelopen,' zei mijn neefje.

Het waren nog kinderen. Marthin was de jongste, hij was een jaar of twaalf. Zijn zussen Josephine en Jacqueline waren een paar jaar ouder. Ze waren nog klein toen ik bij hen in Kigali woonde.

'Waar is jullie moeder?'

'In Mutura stond de Interahamwe ons op te wachten. Ze werd uit de rij gehaald,' zei Josephine zacht.

'En je vader?'

'Die zit in Katale. De Zaïrese soldaten hebben ons uit elkaar gehaald. Wij moesten met een groep naar Kibumba, hij met een andere groep naar Katale, vijftig kilometer naar het noorden.'

'Is hij al hier geweest?'

'Hij zei dat hij ons uit dit kamp zou halen zodra hij genoeg geld had. Sindsdien hebben we hem niet meer gezien.'

Josephine zuchtte.

'Het is moeilijk in het kamp, we hebben al drie dagen niet gegeten.'

'Dan gaan jullie met mij mee.'

Ze stonden op en liepen met hun blote voeten door de natte modder. Hun kleren waren het enige wat ze nog hadden.

Met mijn neefje en nichtjes in mijn tent was Janvier makkelijker op een afstand te houden. Ik probeerde hem te ontlopen, maar dat was zelfs in een kamp met zoveel mensen niet eenvoudig. Nadat Janvier me had verkracht was hij de volgende dag naar me toe gekomen en had gevraagd of we konden trouwen. Alsof er niks was gebeurd. Ik vond het niet eens een rare vraag. Toen we door de bergen naar Zaïre liepen boden jonge meisjes en vrouwen die hun man in de oorlog of onderweg kwijt waren geraakt zichzelf aan de mannen aan die alleen tussen de mensenmassa liepen. Het was hun manier om te overleven, een man kon ervoor zorgen dat je de grens haalde.

In het kamp was het niet veel beter. Jonge meisjes die hun familie waren kwijtgeraakt vroegen aan wildvreemde mannen of die hen mee wilden nemen naar hun tent. Een man betekende aanzien in Rwanda, maar dat aanzien was voor mij niet meer belangrijk. Ik had niemand nodig gehad om naar de grens te komen, en had ook niemand nodig om in het vluchtelingenkamp te overleven.

Het waren niet alleen vrouwen die houvast zochten, ook mannen. In het kamp eigenden mannen die alleen waren zichzelf willekeurig een nieuwe vrouw toe. Een oude man die met een kleine hut vlak bij mijn hut stond, had een meisje van twaalf mee naar zijn tent genomen. Het meisje begon te huilen, maar de man gaf haar een klap en zei dat ze vanaf nu zijn vrouw was.

Een paar dagen nadat we in Kibumba waren aangekomen vonden de eerste trouwerijen al plaats. Eerst was het alleen een overdracht van documenten geweest, maar al snel werd er feestgevierd, zoals ze dat thuis ook zouden hebben gedaan. Een ambtenaar uit Ruhengeri was gevlucht met stempels en papieren en kon hier zijn werk in een grote blauwe tent gewoon voortzetten. En dat alleen omdat de angst overheerste. Ik was niet meer bang, alleen-zijn was beter dan met een ex-soldaat.

De laatste keer dat ik Janvier zag, was toen ik met mijn nichtjes naar de waterpomp liep. Hij was voor me komen staan met zijn handen demonstratief in de lucht.

'Ik heb jou niet meer nodig, hoer.'

Ik zei tegen mijn nichtjes dat ze door moesten lopen. Ze liepen met hun rode emmers langs Janvier, die nog steeds met zijn handen in de lucht stond. Het soldatenjasje dat hij binnenstebuiten had gedragen, droeg hij niet meer, alleen een wit T-shirt dat na weken van niet wassen beige en grijs was geworden.

'Ik heb jou ook niet nodig.'

'Als je tent instort of je wordt ziek, dan zie je maar hoe je jezelf redt.'

'Ik denk dat dat wel zal lukken.'

'Denk maar niet dat ik je dan nog help.'

'Ik denk niet dat ik je hulp dan nog nodig heb.'

Het gesprek verliep niet zoals Janvier zich had voorgesteld. Hij kon me niet dwingen, en dat realiseerde hij zich toen hij voor me stond en ik hem recht in zijn ogen keek. In de tent had hij me overmeesterd, maar op het modderige pad had hij geen schijn van kans. Ik was de baas. Hij wist niet meer wat hij moest zeggen en draaide zich om. Met zijn handen nog in de lucht liep hij weg.

Die zaterdag waren er weer bruiloften, net als in Rwanda, waar trouwerijen op zaterdag plaatsvonden. Janvier stond in de rij met naast hem een meisje dat alleen maar naar de grond keek.

23

De vraag waar de meeste mensen in het vluchtelingenkamp mee bezig waren was of ze weer terug naar Rwanda konden. Ik wilde niet meer terug. Naar Mukamira? Wat moest ik daar doen, weer op straat leven? Of naar Vunga? Naar mijn familie? Wie zou daar nog zijn? Mijn moeder? Germaine? Ik dacht aan Julien, die in Duitsland was. Als ik naar Duitsland kon, kon ik mijn moeder en Germaine meenemen. Maar hoe kwam ik in Duitsland? Ik had een paspoort en geld nodig, hoe kon ik daar in het kamp aan komen?

In het vluchtelingenkamp had ik niet veel te doen. Het eten werd uitgedeeld, de waterpompen waren tien minuten lopen en het hutje was klein en vol. Alle taken had ik in een uur gedaan. Ik liep meestal rond om te kijken of er mensen waren die ik kende, of ging naar Beatrice, die in een tent achter me woonde. Haar man had in de regering gezeten en was vermoord. Haar tent was groot en door medewerkers van het Rode Kruis opgezet nadat ze had verteld wie ze was. Ze had ook een baantje gekregen in de keuken van het ziekenhuis in het kamp.

Soms paste ik op haar kinderen, zodat ik in haar tent kon zitten en uit de buurt was van mijn twee nichtjes. Die lagen de hele dag zwijgend op het matras. Hun broertje Marthin zag ik eigenlijk nooit. Hij zei dat hij naar school ging, maar ik zag hem meestal voetballen op een veldje aan de rand van het kamp. De jongens rookten urumogi om het rafelige randje van hun bestaan in Kibumba te verzachten en schoten dan de bal naar elkaar toe om maar iets te doen te hebben.

'Amina.'

Beatrice kwam naar me toe. Ze had haar schort nog voor en was zo uit de keuken weggelopen.

'Kom nu mee.'

'Wat is er aan de hand?'

'Vandaag worden er baantjes uitgedeeld.'

Ik stond op en liep achter Beatrice aan.

'Wat voor baantjes, bij jou in de keuken?'

'Dat weet ik niet, ik weet wel dat ze op zoek zijn naar een verpleegster, kun je dat?'

Ik dacht aan Innocent en het verhaal dat we voor zijn ouders hadden verzonnen. Zij wisten niet beter dan dat ik in Mukamira in het ziekenhuis had gewerkt.

'Natuurlijk kan ik dat,' zei ik.

Beatrice liep naar een hek voor een grote witte tent. Er stonden tientallen mensen.

'Blijf hier wachten, straks komt er iemand naar buiten, luister goed naar wat zij zegt.'

Een grote blanke vrouw kwam bij de groep mensen bij het hek staan. Ze had een witte broek en witte jas aan. Op een band rond haar arm stond MÉDECINS SANS FRONTIÈRES. Ze was een kop groter dan ik en had lang donker haar, bijeengebonden in een staart. Haar smalle neus had aan het einde een spitse punt en haar blauwe ogen verdwenen bijna onder haar dikke wenkbrauwen. Ze was naar buiten gelopen en had de groep bij het hek in het Frans toegesproken.

Ik verstond het niet en zei toen ze klaar was dat ik verpleegster was. Ze vroeg iets in het Frans en ik haalde mijn schouders op. Ze riep een Rwandese man die voor de grote tent stond, zei iets tegen hem en keek daarna naar mij.

'Ze vraagt wat je komt doen,' zei de man.

'Wat gaat jou dat aan?'

'Ik ben het Hoofd Personeel, alle baantje lopen via mij.'

We stonden met z'n drieën tegenover elkaar. De blanke vrouw en het Hoofd Personeel van wie ik nu afhankelijk was aan de ene kant van het hek, ik aan de andere kant.

'Je spreekt geen Frans,' zei de man. 'Hoe kun je zo dom zijn om hier te komen.'

De blanke vrouw keek van hem naar mij.

'Ik ben familie van Beatrice,' zei ik en ik hoopte dat haar man met zijn belangrijke functie in de regering indruk had gemaakt.

De blanke vrouw vroeg aan de tolk wat ik had gezegd. Tenminste, dat begreep ik uit hoe ze naar hem keek.

'Als je je baan wilt houden, zeg je tegen haar dat ik in een ziekenhuis heb gewerkt.'

Ik wilde mijn kans op werk niet door hem laten verpesten. Ze was een *muzungu*, een blanke, en ik moest haar overtuigen dat ik ervaring had als verpleegster. Het Hoofd Personeel zei niets en het leek mij ook beter als ik zonder hem met de blanke vrouw zou praten. Ik hoopte dat het Frans dat ik op straat had geleerd genoeg was. Ik zei tegen haar 'ziekenhuis' en 'dokter', twee woorden die ik in het Frans kende. Ze vroeg hoe je een wond moest verzorgen. Toen Nina ziek was en ik met haar in het ziekenhuis lag, deelde ik het bed met een vrouw die een wond aan haar hoofd had. Elke ochtend kwam de verpleegster de wond schoonmaken en opnieuw verbinden.

'Schoonmaken en verbinden,' zei ik.

Ze liep de grote tent weer in. Het Hoofd Personeel bleef buiten staan en deed net alsof ik er niet was.

Na een halfuur kwam ze weer naar buiten en riep vier namen van mannen die een baan hadden als chauffeur en door het hek het terrein op mochten. Ik was de vijfde die ze riep. Twee mannen die naast me stonden begonnen te schreeuwen.

'Waarom kies je haar?'

'Kijk hoe ze eruitziet, ze heeft vieze kleren.'

'Denk je echt dat zij kan werken?'

'Misschien is ze wel ziek.'

Meer mensen begonnen zich ermee te bemoeien. Ze praatten in het Frans, Swahili en Kinyarwanda tegen de blanke vrouw, maar die opende het hek en liet mij erdoor. Ze zei tegen de mensen die elkaar nu tegen het hek aan duwden dat iedereen een kans verdiende. In de tent stelde ze zich voor als Magali uit België. Ze legde me uit wat ik moest doen en hoe laat ik de volgende dag moest beginnen. Het Hoofd Personeel was mee naar binnen gelopen en stond naast de tafel waar Magali mijn gegevens in een groene map opschreef. Ik zei tegen hem dat we hem niet meer nodig hadden.

Een uur te vroeg meldde ik me de volgende dag bij Magali. Ik had bijna niet geslapen omdat ik bang was dat ik te laat zou komen. Ze gaf me een wit schort, er stond MÉDECINS SANS FRONTIÈRES op, net als op haar mouw. Daarna wasten we onze handen en liepen naar de tenten waar de patiënten lagen. In de grootste tent lagen de vrouwen. Magali zei dat ik moest zorgen dat het netjes bleef. Ik begon meteen met vegen.

24

In het ziekenhuis was het druk. Elke dag werden er nieuwe patiënten binnengebracht. De meesten waren uitgeput en uitgedroogd. De verpleegsters vroegen steeds vaker of ik kon helpen. Na een maand kon ik een infuus aanleggen, prikken geven en wonden verzorgen. Een oude vrouw veegde de vloer, dat hoefde ik niet meer te doen. In het kamp stootten de mensen elkaar aan als ik in mijn witte schort langsliep. Voor het eerst had ik het gevoel dat ik iemand was. Innocent zou trots op me zijn geweest.

Mijn werk bracht structuur, iets wat iedereen nodig had in het vluchtelingenkamp, maar wat slechts weinigen hadden. Elke dag stond ik vroeg op, werkte tot twaalf uur en had dan twee uur vrij. In de middag werkte ik tot al het werk was gedaan. Vaak was het al donker als ik weer bij mijn tent kwam. Van het geld dat ik verdiende kocht ik schoenen, medicijnen en kleren.

In de totale chaos van het kamp was het me gelukt om een overzichtelijk leven voor mezelf te creëren. Ik had zelfs mijn moeder teruggevonden. De vrouw die de lijsten bijhield van alle mensen in het kamp kwam naar het ziekenhuis en zei dat mijn zus er was. Verediane stond voor de tent van het Rode Kruis waar alle lijsten met namen hingen. Ze moest lachen toen ik in mijn witte schort voor haar stond.

'Sinds wanneer ben jij een verpleegster?'

'Sinds nu.'

Ik wees op mijn schort.

'Kom, we gaan daar zitten.'

Ik nam haar mee naar een andere tent van het Rode Kruis, waar we op een kale houten bank konden zitten. Verediane zei dat ze maar kort kon blijven. De motortaxi die haar naar dit kamp had gebracht wilde niet lang wachten en anders moest ze terug lopen.

'Hoe heb je me gevonden?'

'Ik zit met twee van mijn vier kinderen in Kibati, een vluchtelingenkamp een paar kilometer verderop, ook daar hangen lijsten. Jouw naam stond erop,' zei Verediane.

Ik was verbaasd dat ze naar me toe was gekomen.

'Hoe kom je aan geld voor de taxi?'

'Gekregen van een man.'

Ik begreep wat ze daarvoor had moeten doen.

'Waarom ben je hier?'

'Moeder woont ook in Kibati, met Germaine. We slapen met z'n vijven in een zelfgebouwde tent, net als hier, gemaakt van zeil en takken. We hebben niks.'

Ik zei dat ik de volgende dag zou langskomen en bracht Verediane naar de plek waar de motortaxi wachtte en gaf haar geld.

Kibati was een kleiner kamp dan Kibumba. Verediane en mijn moeder wachtten op de plek waar de motortaxi's hun passagiers afzetten. Ik had mijn schort om zodat mijn moeder kon zien dat ik in het ziekenhuis werkte. Ze streek over de witte stof toen ik van de motor af stapte.

'Amina.'

Mijn moeder pakte mijn handen.

'Amina,' zei ze nog een keer en ze kuste mijn handen.

'Ik wist dat ik je weer zou zien.'

'Mama, hoe kun je dat nu weten?'

'Sommige dingen weet je gewoon.'

Ze streek weer over de witte stof.

'Je werkt in het ziekenhuis.'

Ik knikte.

'Elke dag. Ik wil genoeg geld verdienen om naar Duitsland te gaan, en dan laat ik jou en Germaine ook daarnaartoe komen.'

Mijn moeder knikte goedkeurend.

'Ik weet alleen nog niet hoe ik dat moet doen. Ik heb geen paspoort en niet genoeg geld.'

'Als je er klaar voor bent komt de oplossing vanzelf.'

We liepen lang de rand van het kamp naar de tent waar mijn moeder en dochter sliepen. Germaine liep met haar blote voeten door het gras. Ik tilde haar op en zei dat ik haar moeder was. Daarna gaf ik mijn moeder geld en zei dat ze schoenen voor Germaine moest kopen. Aan het eind van de middag ging ik weer terug. Ik ging achter op de motortaxi zitten en zei dat ik misschien nog een keer zou komen. Mijn moeder had niet gevraagd of ik Germaine wilde meenemen, en ik had het niet voorgesteld. Het was beter zo.

Terug in Kibumba stond Emable voor mijn hutje te wachten en vroeg waar ik was geweest. Ik zei dat ik iets had moeten wegbrengen omdat ik geen zin had om te vertellen dat ik bij mijn moeder en dochter was geweest. Emable had ik een maand geleden leren kennen toen hij zijn moeder naar het ziekenhuis had gebracht. Ze had een ontstoken wond aan haar voet en kon niet meer lopen. Hij droeg haar op zijn rug en legde haar voorzichtig op bed. Elke dag kwam hij rond twaalf uur naar het ziekenhuis, ook toen zijn moeder er niet meer lag.

'Ik kom voor jou,' had hij gezegd toen ik vroeg waarom hij bleef komen.

'Zolang je maar niks verwacht, vind ik het goed.'

Emable zei dat ik een zakenvrouw moest zijn geweest, omdat alleen zij zo'n antwoord konden geven. Emable was zakenman geweest en had twee fabrieken in het midden van Rwanda gehad. Door zijn connecties kon hij in dit kamp en de omliggende kampen ook zakendoen. Hij handelde in kleding, radio's en documenten. Het was handig om hem als vriend te hebben, hij had al drie mensen aan een paspoort geholpen.

We gingen op het stukje droge gras voor mijn tent zitten. Josephine, Jacqueline en Marthin waren een paar weken geleden naar het kamp gegaan waar hun vader was. Ik had voorgesteld dat Josephine zou gaan werken. Ik wilde haar laten zien dat ze zelfs in een situatie als deze er het beste van kon maken. Via Magali had ik een baantje voor haar geregeld bij Oxfam Novib. Jacqueline en Marthin zouden voor het eten en de hut zorgen. Die middag waren ze vertrokken, de onafhankelijkheid die ik ze wilde bieden konden ze niet aan.

Emable begon over de zaterdagen in Kibumba, de dag dat er werd getrouwd en de feestende mensen even hun zorgen vergaten.

'Je weet dat het huwelijk hoop en vertrouwen in de toekomst betekent.'

Emable durfde niet te vragen of ik met hem wilde trouwen

omdat ik op de eerste dag had gezegd dat als hij dat zou doen ik nooit meer met hem zou praten. Op deze manier probeerde hij het toch. Ik had geen zin om over trouwen te praten en antwoordde niet.

'Een huwelijk is bouwen aan een nieuw leven, aan een nieuwe toekomst,' ging hij verder.

'Mijn toekomst ligt niet hier.'

Ik keek naar Emable om te zien hoe hij reageerde. Hij trok zijn wenkbrauw op.

'Ik ga weg uit Afrika.'

Hij keek me verbaasd aan.

'Ik wil een beter leven voor mezelf, en dat kan hier niet.'

Emable dacht dat ik een grapje maakte, maar als ik een kans had om dingen te veranderen, dan was het nu. Mijn moeder, broers, Tade, Emilie, Mama-juna, de oude man, Rachel, Uwizeye, mannen die mij hadden gebruikt, soldaten die mij hadden verkracht, niemand was er meer om mij te zeggen wat ik moest doen. Voor het eerst in mijn leven kon ik mijn eigen plan trekken.

25

'Amina, er is iemand uit Duitsland voor je.'

Fabien, de blanke arts die net een week in het kamp aan het werk was, wees naar het hek bij de ingang van het ziekenhuis. Een lange man stond bij het hek. Hij had een zonnebril op en een wit shirt met een spijkerbroek aan.

'Wat doe je hier?' vroeg hij. Het was mijn broer Julien.

Dertien jaar had ik hem niet gezien. Ik herkende hem van de foto die in ons huis in Vunga hing. Zijn haar was korter en zijn gezicht had meer rimpels. Hij deed zijn zonnebril af.

'Ik ben verpleegster.'

Ik kon zien dat hij me niet geloofde. Ik wees op mijn schort en liet hem het verband zien dat ik in mijn hand had.

'Ik ben bezig met de wonden.'

Julien knikte. Hij vroeg of ik wist waar Denise was. Denise was mijn nichtje, de dochter van een broer van mijn vader. Ze was net als ik achttien. Ik wist van Verediane dat ze bij haar in het vluchtelingenkamp zat.

Julien keek naar de blauwe tenten. Ik vroeg me af of ik hem

over de oorlog moest vertellen. Met een zakdoek veegde hij zijn voorhoofd af. Het stof dat overal in het kamp was, maakte zijn zakdoek grijs. Plotseling stak hij zijn hand uit. Tussen zijn duim en wijsvinger hield hij een groen briefje. TWENTY DOLLAR stond erop.

'Probeer naar Kenia te komen, dan haal ik je naar Duitsland.' Hij legde het geld in mijn hand en liep weg. Het hele gesprek had nog geen vijf minuten geduurd. Was hij helemaal uit Duitsland gekomen om mij twintig dollar te geven en te zeggen dat ik naar Kenia moest gaan?

Een paar weken later zag ik mijn broer weer. Hij kende een vriend van Emable en zo had ik via via te horen gekregen dat Julien in een hotel in Goma op me wachtte. Het hotel was een mooi groot gebouw met vier glazen deuren. Ik liep door de meest rechtse naar binnen. In de hal was het koel. Een vrouw in een uniform vroeg wat ik kwam doen en ik zei dat ik naar het restaurant ging. Ze wilde nog iets zeggen, maar ik wachtte haar antwoord niet af. Julien zat midden in de zaal aan een grote tafel. Er stonden zes stoelen omheen. Hij gebaarde met zijn hand dat ik op de stoel tegenover hem moest plaatsnemen.

Ik ging express een stoel verder zitten.

Julien leek in een goede bui.

'Je mag eten wat je wilt,' zei Julien en hij schoof de menukaart naar voren. Ik had honger. In het kamp was eten schaars; ondanks het feit dat ik geld had en dingen kon kopen. Ik bestelde patat en cola. Nadat we hadden gegeten schoof hij weer een groen briefje naar me toe. Het was honderd dollar.

'Geef dit aan Denise, ze heeft het nodig om naar Kenia te gaan.'

Julien stond op en liep het restaurant uit zonder mijn antwoord af te wachten. Waarom wilde hij dat Denise naar Kenia ging? En waarom bracht hij het geld zelf niet naar haar toe? Ik had geen zin om naar Denise te gaan, maar mijn broer wilde dat blijkbaar niet horen. Ik at mijn bord leeg en bestelde nog een cola.

Ik had de 120 dollar aan Emable gegeven. Hij had de twee groene briefjes bekeken en het biljet waar honderd op stond gepakt. Meer had hij niet nodig. Een paar dagen later gaf hij me een bruinrood boekje. De foto was wazig en mijn naam was moeilijk te lezen, maar het was een officieel Rwandees paspoort. Emable zei dat Denise in Goma was en dat ik naar haar toe moest.

'Geluk met alles wat je gaat doen.' Emable vond het jammer dat ik wegging, maar zag dat hij me niet kon tegenhouden.

'Zorg dat je veilig in Kenia komt.'

Ik beloofde dat ik op mezelf zou passen en ging naar Magali. Ik was een jaar in Kibumba geweest. Elf maanden had ik in het ziekenhuis gewerkt en genoeg geld verdiend om in het kamp te overleven. Magali begreep dat ik weg wilde. Kenia was volgens haar een veilig land. We stonden bij het hek voor de grote witte tent, daar waar ik haar voor het eerst had gezien. Ze wenste me geluk.

'Bedankt,' zei ik tegen Magali.

'Waarvoor?'

'Bedankt dat je in me geloofde.'

Ik liep weg zonder om te kijken, maar voelde dat Magali bij het hek bleef staan totdat ze me niet meer zag.

In een kleine stoffen tas had ik mijn belangrijkste spullen gedaan. Bovenop lag mijn paspoort. Ik kende elk regeltje dat erin stond. Béatrice gaf ik mijn tent. In een doek had ik kleding en potten en pannen gepakt en in mijn matras gerold. Met een motortaxi ging ik naar Kibati, met het matras boven op mijn hoofd en dat van de jongen die de motor bestuurde.

Mijn moeder keek naar de spullen die ik voor haar op de grond had neergelegd.

'Dit is allemaal voor jou. Ik ga naar Kenia en van daaruit naar Duitsland.'

Ze pakte mijn hand.

'Ik wist dat het je zou lukken. Geef niet op, Amina, geef nooit op.'

Ze tilde Germaine op en zei tegen haar dat haar moeder wegging. Ik was gewend dat Germaine zich van mij afkeerde, maar nu stak ze haar armpjes uit en zei 'mama'. Ik pakte haar vast en hield haar voor me zodat we elkaar in de ogen konden kijken.

'Voor jou ga ik nu weg,' zei ik, 'zodat ik jouw leven beter kan maken.'

De motortaxi bracht me daarna naar Goma. Julien had een kleine kamer in een pension gehuurd voor Denise. Toen ik op de deur klopte deed ze voorzichtig open. Door een kiertje keek ze naar buiten.

'Amina?'

Ik knikte en de deur ging verder open. Denise was een lang, tenger meisje. Ze was net zo oud als ik, maar een halve kop groter. Ze ging op het bed zitten en ik nam de enige stoel in de kamer. Ze had haar gevlochten haar strak naar achteren gebonden. We wisten beiden niet wat we moesten zeggen. Ik vroeg of ze de weg wist in Goma. Ze schudde haar hoofd en zei dat ze al een paar weken hier was, maar het pension niet uit was geweest. Een kennis van Julien had haar uit het kamp opgehaald en naar het pension gebracht. Daar moest ze op mij wachten. Ik wilde vragen waarom, maar wist het antwoord eigenlijk al. Julien had zijn zinnen op Denise gezet, een jong, verlegen en gehoorzaam Rwandees meisje. En hij had mij nodig om haar het land uit te krijgen. Ik vroeg aan Denise of ze een paspoort had. Uit de zak van haar rok pakte ze het bruinrode boekje dat ik ook had en gaf het aan me.

'Hoe ben je eraan gekomen?'

'Van Julien.'

Ondanks het feit dat ik het geld had gehouden was het hem gelukt om voor haar een paspoort te regelen. Ik wist dat hij die honderd dollar een keer zou terugvragen.

26

Op het vliegveld van Goma was het warm en druk. Denise en ik zaten een paar meter voor de douane op de koude cementen vloer en wachtten op de soldaat die ons verder kon helpen. Via de kennis van Julien hadden we zijn naam gekregen. Na een paar uur kwam een kleine man met een bezweet voorhoofd naar ons toe. De plekken onder zijn oksels waren nat en liepen door tot aan de riem om zijn uniform halverwege zijn dikke buik.

'Willen jullie naar Kenia?'

Denise en ik knikten.

'Geef je paspoort en geld.'

Denise gaf hem de vijftig dollar die ze van Julien had gekregen en onze paspoorten. De kleine man beloofde dat hij de volgende dag zou terugkomen. We liepen langs de landingsbaan terug naar Goma. Op het enige asfalt in de buurt waren een paar jongens aan het voetballen.

In de stad was het druk. Veel vluchtelingen waren ondanks de waarschuwingen van de Zaïrese soldaten toch in de stad gebleven. Langs de weg hadden ze hutjes gebouwd. Sommigen hadden een blauw zeil als dak. Overal zaten mensen langs de weg in de rook van de vele vuurtjes die gestookt werden om op te koken. Motoren, auto's en fietsen reden kriskras tussen de mensen door die naast hun hut op straat stonden.

De volgende dag liepen we dezelfde weg weer terug en wachtten op de soldaat. We hadden ieder een kleine tas mee. Ik had tegen Denise gezegd dat ze de rest van haar spullen in het pension achter moest laten. De hele dag wachtten we in de hal van het vliegveld. Er was geen soldaat te bekennen. Tenminste, niet degene die onze paspoorten had. De volgende dag was hij er ook niet. Na een week gaven we de hoop op dat hij ons zou helpen. Ik zei tegen Denise dat we iets anders moesten verzinnen. Denise begon te huilen.

'Wat doen jullie hier?'

Een oude man sprak ons in het Kinyarwanda aan. Hij had een beige pak aan met een wit overhemd en een stropdas. Zijn zwarte lakschoenen zagen eruit alsof ze net door een van de jongens voor de deur van het vliegveld waren gepoetst. In zijn handen had hij een donkerbruine gleufhoed die hij had afgezet toen hij naar ons toe kwam lopen.

'Donder op,' schreeuwde Denise tegen de oude man. Ik schrok, ik had haar nog nooit horen schreeuwen. De man zette zijn hoed weer op, knikte naar ons, en liep verder. Ik gaf Denise een schop en zei dat ze haar kop moest houden. Aan de oude man legde ik uit wat er was gebeurd. Hij knikte. Hij kende de soldaat.

'Dat geld zijn jullie kwijt, maar ik kan er wel voor zorgen dat jullie je paspoort terugkrijgen.'

Hij nam ons mee naar een kleine bar in de hoek van de luchthaven. We zaten bij het open raam en keken uit op de landingsbaan. Achter het vliegtuig dat op de baan stond waren de jongens weer aan het voetballen. De oude man bestelde twee flesjes Fanta en twee brochettes. Op het stokje zaten stukjes vlees en aardappel.

'Blijf hier wachten, dan kom ik straks weer terug.'

'Die zien we nooit meer terug,' zei ik tegen Denise.

Ze knikte, en omdat we niet wisten wat we moesten doen, bleven we zitten bij de tafel met daarop twee lege flesjes en twee lege borden. Het was al donker toen de oude man weer voor ons stond en twee bruinrode boekjes op tafel legde. Ik opende de bovenste en zag de wazige foto van mezelf.

'Ik zei dat ik jullie zou helpen en dat ga ik ook doen. Vanavond gaan er geen vliegtuigen meer, maar jullie kunnen mee naar mijn huis.'

Nu wist ik waarom de man ons had aangesproken en wat hij van ons wilde. Hij deed onze paspoorten in zijn zak en ging ons voor naar een grote jeep die buiten stond. De hulpverleners in Kibumba reden in dezelfde wagens. Alleen was deze rood. Denise en ik konden niets anders doen dan met hem meegaan. Bang gingen we op de achterbank zitten, Denise huilde.

De oude man woonde een uur rijden vanaf het vliegveld. We stopten bij een groot huis, met een zwart stalen hek eromheen. Het hek werd door een man in een zwart-wit uniform opengedaan. De oude man tikte tegen zijn hoed en bedankte de man in het uniform. In het huis stond een vrouw in een zwarte rok en witte blouse op ons te wachten. Zij nam ons mee naar een kamer in het huis.

'Waarom heeft de oude man ons meegenomen?' vroeg ik.

'In alle kamers heeft hij vluchtelingen uit Rwanda zitten.'

'Waarom?'

'Soms is er geen antwoord.'

Ze wilde niet over de oude man praten en liet ons zien waar

we konden slapen. Naast onze kamer was een badkamer, met een douche. Ik had voor het laatst gedoucht in Mukamira, in het huis van Rachel. Hoewel er alleen koud water was, had ik wel een halfuur onder de straal willen staan om al het vuil van het vluchtelingenkamp van me af te spoelen. Maar omdat ik een gast was, waste ik me snel met de roze zeep die in een plastic bakje lag en ging weer terug naar de slaapkamer. Ik had verwacht dat de oude man er zou zijn, of later zou komen, maar de hele nacht waren Denise en ik alleen.

De volgende ochtend zagen we meer mensen in het huis. Niemand leek elkaar te kennen en niemand wist waarom de anderen hier waren. Iedereen had zo zijn eigen afspraak met de oude man. Denise en ik aten aan een tafel in de keuken. De vrouw in het zwart-witte uniform schonk koffie in de bekers die voor ons stonden en gaf ons een stuk stokbrood met zoute boter. Daarna kwam de oude man binnen en zei dat we met hem mee moesten gaan. In de rode jeep reden we terug naar het vliegveld. De hele dag zaten we op het vliegveld, aan de bar. Aan het einde van de middag kwam de oude man weer terug en zei dat er deze dag ook geen vliegtuig naar Kenia ging. De volgende ochtend gingen we weer naar het vliegveld. Denise en ik hadden de hele dag in de bar gezeten toen de oude man ons kwam halen. Buiten was het donker. Ik dacht dat we weer met hem mee naar huis moesten, maar hij gaf ons onze paspoorten en zei dat we met hem mee moesten komen.

In het donker liepen we zwijgend achter hem aan het asfalt op. Een wit vliegtuig met blauwe strepen stond op de baan. Mannen liepen het toestel in met dozen, plastic slangen en ijzeren buizen. De oude man zei iets tegen de piloot en gebaarde dat wij tussen de dozen moesten gaan zitten. Denise en ik kropen in het ruim en gingen uit het zicht zitten. Na een uur waren de mannen klaar en sloten de laadruimte af. Het was in één keer donker. Toen ik wilde opstaan om door het kleine raampje naar buiten te kijken, voelde ik mijn maag omhooggaan; we vlogen. Ik keek naar de lichtjes van de stad en legde mijn hand tegen het koude staal van het vliegtuig. Ik wilde iets tegen Denise zeggen, maar kwam niet boven het lawaai van de motoren uit. Het duurde niet lang of de lichten van de stad waren verdwenen. De oude man had gelijk gehad. Hij had gezegd dat de wereld ook vol goede mensen was. Hij was er een van, en ik wist niet eens zijn naam.

27

Naast de piloot zat nog een man. Ze droegen hetzelfde blauwe uniform en hadden hun jasje over hun stoel gehangen. De man naast de piloot had een blikje bier in zijn handen. De hele reis zeiden ze niets tegen ons en ze keken ook niet om.

Denise lag met haar hoofd op haar armen. Ze sliep. We waren op de betonblokken gaan zitten die achter de dozen stonden. Het witte stof van de blokken maakte haar armen grijs. Elke keer als het vliegtuig op en neer ging, moest ik me vasthouden om niet te vallen. Ik was veel te opgewonden om te kunnen slapen. Ik kon alleen maar aan Kenia denken. Hoe lang zouden we in het vliegtuig moeten zitten? Hoe zou het daar zijn?

Na een paar uur voelde ik aan mijn maag dat het vliegtuig aan het dalen was en maakte ik Denise wakker.

'We gaan naar beneden.'

Denise keek met grote bange ogen om zich heen, maar ik was er klaar voor. Met een klap kwam het vliegtuig op de grond terecht. Denise schaafde haar arm aan de rand van een betonblok en ik viel achterover op opgerolde stalen kabels. We gilden. De piloten keken ook nu niet om. Toen het vliegtuig stilstond zeiden ze dat we met hen mee moesten lopen.

Buiten was het donker. En stil. Ik haalde diep adem. De geur van verse aarde, zo rook Kenia. De lucht voelde warm aan. Het was een andere warmte dan in Zaïre. Met z'n vieren liepen we naar de bus die ons naar het hoofdgebouw bracht. JOMO KENYATTA INTERNATIONAL AIRPORT stond op een bord waar we langsreden.

De bus stopte bij een witte deur. Een van de piloten wees naar de deur.

'Volg de borden IMMIGRATIE,' zei hij en hij duwde ons de bus uit. Denise en ik volgden de pijlen. Een hoek om, weer een hoek om en dan een trap op. Aan de andere kant op de trap liep een groep Rwandezen. Ze waren omringd door Keniaanse politieagenten en riepen dat ze niet terug wilden.

'Help ons,' riep iemand uit de groep. Een vrouw huilde dat ze niet terug naar Rwanda wilde. De agenten duwden de groep onverstoorbaar de trap af.

Boven aan de trap was links en rechts een gang. In de rechtergang stonden twee agenten, we liepen daarom snel naar links. Ik hoopte dat ze ons niet hadden gezien, maar na een paar passen stonden ze al naast ons. Boos riepen ze iets en gebaarden druk met hun handen. Denise ging achter mij staan.

'Wat komen jullie hier doen?' schreeuwde een agent.

Tenminste, ik dacht dat hij dat zei. Het Swahili dat ze hier spraken was heel anders dan in Zaïre. Ik haalde mijn schouders op. Hij was niet tevreden met het antwoord en pakte mijn arm vast. De andere agent deed hetzelfde bij Denise. Ze duwden ons een kleine trap op en een kamer in.

Achter een bureau zat een lange, slanke militair. Hij zag er moe uit, zijn ogen waren rood. Hij zuchtte en wreef over zijn kin.

Het schuren van zijn hand over zijn baard die in de loop van de dag was ontstaan was het enige geluid in de stille kamer. Denise en ik durfden niets te zeggen of te doen en wachtten af wat er zou gebeuren. De man met de rode ogen en eendagsbaard mompelde iets, keek in onze paspoorten, sloeg ze dicht en gebaarde naar de twee agenten om ons mee te nemen. De opwinding die ik in het vliegtuig had gevoeld, maakte plaats voor paniek. We hadden geen visum voor Kenia en ik dacht aan de groep Rwandezen die op de trap door agenten huilend Kenia werden uitgezet.

'Ziekenhuis,' schreeuwde ik in het Engels. 'Ik ben hier om naar het ziekenhuis te gaan.'

Het was het enige wat ik kon verzinnen.

'Waarom ga je naar het ziekenhuis?' vroeg de man achter het bureau. Hij verstond in elk geval wat ik zei.

'Wie komt je ophalen?' ging hij verder.

'Heb je geld? Waar ga je naartoe?'

Ik gaf hem een briefje dat ik van de oude man had gekregen. Er stond een adres van een hotel op. De militair was opgestaan en trok het papier uit mijn handen. Hij was bijna twee koppen groter dan ik. Hij rook net als buiten naar aarde, vermengd met zweet en sigarettenrook. Hij bleef dicht bij me staan, zodat ik tegen de knopen van zijn uniform aan keek. Op zijn linkerborstzak hing zijn pasje. Er stond ALBERT MONY op.

Albert keek lang naar het papier dat ik hem had gegeven. Nu hij zo dicht bij me stond, voelde ik het licht worden in mijn hoofd. De warmte die in het kantoor hing verdween en het zweet op mijn voorhoofd voelde koud aan. Ik voelde het bloed in mijn oren suizen. Albert Mony vroeg weer iets, maar voor ik kon antwoorden werd het zwart voor mijn ogen.

Het eerste wat ik weer hoorde was geschreeuw om mij heen. En Denise die huilde.

'Ga weg, ga weg,' schreeuwde de agent die ons dit kamertje in had geduwd. Hij was bang, misschien dacht hij wel dat ik doodging.

'Amina, sta alsjeblieft op,' smeekte Denise. De tranen liepen over haar wangen. Albert Mony was gaan zitten en keek hoe ik opstond. De agent had de deur opengedaan. Ik zocht de arm van Denise zodat ik kon opstaan. Voordat we de gang op liepen pakte ik vlug de paspoorten van tafel.

'Ga gauw naar het ziekenhuis,' zei Albert Mony; hij hield een zakdoek voor zijn mond.

In de gang wilde ik zo snel mogelijk weg.

'Blijf lopen, Denise, blijf lopen,' zei ik tegen haar, maar misschien nog wel meer tegen mezelf. Ik wist niet wat de agenten zouden doen, zouden ze ons achterna komen? Bij elke stap die ik zette, leek ik hun voeten te horen en hun adem te voelen. Pas toen de deur van het kantoor met een harde klap dichtsloeg en het stil was, durfde ik om te kijken. Er was niemand in de gang.

We liepen zo vlug mogelijk naar een grote hal waar mensen bij een lopende band stonden te wachten op hun bagage en volgden een man en een vrouw met twee koffers door een glazen schuifdeur een andere grote hal in. Het was midden in de nacht, er waren bijna geen mensen. We renden nog een glazen schuifdeur door en stonden buiten. Ik rook weer de lucht van verse aarde. De wind blies in mijn gezicht. Ik keek omhoog naar de donkere lucht; de lichtpuntjes die in het kantoor voor mijn ogen wegschoten waren er niet meer.

Voor ons stond een witte auto, met aan de zijkant een gele streep. Op de voorkant van de motorkap zag ik een ster en op het dak een geel bordje met rode letters: TAXI.

De man die bij de auto hoorde kwam op ons af lopen.

'Taxi?'

Ik liet hem de naam van het hotel zien.

'Voor 25 dollar breng ik je ernaartoe,' zei hij. Ik voelde in mijn zak de briefjes die ik had gestolen van de oude man. Op de kamer waar we sliepen stonden vijf grote jutezakken. Ik was nieuwsgierig geworden en had ze opengemaakt. In vier zakken zaten Zaïrese, oude bankbiljetten die niks meer waard waren, in de vijfde zaten dollars. Drie briefjes durfde ik te pakken, dat zou hij toch niet merken. De taxirit halveerde bijna het bedrag dat ik in mijn zak had, maar ik duwde Denise in de taxi en knikte naar de chauffeur.

Om de pols van de taxichauffeur zat een groot gouden horloge. De cijferplaat had geen cijfers maar stippen. Ik telde het aantal stippen tot aan de kleine wijzer. Het waren er drie. Er was weinig verkeer buiten. Soms passeerden we een bus, soms haalde een andere taxi ons in, verder was het stil op straat. Langs de kant van de weg stond niemand. Het land leek leeg.

'Welkom in Nairobi,' zei de chauffeur na een halfuur rijden. Ik zag hoge gebouwen, brede straten en elke straat had een naam. We reden op avenue Moi. De wegen werden verlicht door straatlantaarns, in de hoge kantoorgebouwen brandde licht ondanks het feit dat het midden in de nacht was; op grote reclameborden stonden mannen en vrouwen met spijkerbroeken aan. De taxi stopte bij een wit gebouw. Drie etages boven op elkaar met bovenop de naam van het hotel in rode neonletters. De portier kwam naar buiten om te kijken wie de taxi had afgezet. Denise en ik stonden in een rok en blouse van Rwandese stof, met twee kleine tassen, verbaasd om ons heen te kijken naar de stad die zelfs in het donker veel moderner was dan wij.

'Wat komen jullie hier doen?' vroeg hij.

Ik was niet eens verbaasd dat ik hem kon verstaan.

'Kom je uit Rwanda?' vroeg ik.

'Ja, net als jullie, toch?'

Ik zei dat we van Goma naar Nairobi waren gevlogen en dat we alleen dit hotel in de stad kenden. Ik liet hem het briefje van de oude man zien. De portier knikte.

'Er zijn meer mensen hiernaartoe gekomen.'

Ik vroeg me af of hij de oude man kende, maar had geen zin om het te vragen. Ik was moe, we waren al vierentwintig uur op.

De portier zei dat we hem John konden noemen.

'Is dat niet je echte naam?' vroeg ik.

'In Kenia heeft iedereen een Engelse naam, dus ik ook.'

Hij nam ons mee naar binnen, naar een kamer met een drie op de deur. Het was een kleine kamer met in de ene hoek een bed en in de andere hoek een douche en toilet. Ik zei dat we ons geld aan de chauffeur hadden gegeven.

'Jullie kunnen hier even blijven, over een paar uur haal ik jullie op.'

Denise en ik gingen met onze kleren aan op bed liggen en vielen meteen in slaap.

Om negen uur werden we door John gewekt. Hij was klaar met werken en nam ons mee de stad in zodat we konden eten. Bij een klein winkeltje kochten we koffie en broodjes en gingen naar een park vlak bij het hotel om het daar op te eten.

John woonde al meer dan tien jaar in Nairobi. Zijn ouders waren met niets naar de stad gekomen. Ze woonden in een klein appartement aan de rand van de stad, samen met John en zijn twee zusjes en drie broertjes.

'Mijn vader en ik werken hard zodat we hier kunnen blijven,' zei John. 'Het leven in Kenia is goed voor ons, al wordt het steeds moeilijker.'

'Waarom?'

Ik nam een slok koffie, het was sterke koffie die bitter smaakte. 'Er zijn het afgelopen jaar veel Rwandezen naar de stad gekomen en dat leidt tot onrust. De Kenianen zijn bang dat er geen werk en geld meer voor hen is. De politie controleert streng, als je geen visum hebt word je opgepakt en teruggestuurd.'

Mijn koffie was op en ik begreep dat het mijn belangrijkste taak was om uit handen van de politie te blijven.

De stad kwam tot leven. We liepen naar avenue Moi. Het was nu een stuk drukker. Auto's reden vier rijen dik. Mannen in pak met netjes gekamde haren en vrouwen met make-up op en spijkerbroeken aan liepen gehaast over straat. John nam ons mee naar een klein kantoor waar we konden bellen. Ik belde naar Julien om te zeggen dat we in Kenia waren. Hij vroeg de naam van het hotel en zei dat hij zeshonderd D-mark zou overmaken. Tot die tijd konden Denise en ik in het hotel slapen, in kamer drie.

Na twaalf dagen kwam het geld en verhuisden Denise en ik naar een lodge in Makadara, een stadsdeel dat een halfuur lopen van het hotel was. De lodge bestond uit een centrale hal en twintig kleine kamertjes waar voornamelijk Rwandezen woonden. Denise en ik huurden een kamer voor honderd Keniaanse shilling per nacht. In de kamer stond ook een eenpersoonsbed, net als in het hotel. Er zat niks anders op dan elke nacht met de voeten van Denise naast mijn hoofd te slapen.

28

Het geld dat mijn broer elke maand stuurde was genoeg om in de lodge te wonen en eten te kopen. Als we zuinig deden hadden we ook geld voor zeep, shampoo en bodylotion. Voor het eerst in mijn leven leefde ik het leven dat bij mijn leeftijd paste. Ik hoefde me niet druk te maken over een slaapplaats of eten, maar over hoe mijn haar zat en wat ik die dag zou aantrekken.

In Nairobi zag ik meisjes van achttien met gekapte haren en lipstick op arm in arm over straat lopen. Lachend keken ze in de etalages van de winkels. Soms ging ik achter ze lopen en deed net alsof ik bij hen hoorde.

Ik probeerde de taal te leren en luisterde naar de gesprekken van de mensen op straat of in het park. Als ik het Swahili beheerste kon ik misschien ook hier werken. De stad leerde ik steeds beter kennen. Ik verwonderde me over de structuur. Alle bussen reden op tijd en op elke hoek kon je een taxi aanhouden, die ook echt voor je stopte. De straten waren schoon, en zo ingedeeld dat ik altijd de weg terug kon vinden. In de mooie groene parken waren Rwanda en de oorlog ver weg. Ik voelde me thuis in Nairobi.

Denise niet, ze klaagde over de kamer, het bed, en het eten. Denise kwam uit het zuiden van Rwanda. Haar vader was een hoge militair geweest. Tot aan de oorlog had ze een heel makkelijk leven gehad. Elke dag was er eten en waren er schone kleren, hun huis werd schoongemaakt door een bediende, en ze had nog nooit water gehaald of honger en luizen gehad. Een chauffeur reed haar van en naar school. Ze stond op het punt om te gaan studeren toen de oorlog uitbrak. Denise was met haar moeder gevlucht en in Zaïre terechtgekomen.

Daar had Julien haar gevonden en beloofd om haar mee naar Duitsland te nemen. Haar moeder had toegestemd, in Duitsland kon haar dochter een nieuw bestaan opbouwen onder het toeziend oog van haar oom. Dat haar oom met haar wilde trouwen had de moeder van Denise niet voorzien. Denise zelf ook niet, ze wist niet wat Julien van haar wilde, ook al had ik haar dat uitgelegd. Ze had gehoopt dat Julien haar meteen naar Duitsland zou halen en geloofde niet dat zoiets heel ingewikkeld was, zoals Julien elke keer tegen haar zei als zij hem belde. Tot die tijd moest ze met mij een kamer delen in een klein, stoffig pension.

Denise zat op het bed toen ik aan het einde van de middag thuiskwam. Naast haar stonden twee tassen.

'Ik ga naar Michelle,' zei ze.

Michelle was een Keniaanse vrouw. Ik had haar een keer eerder gezien toen ze op bezoek was in de lodge. Ze was een nicht van een vriend van mijn broer. Ik wist niet zo goed of ik nu blij moest zijn of niet. Denise en ik waren door mijn broer met elkaar verbonden, wat zou er gebeuren als ze wegging? Ik had haar nodig omdat mijn broer haar het geld stuurde en zij had mij nodig om te overleven in Nairobi. Ik wist waar de winkels waren, wat het geld waard was, hoe je bij het kantoortje kon komen waar we naar Julien konden bellen, en ik sprak de taal beter. Als Denise wegging kon Michelle voor haar zorgen, maar wie zou dat voor mij doen? Denise wees naar het gasstel en de pannen.

'Die zijn voor jou.'

'Dank je,' was het enige wat ik kon uitbrengen. Toen stond ze op en liep de deur uit. Buiten stond de chauffeur van Michelle, die de deur van de auto voor Denise openhield.

In de kamer was het stil, ik was er nooit alleen geweest. Denise lag op elk moment dat ik de kamer binnenliep op het bed. Het was een vertrouwd gezicht geweest. Ik schoof het bed tegen de andere muur en zette het gasstel op de tafel onder het raam. In de douche lagen een stukje zeep en een lege fles shampoo. Ik gooide de fles weg en stak het stukje zeep in mijn zak. Daarna haalde ik de lakens van het bed en deed ze in de wasruimte achter de lodge in een grote rode emmer met het stukje zeep. Vervolgens belde ik mijn broer.

'Waarom is Denise bij Michelle?'

'Dat is beter,' zei mijn broer. 'Michelle heeft een groot huis.'

'Waarom alleen zij?'

'Ze wilde jullie niet alle twee in huis nemen, daarom heb ik gezegd dat ze Denise moest halen. Ik ben bezig om haar papieren in orde te maken en dan komt ze naar Duitsland.'

'En ik?'

'Ik heb geen geld meer voor jou.'

'Wat moet ik nu doen?'

'Dat moet je zelf weten, ik kan je niet meer helpen.'

Ik had Denise veilig uit Goma gekregen en naar Kenia gebracht, mijn broer had me niet meer nodig. Voor de rest van de maand had ik nog duizend shilling, daar zou ik het net mee redden.

De volgende dag zag ik Mama-natasja op de gang. Ze had samen met haar dochter een paar maanden in de lodge gewoond en vlocht de haren van Rwandese en later ook Keniaanse vrouwen. In haar kamer zat altijd wel een vrouw op de vloer omringd door strengen nephaar dat Mama-natasja door het echte haar vlocht. Ze kon heel kleine, fijne vlechtjes maken, haar specialiteit. Het duurde niet lang voordat de eerste Keniaanse vrouwen naar de lodge kwamen. Die betaalden veel meer voor het vlechtwerk en na een paar maanden had Mama-natasja geld genoeg om haar eigen flat te huren. Eén keer in de maand kwam ze naar de lodge om haar vriendinnen te bezoeken.

'Hoe gaat het met je, Amina?' vroeg ze.

'Goed, ik woon nu alleen.'

'Waar is Denise?'

'Ze woont bij een Keniaanse vrouw en wacht daar tot mijn broer haar een ticket stuurt.'

'Zonder jou?'

Ik knikte.

'Denise heeft mij nu niet meer nodig. Ik heb wel werk nodig, want mijn broer stuurt me geen geld meer.'

'Kom aan het einde van de middag met mij mee. Ik heb het druk, je kunt me helpen.'

Mama-natasja woonde in een kleine flat in Komarocks in het oosten van de stad en ik kon een kamertje bij haar huren voor duizend shilling per maand. In de andere kamer sliep zij met haar dochter. De huur kon ik verdienen door haar elke dag te helpen met het vlechten.

We begonnen meteen die middag toen er een Keniaanse vrouw naar Komarocks kwam en in de kamer op een kleed op de grond ging zitten. Mama-natasja zat op de bank aan de ene kant van de vrouw, ik op een stoel aan de andere kant. Mama-natasja vlocht de haren vanaf de bovenkant tot aan de haargrens en daar nam ik het van haar over. Het eerste gedeelte was het moeilijkste, daarom deed zij het. Terwijl ik de laatste restjes van het haar aan het vlechten was, keek ik hoe Mama-natasja met de spitse punt van het uiteinde van een kam een klein vierkantje in het haar tekende en in één beweging met de punt een pluk omhoogtrok. Daarna draaide ze aan de bovenkant van de pluk het synthetische nephaar om het echte haar en begon dan met vlechten. Ik kende de methode, in Rwanda werd al het haar zo ingevlochten.

'Dit is beter dan jullie manier,' zei Mama-natasja tegen de Keniaanse vrouw. 'Jullie vlechten de strengen nephaar meteen mee, en als je het er dan weer uit wilt halen kun je dat alleen doen door de strengen er heel hard uit te kammen.'

Ze liet me zien hoe makkelijk je een vlecht uit kon halen door aan de bovenkant voorzichtig het nephaar los te maken.

'Vrouwen verpesten hun haar door zo hard te kammen,' zei Mama-natasja. 'Daarom hebben vrouwen in Kenia allemaal kale plekken.'

De vrouw tussen ons in ademde diep in en beet op haar lip. Ze wilde iets zeggen, maar bedacht zich op het laatste moment.

Ik durfde niet te lachen.

29

Ik keek naar de driehonderd shilling in mijn hand.

'Het had sneller gekund, maar je hebt het verdiend,' zei de vrouw. Gisteren was ze bij Mama-natasja geweest om te vragen of ze haar haar kon doen. Mama-natasja was er niet.

'Jij doet het toch ook?' vroeg de vrouw. Ik knikte en twijfelde of ik moest zeggen dat ik eigenlijk alleen het laatste gedeelte van de vlecht deed. Ik zei niets. Ze gaf me haar adres.

'Kom morgen naar mijn huis.'

Ze woonde in groot huis, een kwartier lopen van Komarocks. Voor de deur stond een auto die, net als de taxi die ik een jaar geleden van het vliegveld naar de stad nam, een soort ster op de voorkant had. De vrouw nam me mee naar de keuken. Ze had een stoel klaargezet waar ze op ging zitten. Naast de stoel stond een tafel waar ze de strengen nephaar op had gelegd. Rood en blond, de favoriete kleuren van Keniaanse vrouwen.

Met een kam verdeelde ik haar haar in vier delen en daarna per deel nog een keer. De eerste pluk die ik met mijn kam scheidde van de rest van het haar had geen kaarsrechte lijnen eromheen, zoals bij Mama-natasja. En ook het nephaar kon ik niet goed om de pluk heen draaien. Het einde van de vlecht zag er perfect uit, maar dat kon ook niet anders. Ik had misschien wel duizenden einden gevlochten de afgelopen maanden.

Ik keek naar de vlecht tot de haargrens. Aan de bovenkant zat het nephaar niet goed vast en ik was te laag begonnen met het meevlechten van het nephaar. Ik twijfelde of ik opnieuw zou beginnen, maar dat leek me geen goed idee. Ik wilde niet dat ze zou denken dat ik het niet kon. De tweede vlecht lukte al beter, de derde ging goed.

Tegen de lunch had ik de helft van haar haar gevlochten. We aten rijst met groente en dronken thee. Het zag er raar uit: de vrouw had aan de ene kant platte vlechtjes op haar hoofd, aan de andere kant een grote bos los haar, dat ook nog eens heel wijd uitstond. Ze vertelde over haar man, dat hij zakendeed in Nairobi, en over haar kinderen die aan de universiteit studeerden. Daarna gingen we weer verder.

Aan het einde van de middag kwam een oude vrouw binnen die begon met koken. Ze zei niets. In stilte kookte ze een maaltijd en nam dat op een blad mee de keuken uit. Ik vroeg me af naar wie ze dat eten ging brengen, ik had niemand in het huis gezien of gehoord. Buiten werd het donker.

'Nu stoppen we,' zei de vrouw. Ik zei dat ik bijna klaar was en vroeg of ik het af mocht maken. Ze keek op haar horloge. 'Het is acht uur,' zei ze. Ik beloofde dat ik om halfnegen klaar zou zijn.

De vrouw was blijkbaar tevreden. De volgende dag kwam een andere vrouw langs, en toen ik met haar klaar was, weer een andere. Na twee maanden had ik drieduizend shilling verdiend en zei ik tegen Mama-natasja dat ik een eigen kamer ging huren, in een flat in het centrum. Ik wilde naar mijn klanten lopen en het geld voor de bus uitsparen.

De flat had vier woonlagen en mijn kamer was op de tweede verdieping. Beneden bij de ingang was een klein kamertje waar de conciërge woonde. Ze was een oude, aardige vrouw die een telefoon had waarvan ik gebruik mocht maken. Mijn klanten gaf ik haar nummer, zodat ze me konden bellen als hun haar gedaan moest worden. Soms riep ze in het trapgat van beneden naar boven dat er telefoon was, maar meestal slofte ze op haar slippers naar boven, klopte op de deur, riep dat er telefoon was en slofte weer naar beneden zonder mijn antwoord af te wachten.

Ik woonde een paar maanden in mijn nieuwe flat toen de conciërge naar boven kwam en op de deur klopte.

'Er is telefoon voor je,' zei ze.

'U hoeft toch niet helemaal naar boven te lopen, als u had geroepen had ik het ook gehoord.'

'Dat weet ik, maar ik wilde er zeker van zijn dat je er bent. Het is een dure stem, weet je.'

Ik had geen idee waar ze het over had.

'Een dure stem?'

'Je weet wel, zo'n vrouw die dure woorden gebruikt en praat als een koningin.'

'Weet u zeker dat het voor mij is?'

'Amina heet je toch? Ga nu maar snel, straks is die dure stem er niet meer.'

In haar kamer lag de hoorn op de tafel, naast een notitieboekje waar de conciërge nooit iets in schreef.

'Ben jij Amina die haren invlecht?' vroeg een vrouwenstem.

'Ik heb je nummer van Rose gekregen,' ging ze meteen verder.

Rose' haar had ik een maand geleden gedaan. Ze had me er vijfhonderd shilling voor gegeven. Ik deed extra mijn best omdat ze een Amerikaanse man had en allemaal rijke vriendinnen. Toen ik klaar was, streek ze over haar vlechten en zei dat ik het goed had gedaan. Ze zou haar vriendinnen over mij vertellen. Een van hen had ik nu aan de lijn. Ze vroeg of ik morgen tijd had. Dat had ik eigenlijk niet, maar ik zei toch ja.

'Om zeven uur komt de chauffeur je ophalen,' zei ze voordat ze ophing. De conciërge had gelijk, het was een dure stem.

De volgende ochtend stond de auto al voor de deur toen ik het flatgebouw uit liep.

'Amina?' vroeg de chauffeur en hij hield de deur voor mij open. Zonder iets te zeggen reed hij door de stad naar een wijk waar ik nog nooit was geweest. De huizen waren zo groot als gebouwen, met twee en soms drie verdiepingen. Het huis waar we stopten had een groot hek. Toen we langs het hek reden las ik de naam van een Keniaanse minister op het bordje op een stenen muur. Ik kende hem uit de kranten, hij genoot heel veel aanzien. De tuin stond vol bloemen, in kleuren die ik niet eerder had gezien. Een dienstmeisje nam me mee naar binnen.

'Daar ben je,' zei de vrouw van de minister. Ze nam me mee naar haar kamer. We liepen door zoveel vertrekken dat als ze me daar alleen had gelaten ik zou verdwalen.

'We gaan eerst wat eten.'

'Goed mevrouw,' zei ik.

'Zeg maar Florence.'

Florence was een van de aardigste rijke mensen die ik kende. Ze gaf je het gevoel dat je erbij hoorde. Dat merkte ik ook aan de dienstmeisjes, de tuinman en de vrouwen die voor haar kookten en wasten. Twee dagen had ik nodig om haar haar in te vlechten. Ik wilde het zo goed mogelijk doen. Florence stond erop dat ik bleef slapen en aan het einde van de tweede dag keek ze tevreden in de spiegel. Ze gaf me duizend shilling en zei dat ze het leuk zou vinden als ik haar zou bellen om samen wat leuks te gaan doen. Voor het eerst was ik trots op mijn werk.

30

Er werd op de deur geklopt. Ik dacht dat het de conciërge was en deed open. Zes agenten stormden naar binnen en duwden me tegen de muur. Ze schreeuwden dat ze mijn geld wilden hebben. Het was de zoveelste keer dat agenten zomaar mijn huis binnenvielen op zoek naar geld.

De eerste keer was ik zo geschrokken dat ik bijna flauwviel. Ik had verhalen gehoord dat agenten op het geld van Rwandezen uit waren, maar ik kon me niet voorstellen dat ze bij mij zouden komen. Toen ze er toch waren had ik ze met stokken en een pistool gedreigd. 'Money, money,' riepen ze en ik had mijn tas gepakt en ze duizend shilling gegeven.

De agenten die nu in mijn huis stonden waren nog jonge jongens. Het waren steeds nieuwe, als ze eenmaal wisten dat je geld had bleven ze komen. Veel Rwandezen zaten 's avonds in het donker en hoopten dat de agenten dan hun huis voorbijliepen. Maar ook dat had geen zin. Het leek wel of ze het roken dat je thuis was. Florence had gezegd dat ik ze geen geld meer moest geven, dan zou het vanzelf ophouden.

'Je moet het doorbreken, Amina, anders blijven ze komen. Ze raken verslaafd aan het geld dat je ze geeft.'

'We weten dat je geld hebt,' schreeuwde een van de agenten. Hij sloeg met een stok op mijn bovenbeen en mijn arm. Daarna hield hij de stok omhoog. De volgende klap zou op mijn hoofd belanden.

'Duurt het nog lang?'

De agent stond voor me met de stok dreigend in de lucht.

Ik dacht aan de vijfduizend shilling die ik samen met mijn paspoort in mijn matras had verstopt. Ik had geen visum, ze zouden het geld pakken en mij het land uit zetten. Ik wees op mijn tas en zei dat ze daarin konden kijken, maar dat ik geen geld had.

De jonge agenten raakten in de war, ik sprak het Keniaanse Swahili, dat hadden ze niet verwacht. De meeste Rwandezen spraken alleen hun eigen taal en konden zich maar moeilijk verstaanbaar maken. Een agent die naast me stond ging voor me staan.

'Waar zijn je papieren?'

'Bij een vriendin.'

'Je hebt geen vrienden hier, alleen vijanden. Hoe lang ben je al hier?'

'Drie jaar.'

'En je hebt geen geld? Je wilt zeker dat wij alles voor je betalen, bloedzuiger.'

'Wie zijn je vrienden, waar liggen je papieren?'

Ik zei dat ze bij Florence lagen en hoopte niet dat ze haar zouden bellen. Toen ze de naam van de minister hoorden, keken ze elkaar aan. De stok van de agent achter me had ik niet zien aankomen. Hij sloeg me hard op mijn hoofd, ik voelde het bloed tussen mijn haren stromen en op mijn schouder druppelen.

'Je liegt. Neem haar mee.'

De agenten die al die tijd naar het gesprek tussen mij en hun collega hadden geluisterd, pakten ieder een arm en trokken me mee naar buiten. Voor het huis van de conciërge stond de witte politiebus. De conciërge zat met haar rug naar de deur en had haar televisie heel hard gezet zodat ze de politieagenten niet hoorde schreeuwen.

Op de banken in de bus zaten twintig mannen en vrouwen, allemaal uit Rwanda. Ik kon nog net op het puntje van de bank zitten. De agenten gingen voorin zitten. Ruim een uur reden we door de straten van Nairobi en toen stopten we bij het grootste politiebureau van de stad.

De groep werd in twee kleine cellen gezet. Het waren betonnen kamertjes zonder raam. Aan de voorkant was een stalen deur met een klein luikje. Als een agent de deur wilde opendoen, keek hij eerst door dat luikje om er zeker van te zijn dat er niemand achter de deur stond. Het was aardedonker in de cel; op de tast zocht ik een plekje. Ik ging tegen de muur zitten en kon mijn benen niet strekken zonder iemand anders aan te raken. Met opgetrokken knieën probeerde ik te slapen.

De volgende dag werden sommige mensen in de ochtend uit de cel gehaald omdat hun familieleden alsnog hadden betaald. Ik moest wachten tot de middag voordat Patrick me kwam bevrijden. Patrick was een achterneef van Florence. Hij had van de conciërge gehoord wat er was gebeurd en was meteen naar het politiebureau gekomen. Hij stond achter de politieagent die de deur van de cel opendeed. Toen ik naar buiten liep, keek hij in de cel. De kleine ruimte was vies en stonk. Die nacht hadden sommige mensen overgegeven en in een hoek gepoept en geplast.

'Jullie moesten je schamen,' zei hij tegen de agent. 'Deze mensen zijn uit hun land gevlucht en jullie stoppen ze in zo'n hok?'

De agent sloeg met zijn knuppel tegen de deur en zei dat Patrick zijn bek moest houden, anders zou hij ook in zo'n hok belanden. Ik kende niemand in Nairobi die zich zoveel zorgen maakte om de discriminatie in de stad als Patrick. Hij zei dat de regering er niet genoeg aan deed, en dat er nog een keer oorlog zou komen als er niet werd ingegrepen.

Kenianen waren niet blij met de duizenden Rwandezen die de stad hadden overspoeld. Het ging ze eindelijk economisch voor de wind en met al die vluchtelingen die een nieuw bestaan zochten waren ze bang dat hun werk en geld werden afgepikt.

Het eerste jaar had ik er niet veel van gemerkt en me redelijk vrij gevoeld, maar nu ik werk en geld had, was ik bang. Ik was een van die Rwandezen aan wie de Kenianen een hekel hadden. Ik kon elke dag, op elk moment worden opgepakt. Als een schim liep ik angstig door de stad en probeerde zo onzichtbaar mogelijk te zijn.

Op een feestje bij Florence had ik Patrick ontmoet. Florence had gebeld en zei dat ik die avond ook moest komen, ze wilde me aan iemand voorstellen.

'Ik ben Patrick, ik ben piloot.'

Ik moest lachen toen hij zich zo voorstelde. Keniaanse mannen hielden van Rwandese vrouwen, maar ik wist eigenlijk niet waarom. Aan het einde van de avond vroeg Patrick of ik zijn vriendin wilde zijn.

'Hoe kun je dat nu al weten?' vroeg ik voorzichtig. Het leven zonder man beviel me, ik kon voor het eerst echt doen wat ik wilde.

'Je bent grappig, slim en Florence schept altijd over je op.'

'Drie slechte redenen.'

Patrick gaf niet op. De weken daarna belde hij me elke dag.

De conciërge was er niet blij mee. Elke ochtend hoorde ik haar mijn naam schreeuwen. Ze deed niet eens meer moeite om te zeggen dat er telefoon was en wie er had gebeld. Soms kwam ik niet naar beneden omdat ik niet wist wat ik tegen Patrick moest zeggen. Hij was familie van Florence, ik kon niet anders dan aardig tegen hem zijn, maar wilde hem niet het idee geven dat we samen een toekomst hadden.

Op een middag, vijf weken nadat ik Patrick had ontmoet, zei de conciërge dat een vrouw had gebeld, ze wilde dat ik haar haar vlocht. Op een papiertje had ze het adres geschreven. Ik keek naar de schuine letters van haar handschrift.

'Weet je zeker dat dit het adres is?'

Ze knikte.

'Die vrouw zei dat ze op Kenyatta Avenue woonde?'

Weer knikte ze.

Het was in het businessdistrict, vlak bij het stadhuis, geen plek waar veel mensen woonden. Het was de wijk waar veel kantoren stonden en waar zakenmensen rondliepen.

Op de grote avenue was het druk. Iedereen wilde snel naar huis en dat veroorzaakte rijen auto's. Ik was aan de drukte in de stad gewend. Ik keek naar het nummer dat op het papiertje stond, nummer 43. Het was een restaurant. Binnen zaten vrouwen mooi opgemaakt en in prachtige jurken aan tafel.

'Zoek je iemand?'

Ik draaide me om.

'Patrick?'

'Je belt nooit terug, de enige manier om jou te zien is een afspraak met je te maken via de conciërge. En dat is gelukt.'

Hij pakte het papiertje uit mijn handen en keek naar het handschrift van de oude vrouw.

'Ze heeft het goed opgeschreven.'

Hij gooide het papiertje op de grond en duwde me het restaurant binnen.

'Nu gaan we eten.'

Met Patrick was het leven leuk, hij zorgde voor de onbezorgdheid die ik nodig had. Hij kende geen oorlog, honger, of armoede. We hadden het nooit over het leven dat ik had gehad en eigenlijk ook nooit over het leven dat we samen konden hebben. Elke keer als hij erover begon, beloofde ik dat ik op een dag met hem zou trouwen, maar ik wist dat die dag nooit zou komen. Dat zei ik niet, want ik had Patrick nodig om me uit de gevangenis te halen als ik zonder reden was opgepakt door de politie, om door het land te reizen zonder papieren, om medicijnen te halen als ik ziek was. Zolang hij bij me was, was ik veilig.

Patrick liet me ook de mooie kanten van zijn land zien. Hij nam me mee naar Mombassa, waar ik voor het eerst de oceaan zag en we in een heel chic hotel sliepen. En we reden door Tsavo National Park, waar ik vanuit de auto dieren zag waar ik vroeger zo bang voor was geweest. Met Patrick was Kenia leuk, maar zonder hem was ik een illegaal, had geen rechten en werd gediscrimineerd. Daarom wilde ik niet blijven.

31

Het kantoor van het Rode Kruis was klein en warm. Er liepen twee vrouwen achter de balie heen en weer. Ze hadden stapels papieren in hun handen. Aan de wand hing een kaart van Afrika. Ik probeerde Rwanda te zoeken, maar wist niet precies waar ik moest kijken. Het was de eerste keer dat ik het hele continent op een kaart zag.

Een vrouw met lang ontkroesd haar en een grote bril op vroeg wat ik kwam doen.

'Ik zoek mijn moeder en dochter.'

'Waar kom je vandaan?'

'Uit Rwanda.'

'Heb je een paspoort?'

Ik knikte.

'Heb je dat ook bij je?'

Ik schudde mijn hoofd. Mijn paspoort was verlopen, het was niet veel meer waard. Toch was ik er heel zuinig op. Ik had het verstopt in mijn matras, bij het geld dat ik spaarde. Het paspoort was alles wat ik had waarop stond wie ik was.

'Ik heb je paspoort nodig zodat we kunnen kijken wat we voor je kunnen doen.'

Ik vroeg of het ook zonder paspoort kon.

'Is je paspoort verlopen?'

De vrouw zei het enigszins vermoeid. Het was duidelijk dat ik niet de eerste was die om hulp kwam vragen zonder geldig document. Ik zei niets.

'Nou, als dat zo is, dan kan ik niks voor je doen.'

Voor haar lag een stapel papieren. Ik pakte de bovenste en schreef met potlood de naam van mijn moeder en dochter op.

'Kunt u alstublieft kijken of ze nog leven?'

De vrouw deed haar bril af, wreef in haar ogen en zei: 'Dat gaat niet. En dan nog, je kunt ze niet naar Kenia halen, omdat je illegaal bent.'

Ze legde de stapel naast zich neer en ging achter de typemachine zitten werken.

De vrouw met de bril heette Margaret. Twee maanden lang ging ik elke woensdagochtend naar het Rode Kruis. In het begin was ze geïrriteerd. Meestal zei ze dat ze echt niets voor me kon doen en ging dan weer aan het werk. Maar na een maand begon ze medelijden met me te krijgen. In haar ogen was ik niet meer een illegale Rwandese, maar een moeder die haar kind zocht.

'De lijst met overlevenden is lang,' zei ze op een dag toen ik het kantoor binnenstapte. 'Het is onmogelijk om te kijken of je moeder en dochter daartussen zitten.'

Ik zei dat ik wist in welk vluchtelingenkamp ze hadden gezeten en dat ze misschien weer terug waren naar Vunga. De laatste keer dat ik mijn moeder had gezien, had ze gezegd dat ze terug naar Vunga wilde. Ondanks haar ellendige leven in het dorp was het haar thuis geworden.

Margaret pakte een stapel papieren en zei dat ze ging kijken wat ze voor me kon doen.

Ik weet niet of ze ooit een poging heeft gedaan, maar na acht weken vond ik het frustrerend om elke keer naar haar toe te gaan zonder dat er iets gebeurde. Margaret had gezegd dat ik misschien via mijn broer in Duitsland meer kon bereiken. Julien was de laatste die ik wilde bellen.

Via Michelle wist ik dat Denise naar Duitsland was gegaan. Mijn broer had haar aan een paspoort geholpen en haar ticket betaald. Mij was hij vergeten. Ik geloofde niet dat Julien mij wilde helpen met mijn zoektocht naar onze moeder en mijn dochter. Of om mij naar Europa te halen. Ik moest, zoals altijd, mezelf helpen.

Florence was verbaasd dat ik onaangekondigd bij haar langskwam. Ze vroeg hoe het met mij en Patrick ging en vertelde over de reis naar Zuid-Afrika die zij met haar man had gemaakt.

'Zou jij ook weg willen, Amina? Je kunt veel geld verdienen in het buitenland, weet je. In Amerika staan Afrikaanse vrouwen te springen om iemand die zo goed kan vlechten zoals jij.'

'Ik zou graag willen, maar ik kan het land niet uit, tenzij ik een Keniaans paspoort heb.'

Florence leek me niet te hebben verstaan. Ze had twee glazen cola ingeschonken en ging tegenover me zitten.

'Kun jij een paspoort voor mij regelen?' Ik durfde Florence niet aan te kijken omdat ik het onbeleefd vond om het te vragen.

'Een paspoort kost meer dan 10.000 shilling,' zei Florence en ze nam een slok van haar cola.

'Ik heb geld gespaard.'

Florence zei niets meer en ik durfde niets meer te vragen. We hadden het over Zuid-Afrika en de rare gewoonte van Zoeloevrouwen in dat land om tijdens de bevalling een strakke gordel te dragen om te voorkomen dat de baby de verkeerde kant op gaat. Florence had het verhaal van de vrouw van een Zuid-Afrikaanse minister gehoord.

Een maand later vroeg Florence om een pasfoto. Zonder enige verdere uitleg zei ze dat ik misschien naar een vriendin van haar in Londen kon.

'Ik kijk wat ik voor je kan doen,' had ze gezegd.

Londen klonk net zo goed als Duitsland. Zolang het niet in Afrika was, maakte het mij niet uit. Ik gaf haar een foto en bedankte haar. Ze wist hoeveel Patrick op mij was gesteld, maar nog beter hoe graag ik weg wilde. Ze had moeten kiezen tussen haar achterneef en mij. Florence had vaak gezegd dat ik ook familie was. Familie betekende niet zoveel voor mij, die van mij had me tot nu toe alleen maar in de steek gelaten, maar Florence had mij altijd het gevoel gegeven dat ik erbij hoorde. Ze stak mijn foto in haar tas.

Een week later had ik mijn paspoort. Florence had het in een grote lichtbruine envelop aan me gegeven. Ik durfde niet te kijken zolang zij bij me stond.

'Bedankt,' was het enige wat ik kon zeggen.

'Je kunt niet naar Londen, mijn vriendin heeft al iemand uit Kenia in huis. En Amerika is onmogelijk zonder verblijfsvergunning.'

Florence leek zich schuldig te voelen, ze had een paspoort, maar geen plek waar ik naartoe kon gaan. Ik zei dat dit meer was dan ze ooit voor mij had kunnen doen.

32

Bij het Nairobi Railway Station waren kleine winkeltjes waar ik goedkoop naar Duitsland kon bellen. Ik had Julien bijna drie jaar niet gesproken. Zijn stem klonk hetzelfde. Hij was niet verbaasd dat ik belde. Wel dat ik zei dat ik een paspoort had en dat hij moest zorgen dat ik naar Duitsland kon. Ik hoorde hem slikken en wist dat hij snel naar woorden zocht om geen stilte te laten vallen.

'Ik geloof je niet.'

'Toch is het zo. Het heeft een donkerblauwe voorkant en er staat REPUBLIC OF KENYA op. In gouden letters.'

'Fax me een kopie, dan praten we verder.'

Hij hing op voordat ik nog iets kon zeggen. In het winkeltje maakte ik een kopie en vroeg de man die naar het nummer dat Julien me had gegeven te faxen. Ik keek hoe het papier door de faxmachine rolde en vroeg aan de man achter de balie hoe het kon dat de informatie die op het papier stond nu in Duitsland was. Hij zei dat hij het ook niet wist. Mijn paspoort stopte ik terug in de lichtbruine envelop en deed hem onder mijn kleren.

Thuis verstopte ik hem in mijn matras. Mijn Rwandese paspoort had ik weggegooid.

De volgende dag belde ik weer naar Duitsland. Ik hoorde een klik, maar niemand zei iets.

'Hallo?'

'Amina?' Denise had de telefoon opgenomen.

'Heeft Julien de fax gekregen?'

'Ja, alles is goed. Ik heb gevraagd of hij een ticket voor je wil kopen.'

Denises schuldgevoel was door de telefoon voelbaar. Het enige wat zij nu kon doen was ervoor zorgen dat mijn broer een ticket voor mij kocht. Ik zei dat ik over een week weer zou bellen.

Die middag keken Patrick en ik naar de stad vanuit Uhuru Park. We zaten op het gras vlak bij het meertje dat midden in het park was. Patrick noemde het een nepmeer omdat het aangelegd was. Hij vond Mombassa mooier, daar was tenminste de oceaan, gemaakt door God en niet door mensen. Over het water konden we de kantoorgebouwen aan de rand van de stad goed zien. Het was een vertrouwd uitzicht op de stad waar ik me, ondanks alles, thuis had gevoeld.

Ik zei tegen Patrick dat ik binnenkort wegging. Ik durfde niet te zeggen dat het voor altijd was. Ik was voorzichtig, niemand wist er van, zelfs Florence niet.

'Mijn broer heeft een baby gekregen en ik ga naar hem toe om te helpen.'

Ik vond het niet leuk om tegen hem te liegen, maar nog moeilijker om de waarheid te zeggen.

'Hoe lang blijf je weg?'

'Een paar maanden.'

Ik keek naar Patrick en hoopte dat hij niet boos was dat ik zo lang weg zou gaan. Ik had hem nodig om met mijn valse paspoort door de douane te komen, maar dan moest hij wel het gevoel hebben dat ik terug zou komen.

'Als je terugkomt, trouw je dan met me?'

Voor het eerst durfde ik ja te zeggen.

Patrick pakte mijn hand.

'Ik wist wel dat je een keer ja zou zeggen.'

Tevreden sloeg hij zijn arm om me heen.

Twee weken later kon ik mijn ticket ophalen. Het kantoor van EgyptAir was aan de zijkant van een groot hotel op Mama Ngina Street. Ik moest mijn paspoort laten zien, en nadat de vrouw met een jasje waarop het logo van EgyptAir stond er een kopie van had gemaakt gaf ze mij het ticket. De vrouw zei niets, ze knikte alleen maar met haar hoofd. Ook toen ik alles in een bruine envelop deed en het kantoor weer uit liep. Ik ging meteen naar huis. Op bed keek ik naar mijn ticket. Het leek net een boekje met dunne papiertjes. De achterkanten waren zwart en alles was tot aan de laatste pagina doorgedrukt. Mijn naam had mijn broer goed overgenomen van de kopie van mijn paspoort. Omina Ingabire stond er. Het was verkeerd geschreven, een foutje. Ik durfde het niet tegen Florence te zeggen. Omina klonk ook goed, goed genoeg om het land mee uit te komen.

33

Om acht uur 's avonds nam ik een taxi naar het vliegveld. De chauffeur legde mijn koffer achterin. Het was een kleine koffer, de meeste van mijn spullen had ik weggegeven. Elke keer had ik iets aan de mensen voor wie ik werkte, vriendinnen of mijn Rwandese buren gegeven zodat het niet opviel dat ik alles aan het opruimen was. Iedereen wenste me een veilige reis en behouden terugkeer. Tot over een paar maanden, hadden Florence en Patrick gezegd. Ik knikte en zei dat we elkaar wel weer zouden zien.

Het viel me op dat ik in een gele Mercedes zat. Zo'n zelfde wagen had mij de stad in gebracht en reed mij er nu uit. Ik was extra vroeg weggegaan. Het was donker en de stad was leeg. Patrick had gezegd dat John op me zou wachten bij de douane. John kende ik, hij was een vriend van Patrick en werkte op het vliegveld. Hij zou met mij meelopen naar de gate. John gaf me een hand en zei dat ik eerst mijn bagage moest inchecken.

Ik zette mijn koffer op de band en gaf mijn ticket aan de vrouw achter de balie.

‘Heb je 150 dollar?’

Ik keek haar aan en snapte niet wat ze bedoelde.

‘Als je naar Duitsland wilt, moet je 150 dollar bij je hebben,’ zei ze terwijl ze het eerste blaadje uit mijn ticket scheurde.

‘Het is een soort zakgeld dat je verplicht bent om bij je te hebben, dat weet je toch?’ fluisterde John.

Ik had honderd dollar bij me.

De vrouw achter de balie was ondertussen doorgegaan met haar werk. Om het handvat van mijn koffer zat een sticker, het tweede blaadje had ze uit mijn ticket gescheurd en in een apart mapje gedaan. Ze legde het voor me neer. Haar hand bleef op mijn paspoort en ticket liggen.

‘150 dollar,’ zei ze nog een keer.

Uit mijn zak pakte ik twee briefjes van vijftig dollar.

‘Dit is alles wat ik heb.’

‘Dan mag je het vliegtuig niet in.’

In paniek keek ik naar John, die zijn schouders ophaalde.

Hoe kon ik nu nog aan vijftig dollar komen? Achter me stonden drie mannen, die merkbaar geïrriteerd waren dat zij zo lang moesten wachten. Een van hen keek op zijn horloge en zei tegen de vrouw achter de balie dat hun vliegtuig over een uur ging. Ze haalde haar schouders op en knikte naar mij. Daarmee wilde ze zeggen dat het niet haar schuld was dat alles zo lang duurde. Ik keek naar John, die uit zijn zak vijftig dollar haalde. Van Patrick, dat kon niet anders. Hij wist dat ik het geld nooit van hem zou aannemen en had het daarom aan John gegeven.

Ik liet de drie briefjes aan de vrouw achter de balie zien.

‘Hier, mijn zakgeld,’ zei ik tegen de vrouw achter de balie voordat ik het in mijn zak stopte en mijn spullen pakte.

‘Ik wil dat je die honderd dollar die je nog in je zak hebt zitten aan Patrick teruggeeft,’ zei ik tegen John.

John deed alsof hij mij niet hoorde, en eigenlijk kon het me ook niet schelen.

Samen liepen we door de douane. John liet zijn pasje zien, ik mijn paspoort. De man vroeg aan John waarom hij met mij meeliep.

'Het is de eerste keer dat ze vliegt,' zei John zonder de man aan te kijken. De douanier wilde mijn paspoort pakken om het te controleren. John duwde me naar voren.

'We zijn te laat,' zei hij tegen de man en hij gaf hem vijftig dollar. Bij de gate zei John dat ik hier moest blijven zitten, en liep weer weg. Over drie uur ging mijn vlucht.

34

Het vliegtuig steeg op en voor het eerst sinds jaren kon ik opgelucht ademhalen. Ik was weg uit Afrika. Julien had gezegd dat ik eerst naar Caïro vloog, daarna naar Amsterdam. Daar moest ik overstappen op het vliegtuig naar Hannover.

Het was druk in hal 19, waar John me had achtergelaten. Op het scherm stond 9 februari 23.00 uur NAIROBI-CAIRO-AMSTERDAM. Er waren veel lichtgekleurde mensen, en een paar blanken met blond haar. Ze spraken een taal die ik niet verstond. In Nairobi waren ook blanken, vooral in de zakenwijk. En in Mombassa hadden Patrick en ik ze op het strand gezien. Ze lagen in ligstoelen in bikini's en zwembroeken terwijl het niet eens zo heel warm was.

Er was maar een handjevol Kenianen op de vlucht naar Caïro. Nadat een stewardess onze tickets had gecontroleerd werden we meegenomen, een gang door naar buiten, naar de bus die ons naar een wit toestel met blauwe letters reed. De koffers werden ingeladen toen de bus stopte en alle passagiers naar de stalen trap liepen om het vliegtuig in te gaan. Ik keek naar de mannen die in de vrachtruimte bezig waren. De ruimte was groter dan die waar ik met Denise in had gezeten van Goma naar Nairobi. Een man achter me duwde me de bus uit en wees naar de trap.

'Daar moet je naartoe,' zei hij in het Engels.

In het vliegtuig wees een jonge stewardess met lang zwart haar en groene ogen waar mijn stoel was. Ik zat in rij 21. De drie stoelen waren nog leeg en ik schoof door naar de stoel bij het raam. In de verte waren de kantoorgebouwen van Nairobi te zien. Onder me waren de mannen nog steeds bezig met de koffers. Ze stonden in een rij en gooiden de koffers een voor een naar elkaar. Buiten was het meer dan dertig graden, hun hoofden waren nat van het zweet.

Een kleine donkerblauwe auto kwam uit de verte aanrijden en stopte bij de mannen. Een agent stapte uit, de andere bleef achter het stuur zitten. De agent riep een van de mannen uit de rij bij zich en wees eerst op de koffers en toen naar het vliegtuig. Ik keek om me heen. Er zaten nog geen mensen bij de ramen, wees die agent naar mij? Ik dacht aan mijn koffer. Was die opengegaan? Had iemand er iets in gestopt? Ik ging helemaal naar achteren zitten zodat ik niet meer voor het raam zat en hield deur van het vliegtuig goed in de gaten. De agent en de man keken nu beiden naar het vliegtuig. Ik had al een tijd niet gebeden, maar bad nu tot God dat Hij mij in alle rust zou laten vertrekken.

Naast me kwam een man zitten met zijn vrouw. De vrouw had een donkerblauwe hoofddoek om en een lichtblauwe lange jurk aan. Ze knikte naar me zonder me aan te kijken. Haar man ging in het midden zitten, tussen mij en zijn vrouw in. Elke keer als hij wat zei, stond zijn vrouw meteen op om iets te doen. Ze pakte zijn tas, legde zijn jas in de bagageruimte, haalde een krant voor hem en deed zijn stoel naar achteren. Ik verstond hem niet, maar had niet het idee dat hij heel aardig voor zijn vrouw was. Uiteindelijk liet hij haar met rust en ging zitten lezen. De vrouw vouwde haar handen samen en sloot haar ogen. Ze bewoog niet meer.

Uit het gangpad klonk een doffe knal. De stewardess had de logge stalen deur met een klap dichtgedaan. Buiten waren de mannen en de politiewagen verdwenen.

Vijf uur duurde de vlucht van Nairobi naar Caïro. Patrick had gezegd dat Caïro nog Afrika was, daarna zou ik de zee overvliegen naar Europa. De man naast me sliep het grootste gedeelte van de vlucht. Tegen het einde maakte ik hem wakker omdat ik naar de wc moest. De man gaf zijn vrouw een klap op haar schouder. Ze zat nog steeds rechtop in haar stoel en schrok wakker. Hij gebaarde met zijn handen dat ze moest opstaan. Daarna schreeuwde hij iets tegen haar en liep ze naar een stewardess die in de keuken stond. Ze vroeg om een glas water en ging snel terug naar haar man.

In het gangpad liepen stewardessen en passagiers heen en weer. Niemand lette op mij. In het vliegtuig was ik gewoon een vrouw die naar Caïro vloog. Wie ik was, of wat ik had meegemaakt, wist niemand. Mijn verleden bleef in Afrika.

De vrouw met de hoofddoek zocht voor haar man een deken en legde die over hem heen. Het leek net alsof zij haar kind toedekte. Ze ging naast hem zitten en wachtte tot ze het volgende bevel kreeg. De man keek recht voor zich uit. Ik kon zijn gezicht niet zien, maar wist dat hij met een blik van minachting voor haar in zijn stoel zat. Hoeveel mannen hadden zo niet naast mij gezeten?

In het vliegtuig had de man het gevoel dat hij heerser over

zijn wereld was, maar het kwam erop neer dat hij geen deken kon vinden en zichzelf niet kon toedekken. Zonder zijn vrouw was hij machteloos. Ik dacht aan mijn broers die me hadden misbruikt, de mannen die mij hadden verkracht, de soldaten die mij hadden geslagen. Ik zat in het vliegtuig naar Europa. Waar waren zij nu?

'U moet nu echt gaan zitten.'

Geschrokken keek ik op.

'We gaan zo landen, u moet weer naar uw plaats gaan.'

'Hoe lang moet ik in het vliegtuig blijven zitten als we in Caïro zijn?' vroeg ik aan de stewardess.

'Ongeveer een uur.'

Van Caïro naar Amsterdam was het vier uur vliegen. Over vijf uur was ik dus in Europa.

35

De meeste mensen stapten in Caïro uit het vliegtuig. Met ongeveer tien anderen bleef ik zitten. Ik was de enige Afrikaan. Het viel me op dat de mannen die op het vliegveld werkten lichtgekleurd waren. Alles voelde nu al anders. Het was voor mij het bewijs dat we dicht bij Europa waren.

De borden die ik vanuit het vliegtuig kon zien waren tweetalig, de Arabische tekens snapte ik niet, het Engels eronder een beetje. In Nairobi spraken veel mensen Engels, en na het Swahili had ik ook die taal op straat geleerd. Na een uur kwamen nieuwe passagiers het vliegtuig in. Het was een grappig gezicht, die lange blanke mensen tussen de kleine Egyptische zakenmannen. Sommige blanken leken op Magali. Of op Fabien, de jonge arts die bijna twee keer zo lang was als ik. Naast me kwamen twee oudere dames zitten. Ze zeiden iets tegen me wat ik niet kon verstaan. Ik lachte.

'Amsterdam?' vroeg de vrouw die naast mij kwam zitten.

Ik schudde mijn hoofd en zei: 'Hannover.' Daarna draaide ze zich om naar de andere vrouw en begon met haar te praten. De vrouwen hadden geen make-up op, hun haar zat in de war en ze roken naar sigaretten. Ze hadden beiden een beige broek aan met zakken aan de zijkant van hun pijpen. Die leken op de broeken die soldaten droegen maar dan zonder de camouflagevlekken.

De vrouw naast me had hoge schoenen aan met veters. Ze leken me warm. Ik had een dunne blauwe katoenen broek aan en een wit T-shirt. In mijn tas had ik nog een blauwe blazer zitten. Ik had het pak gekocht een dag voordat ik naar Europa ging. Ik wilde er mooi uitzien als ik in mijn nieuwe land zou aankomen. Mijn schoenen met hakken zaten in mijn koffer, mijn sandalen had ik in het vliegtuig aan.

Toen het vliegtuig voor twee derde vol zat en er ook nieuwe stewardessen in het vliegtuig waren, vertrokken we. De grote stalen deur viel weer met een klap dicht. De twee dames gingen op de vrije stoelen in de rij voor me zitten. Het was donker, ik had naar de zee willen kijken, de eilanden, de meren en de steden.

Pas om zeven uur zag ik Europa voor het eerst. Grote groene vlakken doorbroken door kleine rivieren. De stad kwam dichterbij. Ik zag in de verte kantoorgebouwen, en een grote weg waar auto's over reden. Het was een stroom gele en rode lichtjes. Met een harde klap landden we in Nederland. Het leek alsof we over een enorme hobbel reden toen de wielen van het vliegtuig de landingsbaan raakten. Even gingen we weer omhoog, om meteen daarna in volle vaart de landingsbaan op te rijden. Het was acht uur 's morgens, ik was in Europa.

De werklui buiten op het vliegveld hadden dikke jassen aan en mutsen op hun hoofd. Uit hun mond kwam rook. De bomen in de verte waren kaal. Julien had niets gezegd over kou, en ik was ervan uitgegaan dat het in Europa warm was. Ik hoopte dat ik niet al te veel buiten moest lopen als ik naar het andere vliegtuig ging. De twee vrouwen voor me haalden hun dikke jassen uit hun tas. Ze keken naar mij en wezen op mijn T-shirt en daarna naar buiten.

'Brrr,' zei de vrouw die eerder naast mij had gezeten. Met haar armen gekruist en haar handen op haar schouders bewoog ze haar lichaam heen en weer, om haar woorden kracht bij te zetten.

Ik knikte en haalde mijn blazer uit mijn tas. De vrouw schudde met haar hoofd en zei in gebroken Engels zoiets als dat dat niet genoeg was.

In het gangpad van het vliegtuig voelde ik de eerste kou. Ik stond in de rij en wachtte tot de mensen hun spullen hadden gepakt. Een frisse koude wind kwam het vliegtuig in. Langzaam liep ik naar voren. Bij de deur van het vliegtuig stonden drie lange, blanke mannen. Ze hadden hun bontkraag opgezet en hun wangen en het puntje van hun neus waren rood. De stewardessen stonden voor de cockpit en hadden hun wollen mantel om zich heen geslagen. Iedereen die het vliegtuig uit ging, knikten ze lachend toe. Ook mij. Ik stapte het vliegtuig uit, een lange gang in en volgde de andere passagiers naar het gebouw dat aan de gang vast leek te zitten.

Mijn voeten werden koud, maar ik was allang blij dat ik niet buiten hoefde te lopen. Aan het einde nam de ijzige wind die door de gang blies af en kwam ik in een lange, verlichte hal. Aan weerskanten waren grote ramen. Buiten aan de muur van een groot wit gebouw hingen drie grote reclameborden. Op de middelste stond een blanke vrouw met een wit jurkje aan, een blanke man achter haar kuste haar nek.

Midden in de hal bleef ik staan. De vloer was schoon, nergens lag rommel. Zelfs geen kauwgom of papiertje. Het leek wel alsof er net iemand had gedweild. Overal stonden stoelen en bankjes in een rij of naast elkaar. Het rook er naar zeep. De mensen liepen rustig door de gangen. Ze zagen er netjes uit. De meeste mannen hadden een pak aan, de meeste vrouwen een rok met panty en hoge hakken. Hun koffers trokken ze achter zich aan.

Het was stil, niemand schreeuwde. In de verte klonk rustige muziek, die alleen werd doorbroken als er iets werd omgeroepen. In het midden van de lange gang stonden mensen op een band. Zonder te lopen kwamen ze vooruit. Een man las de krant. Zijn koffer stond naast zijn voeten op de band. Hij rolde al lezend voorbij, en zag mij niet. Net als in het vliegtuig lette niemand op mij. In de hal hingen gele borden. Ik probeerde te lezen wat erop stond. De bovenste taal was Engels, wat daaronder stond moest Nederlands zijn. U-i-t-g-a-n-g stond er en ik vroeg me af hoe je dat uitsprak. Ik keek naar mezelf in het raam. Nu pas drong het echt tot me door: ik was niet meer in Afrika.

36

De stewardessen kwamen nu ook uit het vliegtuig. Ik stond nog steeds in de hal. Ik liet mijn ticket aan een van hen zien en vroeg waar ik naartoe moest. Ze gebaarde dat ik met haar mee moest lopen, de lange hal uit, naar weer een andere hal, die nog groter was. In deze hal waren winkels, restaurants en leren banken waar mensen op zaten. Ook hier was het opvallend schoon en rustig. We liepen naar links en gingen twee trappen af.

In een lage hal met tl-licht stonden mensen in twee rijen te wachten voor de douane. Vier mannen in blauwe uniformen controleerden de paspoorten. De stewardess zei dat ik in de linkerrij moest gaan staan en liep verder de rij voorbij. De mannen in uniform keken niet naar de stewardessen, die zonder hun paspoort te laten zien Nederland binnenliepen.

De rij naast me ging sneller. Mensen hielden hun paspoort in de lucht en na een blik van de douane konden ze doorlopen. De paspoorten van de mensen in de rij waar ik in stond werden door de mannen in uniform goed bekeken. De mannen bladerden door het kleine boekje, terwijl ze ondertussen steeds naar de eigenaar keken. Daarna zetten ze er een stempel in. Na tien minuten was ik aan de beurt. Ik legde mijn paspoort op de balie. De man keek eerst naar mij, pakte toen mijn paspoort op en sloeg het open op de eerste bladzijde. Hij was een jonge man met bruine ogen. Onder zijn pet staken plukken rood haar. Zijn gezicht zat vol met sproeten en op zijn kin zat een rood litteken dat erg opviel op zijn blanke huid.

'Waar ga je naartoe?' vroeg hij in het Engels

'Hannover.'

De man keek van de foto in mijn paspoort naar mij.

'Wat ga je in Hannover doen?'

'Naar mijn broer.'

'Adres?'

Ik haalde mijn schouders op. Julien zou me op komen halen van het vliegveld, hij had me nooit zijn adres gegeven.

'Mijn broer komt me ophalen.'

'Wat is je naam?'

'Amina.'

Ik schrok. Ik had zonder erbij na te denken Amina gezegd.

De man met het rode haar wees met zijn vinger in mijn paspoort en keek naar zijn collega, een oude man met een grote grijze snor en dikke grijze wenkbrauwen. De oude man pakte mijn paspoort op en keek op alle bladzijden. Mijn vermoeidheid was meteen verdwenen. Ik probeerde te bedenken wat mijn vriendin Catherine had gezegd. Catherine was een vriendin van Florence. Elke laatste vrijdag van de maand ging ik naar haar toe om haar haar te vlechten. Ze was de enige vrouw die ik in Kenia kende die alleen woonde. Haar man had ze een paar jaar geleden betrapt met een ander en de deur uitgezet. Ze kwam uit een rijk en welvarend gezin.

'Als je geld hebt, heb je geen man nodig,' zei ze altijd.

Ik had haar verteld van mijn droom om naar Europa te gaan. Ze kende veel mensen die het hadden geprobeerd en bijna allemaal waren ze weer teruggekomen.

'In Europa moet je asiel aanvragen, anders zetten ze je zo weer in het vliegtuig terug naar waar je vandaan kwam.'

'Asiel?'

Catherine legde uit wat dat betekende.

De oude man had nu mijn paspoort in mijn handen.

'Er staat hier dat je Omina heet.'

'Er is een fout gemaakt en dat kon niet meer veranderd worden.'

'Wat is je echte naam?'

'Amina.'

Ik stond nu al tien minuten bij de balie. De mannen keken nog een keer naar mijn paspoort. Aan de andere kant liepen reizigers een voor een langs de douane. De rij achter mij was lang. De achterste mensen probeerden langs de rij te kijken wat er aan de hand was. De oudere man gebaarde met zijn hand dat ik hem moest volgen. Mijn paspoort legde hij in een hoekje van de balie. Achter de balie stonden tegen een muur vier stoelen. Hij zei dat ik daar moest gaan zitten.

Op de stoel voelde ik de kou weer. Ik deed mijn blazer dicht en wreef met mijn blote voeten over elkaar. Mijn rode sandalen stonden onder de stoel. Met mijn handen ging ik door mijn haar en probeerde het in model te krijgen zonder spiegel. Ik deed net alsof ik de mensen in de rij niet naar me zag kijken.

Na een halfuur kwamen een andere man en een vrouw me halen. Ze hadden hetzelfde blauwe uniform aan als die twee achter de balie. De oude man met de dikke wenkbrauwen gaf ze mijn paspoort. De vrouw zei iets in het Engels wat ik niet kon verstaan, maar ik begreep dat ik met haar mee moest. Haar collega ging achter me lopen.

Tegenover de balie waar nog steeds mensen in een rij stonden om Nederland binnen te komen was een deur. We liepen door die deur een smalle gang in, met links en rechts allemaal deuren. De meeste waren dicht. Aan het einde gingen we een kamertje in. Er stond een bureau met een telefoon en vijf stoelen. Ik ging op de stoel naast de verwarming zitten en legde mijn handen op het warme ijzer. De vrouw deed haar pet af en ging tegenover me zitten. De man zat achter het bureau. Hij had zijn jasje over de stoel gehangen en zat nu in een lichtblauw overhemd met korte mouwen en een stropdas.

'Dit is geen officieel paspoort,' zei de vrouw en ze hield mijn paspoort omhoog. Ik knikte.

'Hoe komt het dat je dit pasoort hebt?'

'Met een Keniaans paspoort kon ik naar Duitsland.'

'Waar kom je vandaan?'

'Rwanda.'

Ik probeerde haar uit te leggen dat ik was gevlucht voor de oorlog en via Kenia naar Duitsland wilde omdat mijn broer daar woonde. Ze knikte, maar ik kon zien dat ze niet alles begreep.

Ze overlegde met de man achter het bureau.

'We halen een tolk,' zei ze toen de man de telefoon pakte en ging bellen. Ik was bang dat ze me terug naar Kenia zouden sturen. Of erger, terug naar Rwanda. De angst en paniek maakten plaats voor een enorme vechtlust, wat er ook zou gebeuren, ik wilde niet terug naar Afrika. Al moest ik de rest van mijn leven in dit kamertje blijven.

Ik keek op de klok, het was tien uur. Het vliegtuig naar Hannover had ik gemist. Mijn broer stond nu op het vliegveld en vroeg zich waarschijnlijk af waar ik was. De man en vrouw waren weggegaan. Ik zat alleen in het kamertje. De deur was op slot. Ik draaide de stoel zodat ik met de andere kant van mijn lichaam tegen de verwarming zat. Ik probeerde rustig te blijven en de honderden gedachten in mijn hoofd te ordenen. Wat kon ik doen om te voorkomen dat ze me terug zouden sturen? Wat moest ik zeggen?

De vrouw kwam weer binnen. Zij had ook haar blazer uitgedaan en droeg een lichtblauw overhemd met stropdas. Het was de eerste keer dat ik een vrouw met een stropdas zag. Op het bureau zette ze een blad met daarop thee, water, een banaan en een wit bolletje. Ze wees naar het blad en toen naar mij. Ik bedankte haar en pakte het witte bolletje. Het was zacht brood met boter en kaas. Na drie happen bleef de kaas aan mijn verhemelte plakken. De thee maakte mijn handen warm, maar smaakte bitter. Er lag geen suiker op het blad. In Kenia dronk ik elke ochtend thee met drie scheppen suiker.

Met de hete thee in mijn handen liep ik door het kamertje. Ik voelde aan de deur, die was op slot. Ik was gevangen, maar in dit kamertje was dat niet erg. In Nairobi was de gevangenis kleiner en zat ik er soms met meer dan twintig mensen. Er was geen eten en drinken en de wc was in de hoek en eigenlijk alleen maar een gat in de grond. Soms lag er een houten plank op, maar vaak genoeg was het gat gewoon open. Als we sliepen, kwamen de ratten via het gat binnen en liepen over ons heen.

De deur ging weer open. De vrouw werd gevolgd door een man. De eerste Afrikaan die ik in Nederland zag. Hij zei iets tegen de vrouw in het Nederlands en stelde zich toen aan mij voor. Christopher was tolk. Hij kwam uit Kigali en woonde bijna vijf jaar in Nederland.

'Vertel maar eens waarom je hier bent.'

Wat moest ik zeggen? Deze man was verantwoordelijk voor

mijn leven. Hoe wist ik of hij mijn verhaal goed zou vertalen? Wat zou hij tegen de vrouw in het uniform zeggen? Was hij een Tutsi of Hutu? Ik gokte op zijn goedheid en vertelde mijn verhaal. Na een uur namen we afscheid. Samen met de vrouw liep hij naar buiten. De deur ging weer op slot.

37

Ik schrok wakker van een deur die werd dichtgedaan. De vrouw en man in het blauwe uniform stonden voor me. Het was twaalf uur, ik had bijna een halfuur geslapen.

'Je mag met ons meelopen,' zei de vrouw.

Ik durfde niet te vragen waar we naartoe gingen. De man liep naar buiten en pakte mijn koffer uit de gang. Ik durfde ook niet te vragen hoe hij aan mijn koffer kwam.

In de gang was het rustig. Alle deuren waren dicht. We liepen door weer een andere gang naar een grotere ruimte. Op een van de banken langs de kant zat een gezin met drie kinderen. De jongste was nog een baby en huilde. De twee andere kinderen sliepen op de schoot van hun moeder. Ik moest op de bank tegenover het gezin gaan zitten. De vrouw in het uniform zei dat er zo iemand kwam om mij op te halen.

'Amina Ingabire?' De man die mij riep, sprak mijn naam verkeerd uit. De manier waarop hij de 'g' zei, had ik nog nooit gehoord. Ik liep met hem mee een deur door waarop een bord met zilveren letters hing. BUREAU ASIELZAKEN stond erop. Ik begreep alleen het woord 'bureau'. In het kantoor stonden drie politieagenten. Ik moest nog een keer alles vertellen, zonder tolk. Ik hoopte dat ze mijn Engels begrepen.

'Omdat je met een vals paspoort Nederland bent binnengekomen, word je opgepakt,' zei een van de agenten.

'Moet ik naar de gevangenis?'

'Je gaat naar Rijsbergen, daar is een centrum waar je je moet melden. Je krijgt van ons een treinkaartje.'

Hij hield de deur open en gebaarde dat ik met hen mee moest lopen. De agenten brachten me naar het station, dat onder de grond was. Ik dacht dat treinen alleen boven de grond reden en was verbaasd toen ik met de agenten op de roltrap stond.

'Is hier de trein?'

De agent knikte.

'Onder de grond?'

Hij knikte weer. Het leek hem niet te storen dat ik tegen hem sprak. De agenten in Nairobi sloegen met een stok als ik tegen ze praatte. Deze agent had een knuppel aan zijn riem hangen, maar ik had niet de indruk dat hij die wilde gebruiken.

Onder de grond was het druk. Ik had nog nooit zoveel blanke mensen gezien. Ze stonden met hun dikke jassen aan op het perron te wachten. Ik had nog steeds mijn dunne jasje en slippers aan. De agenten liepen met mij de trein in.

'Dit is je kaartje.'

Hij gaf me een klein geel kaartje.

'In Rotterdam moet je overstappen op de trein naar Breda.'

'Gaan jullie niet mee?'

'Als we dat gaan doen is het einde zoek.'

'Maar ik weet de weg niet, hoe weet ik dat ik in Rotterdam ben?'

'Kijk op de borden. Over ongeveer een uur ben je in Rotterdam, vanaf daar is het ook een uur naar Breda.'

De agenten gingen de trein uit en wachtten bij de deuren tot die dichtgingen en de trein vertrok. Ik snapte niet dat ik was opgepakt en dan zelf met de trein naar de gevangenis moest. Was het wel een gevangenis? Stond de politie me op het andere station op te wachten?

Ik had nog nooit in een trein gezeten en wist niet wat Rotterdam was. Of Breda. Tegenover me kwamen twee meisjes zitten. Ze keken naar mijn slippers en moesten lachen. Ik pakte mijn hakken uit mijn koffer. Dat was in elk geval een stuk warmer.

Na een paar minuten ging de trein boven de grond rijden. Ik was blij dat ik bij het raam zat, ik wist niet waar ik naartoe ging en wat er met mij ging gebeuren, maar tot die tijd kon ik Nederland zien. Buiten was het schoon. De graslanden naast het spoor waren groen en er lag geen rommel. In de verte zag ik water, en een rij huizen, met rode puntdaken. Aan de andere kant was een snelweg. Ik telde de banen waarop de auto's reden. Het waren er acht. Langs de weg stonden blauwe borden met witte letters. De trein stopte en ik vroeg aan de meisjes of dit Rotterdam was? Ze begrepen me niet. Ik liet ze mijn kaartje zien. Ze schudden hun hoofd.

Het was tien uur 's avonds toen ik op een wit bord AANMELDINGSCENTRUM MINISTERIE VAN JUSTITIE IMMIGRATIE- EN NATURALISATIEDIENST las. Ik keek op het papiertje waarop de buschauffeur een nummer had geschreven, 97. Dat stond ook boven het grote witte bord. De hele middag had ik in de trein en bus gezeten. Nadat ik drie keer in de verkeerde trein was gestapt, was ik op het station van Breda aangekomen. Het was inmiddels donker en ik had niets gegeten of gedronken. Ik was bang dat de politie me zou komen zoeken als ik niet in Rijsbergen zou aankomen, maar durfde aan niemand te vragen hoe ik daar moest komen.

Op het station van Breda stond ik in de boekenwinkel omdat het daar warm was. Een oude vrouw vroeg of ze mij kon helpen. Ik zei dat ik naar Rijsbergen moest. Ze rekende haar krant af en liep met me mee naar de bus. Ze vroeg de chauffeur of hij tegen me wilde zeggen waar ik uit moest stappen. Ik bedankte de vrouw en zocht in de bus de warmste plek op, ver van de deur. Ik had een blouse onder mijn blazer aangetrokken en een broek over mijn voeten gelegd. Het hielp niet, ik kon me bijna niet meer bewegen van de kou. Na een uur stopte de bus. De laatste mensen stapten uit.

'Is dit Rijsbergen?'

De chauffeur schrok. Ik zag aan zijn ogen dat hij me was vergeten.

'Je moet die bus nemen, die brengt je er wel naartoe.'

Hij durfde me niet aan te kijken en keek langs zijn vinger naar de bus die hij aanwees. Ik bedankte hem en liep naar de andere bus. Na een halfuur was ik in Rijsbergen. Deze chauffeur was me niet vergeten, bij de halte wees hij welke kant ik op moest lopen. Toen pakte hij een pen en schreef het nummer op.

'Loop totdat je dit nummer ziet, daar moet je zijn.'

Het pad eindigde bij een hoog ijzeren hek met bovenop scherpe punten. Ik drukte op de bel en een stem klonk uit de speaker onder de bel.

'Ja?'

'Ik ben Amina,' zei ik in het Engels.

'Wat komt u doen?'

'Ik moest me hier melden.'

'Waar komt u vandaan?'

'Van het vliegveld.'

'Bent u bij de politie geweest?'

'Ja, van hen moest ik hierheen gaan.'

Het was donker, ik had het koud en ik vroeg of ik naar binnen mocht.

Het hek ging automatisch open en bij een wit houten hokje achter het hek moest ik me weer melden. Achter me sloeg het hek hard dicht. Ik was op eigen gelegenheid in de gevangenis aangekomen. De man in het hokje had geen wapen en ik zag geen bewakers. Wat voor land was Nederland?

Een man deed het raam een klein stukje open zodat ik de papieren die ik op het vliegveld had gekregen ertussendoor kon schuiven. Ik maakte kleine sprongetjes om warm te blijven. De man zei dat ik kon doorlopen en me moest melden bij het grote gebouw.

Een vrouw deed open en nam me mee naar binnen. In het kamertje waar ze me mee naartoe nam, kreeg ik het voor het eerst die dag warm. Ze vroeg of ik iets wilde eten of drinken.

Ik wilde alleen een glas water.

'Weet je waarom je hier bent?'

'Ik ben gevlucht voor de oorlog uit mijn land en nu wil ik hier blijven.'

De vrouw knikte instemmend.

'Je blijft een paar dagen hier zodat we kunnen uitzoeken of je hier asiel kunt aanvragen.'

Ik vulde samen met haar een formulier in. Onderaan zette ze haar handtekening en de datum, 10 februari 1998.

'Ik laat zien waar je slaapt,' zei de vrouw. Ik liep achter haar aan met mijn koffer in mijn handen. Ze deed een deur van een grote zaal open. Het was er donker en stil. Er stonden meer dan dertig stapelbedden. Tussen de bedden stonden kleine houten kasten. Van het stapelbed naast de deur was het onderste bed leeg. De vrouw gaf me twee lakens en een deken.

'Dit moet genoeg zijn,' zei ze en ze liet mij alleen achter in de slaapzaal.

Om me heen lagen ongeveer zestig vrouwen te slapen. Hun schoenen stonden allemaal netjes onder de bedden. Op de kastjes ernaast lagen tassen, kleding, make-up en tandenborstels. Het was heel stil, alsof er niemand was. Ik legde een laken op het matras en ging met mijn kleren aan in bed liggen. De deken rook muf, net als het laken en het kussen. Alsof het vochtig op het bed was gelegd en zo droog was geworden. Het was koud, ook met mijn kleren en een deken, maar ik was te moe om het echt te voelen.

38

Ik werd wakker van vrouwen die langs mijn bed de slaapzaal in en uit liepen. Ik was eindelijk warm geworden en voelde nu elke keer als de deur openging de kou langs mijn gezicht blazen. Ik had geen zin om op te staan. Een dikke vrouw met twee kleuren haar, blond en zwart, liep met een klein kind op haar arm de deur uit. Vanuit mijn bed zag ik op de gang een heleboel mensen lopen. Bij mijn bed bleef een Afrikaanse vrouw staan met een donkerblauwe jurk met daarop gele vierkanten en een rode doek die ze als hoofddoek en omslagdoek gebruikte. Ze wees naar de deur en zei iets wat ik niet verstond. In het Engels vroeg ik of ze uit Kenia kwam.

Ze schudde haar hoofd en zei: 'Somalië.' Ze wees nog een keer naar de deur en toen naar haar mond. Ik begreep dat het tijd was om te eten.

Ik pakte de deken en sloeg die om me heen. In de gang was het koud, in de eetzaal ook. Meer dan honderd mensen zaten aan lange tafels te eten, mannen, vrouwen en kinderen. Ik ging in de rij staan en liep met een blad langs tafels waarop brood, beleg, fruit en drinken stonden. Ik pakte twee dunne witte boterhammen en twee plakken kaas. Het was dezelfde kaas die de vorige dag op het broodje zat dat ik op het vliegveld had gekregen. De thee moest ik in een plastic bekertje schenken.

Ik zette mijn blad neer en pakte de zilverkleurige kan. Op de voorkant was een witte sticker geplakt waarop in zes talen THEE stond geschreven. Ik probeerde de dop open te doen, maar dat lukte niet. Een vrouw met een wit schort hielp me. Ze drukte de dop in, draaide hem een kwartslag en schonk toen mijn bekertje vol met thee.

Ik ging tegenover de vrouw uit Somalië zitten. De stoelen naast ons waren leeg. Daarnaast zaten een man, een vrouw en een klein meisje. De vrouw en het meisje hadden een hoofddoek om. Tegenover hen zaten vier mannen. Niemand zei iets tegen elkaar. De Somalische vrouw wees op haar blad waar meer dan tien boterhammen op lagen en zei iets. Ik haalde mijn schouders op omdat ik haar niet kon verstaan. Zwijgend aten we verder. Het brood smaakte vreemd, en de kaas bleef ook nu in mijn mond plakken.

Bij de deuropening stonden twee vrouwen te praten. Ze keken naar mij. De kleinste van de twee kwam naar me toe lopen. In haar handen had ze een stapel papieren.

'Amina Ingabire?'

Zij sprak de 'g' al net zo raar uit als de mensen op het vliegveld. Ik knikte.

'Over een uur moet je naar het kantoor komen.'

Ze wees naar de deur. Ik knikte weer.

In het kantoor zaten de kleine vrouw en een man uit Rwanda. Nadat ik had gezegd wie ik was, zei hij dat hij de tolk was en vroeg waarom ik een deken omhad.

'Ik heb het koud.'

De tolk knikte.

'Dat is Nederland.'

Ik wist niet of hij dat grappig of ironisch bedoelde.

'Mag ik hier blijven?'

'Je moet eerst je verhaal vertellen.'

'Ik heb gisteren alles al verteld.'

'Dat was tegen een andere tolk. Nu moet je je verhaal aan mij vertellen.'

De tolk was klein en dik. Zijn haar was heel kort. Hij had een spijkerbroek aan en een dikke zwarte wollen trui aan. Om zijn pols had hij een horloge met een band met drie kleuren, rood, wit en blauw.

'Wat gaat er nu met mij gebeuren?'

'We schrijven je verhaal op zodat zij kan beslissen of je asiel kunt aanvragen.'

Ik keek naar de kleine vrouw die naast hem zat. Ze stelde zich voor en zei dat ze voor het ministerie van Justitie werkte. Ik wist niet wat dat was, maar knikte toch. Ik wilde niet onbeleefd zijn. In Vunga was een keer een blanke pastoor gekomen omdat er een nieuwe kerk was gebouwd. De pastoor was helemaal uit Kigali gekomen om op zondag in onze nieuwe kerk te preken.

Het was de eerste keer dat ik een blanke zag. In de kerk liep hij op het middenpad tussen de banken door. Ik zat met mijn moeder, Jeanine en twee broers op een van de achterste banken. Toen de pastoor voorbijliep had ik samen met Jeanine gelachen om zijn dikke rode kop. Mijn moeder sloeg me hard met haar vlakke hand in mijn gezicht. 'Blanken zijn heilig,' zei ze, 'die lach je niet uit.' Om haar woorden kracht bij te zetten sloeg ze me nog een keer. Sindsdien was ik bang voor blanken. Ik was blij dat de Rwandese tolk nu tegenover me zat en ik niet alleen was met de kleine Nederlandse vrouw.

Ik begon te vertellen. Over de oorlog. Wat ik had gezien, wat ik had meegemaakt en hoe ik dagen door de bergen had gelopen om de kogels niet meer te hoeven horen. Elke keer als ik iets zei, vertaalde de tolk het voor de vrouw, die het opschreef in een groot schrift dat voor haar op tafel lag. Na vier uur stopten we en mocht ik eten. Daarna kwam de vrouw me weer halen en moest ik nog meer vertellen. Ook dingen die ik al had verteld. Aan het einde van de middag vroeg de tolk of ik bewijzen had voor mijn verhaal. Ik liet hem de wond op mijn been zien, waar de soldaat met zijn machete had gestoken toen ik onder de lijken lag.

'Hier is je bewijs.'

De vrouw schreef het op in het schrift.

Toen de tolk weg was, zei ik in het Engels tegen de kleine vrouw dat ik een andere tolk wilde. Ze keek me niet-begrijpend aan.

'Deze tolk is goed, hij spreekt jouw taal. Hij is de enige die je op dit moment kan helpen.'

Dat was juist wat ik niet wilde, dat mijn leven in zijn handen lag, maar dat zei ik niet. Dat zou ze toch niet begrijpen. Deze tolk had de oorlog niet meegemaakt. Het Rwanda dat hij kende was heel anders dan het Rwanda waar ik vandaan kwam. Wat als hij me niet geloofde? Ik kon nooit weten of hij mijn verhaal verdraaide.

'Ik spreek ook Swahili, en ik doe deze gesprekken liever in die taal.'

De vrouw zei dat ze het zou regelen.

39

In de grote zaal rook het naar eten. Gebakken vlees, net als bij het hotel in Ruhengeri. Daar had ik vaak bij het hek gestaan om alleen maar te ruiken. Het stilde op een of andere manier de honger. In Rijsbergen kon ik gewoon aan tafel zitten en mijn bord drie keer opscheppen als ik dat wilde. Vrouwen met witte schorten voor liepen van de keuken naar de eetzaal met borden, bestek, bekers en grote schalen met eten. Ik had geen honger en was moe van alle gesprekken die ik die dag had gevoerd. Ik pakte een broodje en liep van de eetzaal naar de recreatiezaal. Er lagen boeken, tijdschriften en er stonden een voetbaltafel en twee televisies. Ik was de hele dag niet buiten geweest. Buiten verlichtten lantaarnpalen de binnenplaats. De bomen waren kaal. Achter het laatste gebouw was het donker.

In Goma was er in het vluchtelingenkamp geen elektriciteit en geen licht. Om zeven uur 's avonds was het donker. Ik vond het nooit leuk om in de avond van het ziekenhuis naar mijn tent te lopen. Ik dacht aan mijn moeder. Hoe zou het met haar zijn? En met Germaine? Ik had lang niet aan mijn leven in

Rwanda gedacht, maar na vandaag kon ik niet anders. In Kenia had ik me voorgenomen om nooit meer aan de oorlog te denken, maar nu was die levendiger dan ooit in mijn hoofd. De beelden van mensen die werden onthoofd, de lijken langs de weg, de chaos in het vluchtelingenkamp flitsten voor mijn ogen. Door de kou trok mijn huid samen en deed de wond op mijn been pijn. Ik had de oorlog verschrikkelijk gevonden, maar door die oorlog kon ik misschien in Nederland blijven. Er moest een reden zijn waarom ik nog leefde.

De volgende dag kwam de kleine vrouw me weer halen.

'Er is een nieuwe tolk, een Keniaan die Engels en Swahili spreekt,' zei ze.

'Is hij er nu?'

'Hij zit op ons te wachten.'

Ik snapte niet hoe ze dat zo snel voor elkaar had gekregen. Ik bedankte haar twee keer.

De Keniaanse tolk was lang en slank. Hij had een beige pak aan dat eigenlijk veel te groot voor hem was. Hij gaf me een stevige hand en begroette me in het Engels en Swahili. Ik vroeg of ik mijn verhaal nog een keer moest vertellen.

'Nee, vandaag hebben ze een heleboel vragen voor je en die moet je zo nauwkeurig mogelijk beantwoorden.'

De kleine vrouw sloeg het schrift waarin ze de vorige dag had geschreven open. Ze keek naar mij toen ze de vraag in het Nederlands stelde en ik keek eerst naar haar en daarna naar de tolk, die het voor me vertaalde. Na een uur was ik moe van het heen en weer draaien met mijn hoofd. De vrouw vroeg naar dingen die ik de dag ervoor al had verteld. Waarom was ik Rwanda ontvlucht? Waarom was ik naar Kenia gegaan? Wie had mij geholpen? Hoe was ik in Nederland gekomen? Wie waren mijn familie? Waar woonden ze? De hele ochtend beantwoordde ik de vragen, pauzeerde een uur, en ging in de middag weer verder.

Aan het einde van de dag vroeg ze of ik tevreden was met de tolk. Ik zei dat ik me beter op mijn gemak voelde bij de man die er vandaag was. Ook van hem wist ik niet wat hij uiteindelijk tegen de vrouw had gezegd, maar ik hoefde in elk geval niet bang te zijn dat het een stammenkwestie zou worden. Morgenochtend vroeg moest ik weer naar het kantoor komen.

De zon had de hele dag geschenen, maar het bleef koud. De kinderen die buiten speelden hadden dikke jassen aan en als ze praatten kwam er rook uit hun mond. Ik ging naar het informatiecentrum en vroeg of ik naar mijn broer kon bellen.

De vrouw die achter het bureau zat, keek op het papiertje waar zijn nummer op stond.

'Duitsland?'

'Ja, Hannover.'

Ze pakte een map en sloeg hem open op een pagina waar allemaal cijfers stonden. Halverwege de pagina bleef haar vinger steken.

'Je mag vijf minuten bellen op die telefoon.'

Ze wees naar een bureau waar een telefoon op stond. Aan beide kanten van het bureau waren houten planken, zodat het op een halfopen hokje leek.

'Eerst een nul toetsen, en dan de rest van het nummer.'

Het ging drie keer mis omdat ik niet begreep dat ik een extra nul voor het nummer moest intoetsen. Toen ging de telefoon over.

'Hallo?'

Julien nam altijd vragend de telefoon op. Alsof hij verbaasd was dat iemand hem belde.

'Ik ben het.'

'Amina, waar ben je?'

'In Nederland.'

'Waarom ben je daar?'

'Ik mocht niet verder reizen met mijn paspoort.'

'Zit je in de gevangenis?'

Ik wilde ja zeggen, maar de plek waar ik was, kon ik geen gevangenis noemen.

'Ik zit in een centrum waar allemaal mensen zijn die net als ik zijn opgepakt. Ik blijf hier totdat ik weet of ik in Nederland mag blijven.'

'Weet je wat je moet doen?'

Ik vertelde wat Catherine had gezegd. De vrouw achter het bureau tikte op mijn schouder. Ze hield haar hand omhoog, met haar vingers gespreid in de lucht. De vijf minuten waren voorbij.

40

In Emmen zagen de woonblokken van het onderzoekscentrum er allemaal hetzelfde uit: grote bruine houten gebouwen met rode daken en witte kozijnen. In gebouw B sliep ik, in een klein huisje dat ik deelde met een vrouw uit Somalië, en een vrouw uit Albanië.

De dag dat ik uit Rijsbergen wegging, had de kleine vrouw gezegd dat ik de asielprocedure mocht ingaan. Ik moest naar een onderzoekscentrum waar ik verder werd verhoord en medisch werd onderzocht. Daar moest ik afwachten of ik mocht blijven of niet. Ik had gevraagd wat mijn kansen waren, maar daar durfde ze niet op te antwoorden.

'Je zult moeten afwachten,' was het enige wat ze erover wilde zeggen. In een witte bus reed ik met een gezin met twee kleine kinderen en een oude man naar Emmen. Onderweg keek ik uit het raam naar het groene landschap, in de verte raakten het land en de lucht elkaar aan. In Mombassa was ik ook verbaasd geweest dat de oceaan de lucht aanraakte. Ik was onder de indruk van het weidse uitzicht, ik had nog nooit zo ver kunnen kijken.

We reden aan de rechterkant van de weg en werden ingehaald door grote glimmende auto's. Op de borden stonden plaatsnamen die ik probeerde te lezen, maar we reden er te snel voorbij. Na een halfuur kwamen we bij een stad. De gebouwen langs de kant werden groter, de wegen werden drukker. Ik telde de rijbanen, het waren er twaalf. Langs de weg liep het spoor, waarop een gele trein snel voorbijreed.

Na anderhalf uur zei de chauffeur dat we er bijna waren. De oude man was in slaap gevallen, het gezin had de hele weg recht voor zich uit gekeken. Zelfs de kinderen hadden geen geluid gemaakt.

Dit centrum lag ook in een bos met kale bomen. De toegang was geen hoog hek, maar een slagboom. Was dit ook een gevangenis? Bij de ingang stond een vrouw te wachten, die me meenam naar een hal waar boven de deur een bord hing met grote letters. INFORMATIE stond erop. Ik vulde samen met haar een papier in en kreeg daarna een pakket met daarin handdoeken, lakens en een deken. Ze vroeg of ik andere kleren bij me had en wees naar mijn koffer. Ik liet haar mijn kleren zien.

'Dat is te koud,' zei de vrouw. 'Welke maat heb je?'

Wat was mijn maat? In Rwanda en Kenia maakte ik mijn kleding zelf, en als ik wat kocht hield het ik voor me om te kijken of het paste of niet.

'Ik weet het niet.'

'Ik denk een M,' zei de vrouw en ze liep naar een kast achter in de hoek van het kantoor. Ze pakte er een dikke jas, een wollen vest, sokken en schoenen met veters uit en gaf die aan me. De sokken en schoenen waren te groot, maar ik was blij dat ik eindelijk mijn blote voeten kon bedekken. De dikke jas deed ik aan over alle kleren die ik aanhad. Daarna nam ze me mee naar het andere gebouw, naar huis nummer tien.

In het huis was het rustig, niemand zat in de woonkamer. Van een slaapkamer stond de deur open. Op het onderste bed lagen een Afrikaans kleed, en schoenen en kleding, op het bovenste bed stonden twee sporttassen. In de andere slaapkamer lag op het onderste bed een vrouw. Heel even keek ze me aan, deed toen haar ogen weer dicht en draaide zich om naar de muur. Ze had een bruin vest aan en kort zwart haar. De vrouw van het centrum wees op de vrouw in het bed en zei dat ze Martha heette en dat ze uit Albanië kwam. De andere vrouw in het huis was een Somalische en heette Khadija. Zij was met haar advocaat naar de rechter. De vrouw liet me zien waar het toilet was en de douche, en hoe de televisie en kachel aan- en uitgingen. In de hoek van de grootste kamer stonden drie ijzeren kasten met een slot.

'Deze is van jou.'

Ze legde de sleutel in mijn handen.

'Morgen kun je bij het informatiecentrum je zakgeld halen. Je krijgt 35 gulden per week.'

Ik wist niet wat een gulden was, maar beloofde dat ik het de volgende dag zou komen ophalen.

'Veel plezier in dit huis,' zei de vrouw. Ze meende het.

De volgende dag werd ik onderzocht. De vrouw die me naar mijn huis had gebracht had me meegenomen naar de medische afdeling, waar bloed werd afgenomen. Ook controleerden ze mijn ogen, oren, mond, en luisterden ze naar mijn hart en longen. Daarna liet ze me zien waar ik me elke dag moest melden, bij een klein politiekantoor naast de hoofdingang, waar elke ochtend twee agenten zaten die bijhielden wie er in het centrum waren.

'En dan krijg je dit nog.'

Ze gaf me een witte envelop met daarin een roze briefje met 25 erop en twee groene met een vijf erop.

'Dit zijn Nederlandse guldens, wees er zuinig op, want het is veel waard.'

Het geld voelde vreemd aan. Dikker dan de bankbiljetten in Rwanda en Kenia. Ik draaide het papier om en keek naar de gezichten die erop stonden. De man op het roze papier vond ik het vreemdst. Hij had een puntbaard en een soort witte krans om zijn nek.

'Weet je wat een dollar waard is?' vroeg de vrouw.

'Ik denk het wel.'

'Dit is ongeveer 17 dollar.'

Ze wees op het geld in mijn handen. Ik rekende het snel om, in mijn handen lag meer dan 1500 shilling. Daar moest ik in Kenia soms een maand voor werken en nu had ik het zomaar gekregen. Ik vroeg waar ik kon bellen. De vrouw zei dat er op de gang een telefoon was. Ik moest er muntgeld in gooien. Ze pakte een briefje van vijf uit mijn handen en gaf me vier munten met een één erop, en vier kleine munten waar 25 op stond.

'Dit is 25 cent, een kwartje,' zei ze en ze hield het kleine muntje omhoog.

'Een kwartje?'

Ze moest lachen om mijn uitspraak.

'Hallo?'

De telefoon was drie keer overgegaan toen Julien opnam. Vragend, zoals altijd. Ik zei dat ik in Emmen was. Julien vroeg waar dat lag. Ik wist het niet precies.

'Een vrouw heeft gezegd in het noorden.'

'Mag je daar blijven?'

'Dat weet ik niet, dat zijn ze nu aan het onderzoeken.'

...

Nadat ik een paar pieptonen had gehoord werd de verbinding verbroken. Mijn geld hoorde ik in het apparaat vallen.

Een maand later belde ik weer, met een handvol guldens.

Julien zei dat Emmen niet ver van Hannover lag, ongeveer drie uur met de trein. Over een maand wilde hij naar me toe komen. Ik zei dat het goed was, dan had ik tenminste iets te doen.

De dagen in het centrum waren lang. Als ik geen gesprek had met de medewerkers van het centrum, of met mijn advocaat, was er verder niet veel te doen. Ik mocht niet werken en ook niet naar school. Zolang het niet duidelijk was of ik in Nederland mocht blijven, mocht ik eigenlijk niets.

Om de dagen toch door te komen ging ik naar het studiecentrum en probeerde zelf Nederlands te leren. Een oude vrouw met grijs haar en lieve blauwe ogen had me twee boeken, een schrift en een pen gegeven. Het was nooit druk in het studiecentrum. De meeste mensen waren in de recreatiezaal en keken televisie, dronken koffie of waren buiten met hun kinderen. Groepjes landgenoten zochten elkaar op.

Ik zag Khadija altijd met andere Somalische vrouwen lopen. Ze liepen in kleurige doeken, een mooi contrast met de bomen die nog steeds kaal waren, ondanks het feit dat het niet meer zo koud was. En een Albanese vrouw kwam een paar keer per week naar ons huis voor Martha. Martha was depressief omdat haar aanvraag was afgewezen en ze in afwachting was van het hoger beroep. De Albanese vrouw, die met haar man en hun vier kinderen in een ander gebouw woonde, praatte met haar en nam eten voor haar mee. Er waren in het centrum veel Afrikanen, ook uit Rwanda. Maar ik had nog niet de behoefte gehad om naar ze toe te gaan.

In het eerste Nederlandse boek stonden op de eerste bladzijde Nederlandse zinnen en woorden. Hardop las ik: mijn naam is Frans, hoe heet jij? Ik had geen idee wat het betekende.

Julien kwam precies op tijd aan op perron twee op het station van Emmen. Net zoals de bus op tijd was vertrokken bij de halte voor het centrum waar ik woonde. De stiptheid verraste me nog steeds. Het was het enige in Nederland waar ik niet aan kon wennen. Toen ik een afspraak met mijn advocaat had om negen uur 's morgens en ik twee uur later aankwam, was ik verbaasd dat zij er niet meer was. Het eten werd in het centrum altijd precies om zes uur in de eetzaal uitgedeeld, en toen ik werd gecontroleerd op tbc was de dokter er op de afgesproken tijd.

De laatste keer dat ik Julien had gezien was in het hotel in Goma, toen hij me trakteerde op cola en friet en zei dat ik met Denise naar Kenia moest gaan. Dat was bijna vijf jaar geleden. Het haar bij zijn oren werd grijs en hij had een bril op, met een zilverkleurig dun montuur. Hij gaf me een hand.

'Dag,' zei hij.

Zijn hand lag slap in de mijne. Ik kneep er stevig in.

'Hallo, Julien.'

We liepen over de grote parkeerplaats voor het station. Er stonden drie bussen netjes naast elkaar.

'Nederland is net als Duitsland,' zei Julien. Ik vroeg wat hij daarmee bedoelde.

'Het is netjes en alles is goed georganiseerd.'

'We nemen de bus naar mijn huis.' Het was vreemd om dat te zeggen, want het huis was natuurlijk niet van mij. Julien zei niets. Hij keek om zich heen en zei dat Emmen veel kleiner was dan Hannover.

In het centrum meldde ik Julien aan, liet hem de zalen zien die voor iedereen toegankelijk waren en nam hem daarna mee naar mijn huis. Martha lag op bed. Ik zei tegen Julien dat dat normaal was en deed de deur van de slaapkamer dicht. Khadija zat op een van de houten stoelen en keek naar een tekenfilm. Toen ze ons zag, deed ze de televisie uit en ging naar buiten. Haar Somalische vriendinnen woonden in huis 14, ik nam aan dat ze daarnaartoe ging.

Ik vroeg hoe het met Denise ging. Ik wilde weten hoe zij haar leven in Duitsland vond. Julien zei dat het goed met haar ging en dat het verder mijn zaken niet waren. Ik kon me niet voorstellen dat ze met mijn bazige en egoïstische broer een leuk leven had. Julien zei dat ik koffie voor hem moest maken en vroeg waar het eten was, omdat hij honger had.

Op de tafel stonden een thermoskan koffie die ik in de keuken van het centrum had gehaald en twee kopjes. Ik legde mijn hand op zijn schouder toen ik de koffie voor Julien inschonk en voor hem neerzette. Hij was familie en de enige die zeker wist dat ik Amina Ingabire was. Tot het tegendeel was bewezen twijfelde iedereen aan wie ik was en waar ik vandaan kwam. Ik haatte hem om alles wat hij mij had aangedaan, maar vond het fijn dat hij er nu was.

'Ik ben bang dat ze me terugsturen,' zei ik.

'Waarom?'

'Het duurt allemaal zo lang, hoe langer het duurt, hoe meer ik ervan overtuigd raak dat ik niet mag blijven.'

'In Rwanda is het nu onveilig, niemand wordt teruggestuurd.'

Toen ik vroeg hoe hij dat wist, haalde hij zijn schouders op. Hij wees op zijn kopje. Ik pakte de thermoskan en schonk nog een keer in.

'Je moet je niet gek laten maken,' zei hij, 'maar rustig afwachten.'

Julien wees naar de televisie en zei dat ik die aan moest zetten. We keken naar het Nederlandse journaal en begrepen er beiden niets van. Aan het einde van de middag bracht ik Julien naar het station in Emmen.

'Pas goed op jezelf,' zei hij.

Ik snapte niet waarom hij dat zei. Nederland was het veiligste land dat ik kende.

'Dat zal wel goed komen,' beloofde ik hem en ik vroeg me af of ik hem ooit nog zou zien.

Khadija had gezegd dat ze als ze niet in Nederland mocht blijven, asiel zou aanvragen in Duitsland. Ik hoopte dat ik niet voor die keuze zou komen te staan, het idee dat ik bij mijn broer terecht zou komen leek me vreselijk.

41

Mijn advocaat zei dat ik naar Drachten moest. Na twee maanden in Emmen te hebben gewoond en drie maanden in Den Haag, moest ik nu naar Drachten. Ik vroeg waar Drachten lag. In het noorden, had ze geantwoord.

De volgende dag stond de witte bus klaar en die bracht mij en drie mannen uit Afghanistan naar Drachten. Het landschap in het noorden was mooier, minder bomen, en graslanden zo ver ik kon kijken. In het asielzoekerscentrum in Drachten stonden grote witte woonblokken met bruine daken in rijen achter elkaar. Er waren twee woonlagen. Mijn huis was op de onderste verdieping. Er waren twee slaapkamers, mijn kamer deelde ik met een vrouw uit Angola. In de andere kamer sliep een vrouw uit Iran met haar tweejarige zoon. Uit hun kamer klonk de hele dag muziek. Een vrouw met een hoge, nasale stem zong steeds dezelfde liedjes. Als de vrouw uit Angola er genoeg van had, sloeg ze met haar hand tegen de muur en riep heel hard met haar zware stem 'stop'.

De eerste dag moest ik in een kantoor weer mijn verhaal vertellen. Het waren dezelfde vragen die ik al tientallen keren had beantwoord: Waarom was ik in Nederland? Waarom had ik voor dit land gekozen? Hoe was ik hiernaartoe gekomen? Waarom was ik mijn land ontvlucht? De mensen die de vragen stelden, dreunden ze een voor een op. Als ze één dag in Ruhengeri hadden rondgelopen terwijl de soldaten winkels plunderden, vrouwen verkrachtten en mannen onthoofdden, zouden ze me nooit meer vragen waarom ik hier was. Ik bleef rustig, hoe vaak de vraag ook werd gesteld. Mijn leven lag in hun handen, de medewerkers van justitie en de asielzoekerscentra waren de enige hoop die ik had.

Na een paar weken werden de ondervragingen minder. Mijn advocaat had gezegd dat dat normaal was.

'Ze gaan nu kijken welke status je krijgt.'

Ik snapte het systeem niet. Na al die vragen en onderzoeken wisten ze het blijkbaar nog steeds niet. Ik vroeg of ze wist wat ik nu kon doen.

'Je moet je net als in Emmen en Den Haag elke dag melden, verder ben je vrij om te gaan en staan waar je wilt.'

'Mag ik werken, of naar school?'

Mijn advocaat lachte en zei dat ik een van de weinigen was die zo graag wilden werken.

'Je krijgt elke week geld,' zei mijn advocaat.

'Dan is wel zo eerlijk als ik er ook voor werk, vind je niet?'

Ze zei dat ik voorlopig alleen in het studiecentrum terechtkon als ik iets wilde doen.

In het studiecentrum stonden in het midden twee grote ronde tafels en langs de kant een lange tafel met acht computers. Alle acht waren bezet. Voor sommige computers zaten drie of vier mensen, die luidruchtig en druk gebarend naar het scherm wezen.

Ik vroeg aan de man van het studiecentrum of er ook andere boeken waren, omdat ik alle lessen uit het blauwe boek al had gemaakt. Hij zei dat dit de enige boeken waren die ze hadden, en vroeg of ik een computercursus interessant vond. Hij gaf me een dun boekje en wees naar de lange tafel. De man liep naar de dichtstbijzijnde computer en tikte de twee jongens die erachter zaten op hun schouder. Hij wees op de klok. De jongens wezen naar de andere computers, maar de man schudde zijn hoofd en wees nogmaals met zijn vinger naar de klok.

De stoel waarop ik ging zitten was nog warm. De man drukte op een paar knopjes zodat het scherm dat ik voor me kreeg blauw was. Daarna pakte hij een wit vierkant blokje met twee knopjes erop.

'Dit is de muis.'

'Een muis?'

'Het lijkt op een muis, snap je?'

Ik keek naar het vierkantje, was dat een muis?

'Met de muis kun je de pijl op het scherm bewegen.'

Hij liet me zien wat hij bedoelde.

'Als je op de linkerknop drukt open je een document.'

Ik knikte, het was de eerste keer dat ik achter een computer zat, ik had geen idee waar de man het over had.

'Je hebt een halfuur,' zei de man en hij liet me alleen.

De tekst was te moeilijk en daarom keek ik naar de plaatjes in het boek. Met de muis bewoog ik de pijl over het scherm en klikte de eerste opdracht aan.

Ik vond Drachten een mooie stad. De grote, rechte straten waren, net als het landschap in het noorden van Nederland, open en ruim. Ik verdwaalde nooit. In de supermarkt in de Stationsstraat deed ik boodschappen. De eerste keer dat ik er was, liep ik er een uur rond. Hoe konden mensen uit zoveel spullen kiezen? Er waren negentien verschillende soorten koekjes. Ik koos een gele rol waarop met rode letters een naam van een stad in Amerika stond geschreven. Patrick was er een paar keer geweest en had verteld dat er een tram door de stad reed waar je zo in en uit kon stappen. De koekjes smaakten naar vanille.

Vanuit de supermarkt nam ik elke keer een andere weg terug naar de bushalte. De straten waren rustig en leeg. Iedereen zat binnen, aan tafel, of voor de televisie. In Afrika leefde iedereen op straat. Ook als ik het niet wilde waren er altijd honderden mensen om me heen. De rust in de stille straten voelde vreemd, maar was ook heerlijk. Voor het eerst hoorde ik alleen mijn eigen gedachten.

Op het bankje, in de zon, kon ik me bijna niet meer voorstellen dat het vier maanden geleden zo koud was geweest.

Het was juli. De bomen hadden weer bladeren en het weer was eindelijk aangenaam. Samen met twee vrouwen uit Rwanda en een jongen uit Liberia en een uit Zuid-Afrika zaten we buiten op de houten banken voor de woonblokken. We keken naar de medewerkers van het centrum die de ramen van hun kantoren openzetten en korte broeken droegen. In Afrika droegen vrouwen geen korte broeken. Het zag er grappig uit, witte benen onder een witte broek.

De jongen uit Liberia vroeg waarom ik zo vaak in het studiecentrum zat. Ik zei dat ik Nederlands wilde leren omdat ik dan minder afhankelijk was. Hij begreep het niet. De anderen op het bankje ook niet. Ik herkende het gebrek aan initiatief en de afwachtendheid: in het vluchtelingenkamp bij Goma deden de meeste mensen de hele dag niks anders dan wachten. En niemand wist waarop.

Liesbeth, een vrouw die in het centrum werkte, kwam bij ons staan.

'Dit vind ik echt iets voor jou.'

Ze gaf me een papier. Er stond een foto van een vrouw met een hoofddoek op en een lange jurk aan. Ze reed op een fiets en lachte. Onder de foto stond dat iedereen fietsen kon leren.

'Wordt het niet tijd dat je leert fietsen?'

'Ben je gek? Ik heb nog nooit op een fiets gezeten.'

'Daarom juist.'

Liesbeth zette mijn naam op de lijst.

'Ik zie je morgen.'

De jongen uit Liberia schudde zijn hoofd en vroeg waarom ik wilde leren fietsen. Dat wist ik zelf ook niet, misschien omdat het bij Nederland hoorde.

De volgende dag liep ik naar het basketbalveld aan de zijkant van het asielzoekerscentrum. Er stonden oranje pionnen en een rij donkerblauwe fietsen. Ze glommen en er zat geen roestplekje op. Mijn oudste broers, Antoine en Paul, hadden samen een fiets gehad. Een bruin-groene fiets met allemaal roestplekken. Paul had hem van zijn baas gekregen en Antoine had gezegd dat het ook zijn fiets was omdat hij de oudste was. Ze leerden fietsen op het erf achter ons huis en gingen daarna op de fiets naar het dorp. Niemand mocht aan de fiets komen, ook mijn moeder niet. Na een paar weken waren de banden lek en verkochten ze de fiets aan een man in het dorp omdat ze de banden niet konden plakken.

Liesbeth liet zien hoe je op een fiets stapt. Ik had de fiets aan mijn rechterkant. Mijn been probeerde ik over het zadel te zwaaien zodat ik op de fiets kon zitten. Het zadel was te hoog en daarom ging ik er half op zitten zodat ik nog met mijn linkervoet bij de grond kwam.

'Ga op het zadel zitten en hou de fiets met je voeten op de grond in evenwicht,' zei Liesbeth.

Ze deed het voor. Een vrouw met een lange jurk en daarover een lange jas viel meteen van haar fiets en zei iets wat niemand begreep.

'Als je de fiets recht kunt houden, loop je voorzichtig naar voren zodat je vaart maakt.'

Liesbeth liet weer zien wat ze bedoelde. Heel voorzichtig reed de groep vrouwen achter haar aan. Het was een raar gezicht, een rij vrouwen steppend en slingerend op een fiets. Ik probeerde de fiets onder controle te krijgen en nam kleine stapjes. Ik ging vooruit, maar durfde mijn voeten niet van de grond te halen en ook niet harder te gaan.

Na een week hadden Paul en Antoine hun fiets boven aan de berg gezet. Paul zei dat Antoine goed naar hem moest kijken. Hij reed de berg af en riep dat fietsen makkelijk was. Na tien meter ging het mis en lag Paul met zijn fiets op de grond. Zijn benen waren geschaafd. Hij zei niets, liep terug naar Antoine en zei dat het nu zijn beurt was. Antoine reed de fiets naar beneden, maar kwam lopend met de fiets aan de hand terug. Het duurde drie dagen voordat ze de berg af en weer op konden fietsen.

Ik had meer tijd nodig om het fietsen te leren. Ik kon mijn evenwicht niet goed bewaren en had moeite om het stuur recht te houden. Na twee weken zei Liesbeth dat we achter elkaar over het terrein gingen fietsen. Voor me fietste de vrouw die de eerste dag was gevallen. Ze kon net als ik haar stuur niet recht houden.

'Hier gaan we rechtdoor,' riep Liesbeth tegen de groep.

De vrouw voor me stopte omdat ze niet begreep wat Liesbeth bedoelde. Ik stuurde naar links om haar te ontwijken en reed het gras in naast de weg.

'Help,' gilde ik in paniek.

'Amina, trap naar achteren, rem!' schreeuwde Liesbeth.

'Wat?'

Op het zachte gras begon het stuur te wiebelen.

'Laat je vallen, Amina, stap van de fiets af!'

Het gras liep steil naar beneden, en ondanks het feit dat ik naar achteren trapte stopte de fiets niet. Mijn voorwiel schoot over het houten afschot bij de sloot, ik balanceerde heel even en viel daarna voorover in het water. De fiets viel boven op me. Ik probeerde te gaan staan, maar zakte weg in de modder.

Voordat ik in paniek kon raken omdat ik niet boven kon komen voelde ik de hand van Liesbeth op mijn rug. Ze trok mij tegelijk met de fiets omhoog. Ik ademde diep in. In Rwanda gingen we vaak zwemmen in de rivier, alleen in het ondiepe gedeelte, zodat het zwemmen dat we deden eigenlijk lopen in het water was. Niemand kon zwemmen in Vunga, ik deed gewoon wat de andere kinderen deden, heel hard met mijn armen spartelen. Namu's broertje was in de rivier verdronken. Hij was naar het midden gelopen, waar het diep was, ging kopje-onder en kwam nooit meer boven. Ik ging nooit verder dan mijn knieën en nooit met mijn hoofd onder water.

Liesbeth stond naast me in de moddersloot. Het water om ons heen was bruin.

'Gaat het?'

Ik knikte. Het water leek in Nederland ongevaarlijk. Na de regentijd was de rivier in Vunga één kolkende watermassa en durfde ik er niet in de buurt te komen, bang dat ik zou worden meegesleurd. Ik had niet verwacht dat het rustige slootje net zo gevaarlijk kon zijn.

Liesbeth hielp me de kant op.

'Waar kan ik leren zwemmen?' vroeg ik.

Ik begreep dat als ik ging fietsen, ik ook moest kunnen zwemmen.

Na drie maanden kreeg ik van Liesbeth een certificaat en mocht ik met mijn fiets ook buiten het terrein fietsen. Het was herfst en het waaide en regende bijna elke dag. Met een regenjas aan en wind tegen voelde ik me een echte Nederlander.

42

‘Voorwaardelijke Vergunning tot Verblijf’ stond op het verblijfsdocument dat mijn advocaat aan me gaf.

‘Wat betekent dat?’ vroeg ik.

‘Het houdt in dat je niet als vluchteling wordt erkend, maar dat je voorlopig mag blijven. De situatie in Rwanda is te gevaarlijk en daarom word je nu niet teruggestuurd.’

‘En als ze de situatie niet meer gevaarlijk vinden?’

‘Dan wel.’

Ik was opgelucht, ik mocht in elk geval een jaar blijven.

‘We gaan in hoger beroep,’ zei mijn advocaat.

In het asielzoekerscentrum had ik veel gehoord over hoger beroep. Meestal lukte het niet om bij een hogere rechter alsnog je gelijk te halen. Het was een schijnhoop waar velen zich aan vastklampten en die meestal frustratie opleverde omdat het verzoek niet werd ingewilligd. In Emmen had Martha dagenlang gehuild toen haar advocaat met het slechte nieuws kwam. Een paar dagen later verliet ze met rode ogen en ondersteund door haar Albanese vriendin het asielzoekerscentrum. Ze schreeuwde dat het haar dood zou worden, maar niemand luisterde. De deur van het witte busje dat haar naar Schiphol zou brengen werd dichtgedaan en Martha ging zonder pardon terug naar Albanië.

Mijn advocaat wachtte mijn antwoord niet af en ging ervan uit dat ik instemde met hoger beroep. Ik had geen andere keus, het was of dit of terug naar Rwanda. Ze pakte een map en vroeg waar ik wilde wonen, omdat ik met mijn nieuwe status niet meer in het asielzoekerscentrum kon blijven.

Op de eerste dag in Nederland had ik mij verwonderd over het feit dat ik was opgepakt en zelf met de trein naar Rijsbergen had moeten reizen, ruim een jaar later verwonderde ik me erover dat ik, ondanks het feit dat ik maar voorlopig mocht blijven, een huis toegewezen kreeg, mocht werken en een opleiding kon volgen. Het maakte me verlegen, ik was zonder iets in Nederland gekomen en kreeg nu alles. Mijn advocaat liet zien hoe ik een persoonlijke toelage kon aanvragen. Ik gaf haar het formulier terug en zei dat ik dat niet nodig had.

'Ik wil mijn hand niet ophouden. Als je zo goed bent ontvangen, kun je niet profiteren.'

'Neem het toch maar mee, je hebt er recht op.'

Ik liet het formulier op tafel liggen.

'Waar wil je wonen?'

Ze las een aantal plaatsen op waar ik meteen een huis kon krijgen. Ik wist van geen enkele waar die lag.

'Welke plaats ligt in het westen van Nederland?'

Ze keek op de lijst.

'Heemskerk.'

'Dan wil ik daar wonen.'

Ik had in het zuiden, noorden, en oosten van Nederland gewoond, het westen leek mij de meest logische keuze.

Het huis in Heemskerk was het grootste huis waar ik tot nu toe had gewoond. Het had vier slaapkamers, een huiskamer en een keuken. In het huis woonden nog drie vrouwen die ook voorlopig in Nederland mochten blijven: Abeba uit Ethiopië en Lorainne en Paula uit Rwanda. Ze zaten op de bank en keken naar de televisie toen ik binnenkwam. Abeba wees op een deur in de gang.

'Daar is je kamer.'

Ik vroeg welke deur ze bedoelde.

'De middelste.'

Ze keek nog steeds naar de televisie.

Het eerste wat ik in Heemskerk deed was een fiets kopen.

Nadat ik in Drachten in de sloot was gereden en de natte herfst op de fiets had overleefd, had ik het fietsen goed onder de knie gekregen. Een neger op een fiets, zeiden de mensen in Drachten als ik voorbij fietste. Ik was een bezienswaardigheid, ook in het asielzoekerscentrum, waar niemand na de cursus meer was gaan fietsen.

In Heemskerk fietste ik door de stad en ervoer mijn pasverworven vrijheid. Ik kon gaan en staan waar ik wilde, en doen waar ik zin in had, zonder dat eerst te vragen of te overleggen. Ik hoefde me niet elke dag te melden en de politie kon me niet zomaar oppakken. Bij het Nova College gaf ik me op voor Nederlandse les en ik vond werk in het Rode Kruis Ziekenhuis in Beverwijk. In de stad stonden borden in de vorm van een pijl met daarop RODE KRUIS ZIEKENHUIS. Misschien konden ze me daar helpen. Ik volgde de pijlen naar het ziekenhuis, een halfuur fietsen van mijn huis. In het grote witte gebouw was het rustig. In de hal was een winkel waar een vrouw bloemen kocht en een restaurant waar mensen koffie dronken en broodjes aten.

Een vrouw achter de balie vroeg of ze mij kon helpen. Ze had een grote groene bril op en was opgestaan zodat ze mij beter kon zien. Ik zei dat ik graag in het ziekenhuis wilde werken. De vrouw keek me lang aan. Haar grijze krullen vielen langs haar gezicht tot op haar schouders. Ze had een klein blauwwit speldje in zodat haar haar niet voor haar ogen viel. Het was eind maart en al een paar dagen zonnig. Op de fiets had ik al mensen zonder jas zien fietsen. In de hal waren de kleine, grijze vrouw en ik de enigen met een wollen sjaal om. Zou zij het net zo koud hebben als ik? Ik verwachtte dat ze me zou wegsturen of uitlachen, maar ze ging zitten en pakte de telefoon. Vijf minuten duurde het telefoongesprek.

'Er is werk in de keuken als je dat wilt.'

Ik knikte.

'Alleen moet je dan wel eerst naar het uitzendbureau, weet je waar dat is?'

'Nee, maar ik kan wel proberen om het te vinden.'

Op een wit vel, dat ze van een stapel papier van haar bureau pakte, schreef ze het adres. In grote zwarte letters stonden de naam en de straat van het uitzendbureau. Ik bedankte de vrouw. Ze was weer gaan zitten. Boven de balie zag ik alleen haar grijze krullen en het blauwwitte speldje.

Een week later werkte ik in de keuken van het ziekenhuis. Met Ko, een oude dikke man die mijn baas was. Hij had zijn schort half voor omdat zijn buik er niet goed in paste.

'Dag meneer,' zei ik op mijn eerste werkdag terwijl ik hem een hand gaf.

'Ik heet Ko.'

'Oké, meneer.'

'En dus noem je me ook Ko.' Hij gaf me een knipoog en liet me zien wat ik moest doen. Samen met een andere vrouw bediende ik de afwasmachine. Ik deed de borden, het bestek en de bekers in het rek en schoof het over het werkblad naar de andere vrouw, die het in de afwasmachine zette. Aan het einde van de dag vroeg Ko hoe het was gegaan. Ik had een topdag gehad.

Ko behandelde iedereen gelijk, of het nu de directeur van het ziekenhuis was, een vrouwelijke arts die in de keuken kwam kijken of de vrouwen die afwasten. In Afrika hadden mannen belangrijke functies en daarom keken vrouwen zo tegen ze op. Maar tegen Ko hoefde ik niet op te kijken. Ik kon vragen wat ik wilde en hij gaf altijd antwoord.

43

In Heemskerk was ik voor het eerst aan het leven in plaats van overleven. Ik liep door de stad en voelde me een vrije, jonge vrouw. Het contrast met mijn leven in Afrika kon niet groter zijn. In Nederland was ik een jonge vrouw die haar eigen leven leidde, maar ik was ook een vrouw geweest die was verkracht, op straat had geleefd, twee kinderen had verloren en was gevlucht voor een vreselijke oorlog.

Die twee werelden waren niet samen te brengen. Ik vond het fijn dat ik in Nederland serieus werd genomen en werd gewaardeerd om wie ik was, maar het maakte me ook verdrietig. Was alles het waard geweest om nu in vrijheid te kunnen leven?

Als ik 's nachts wakker werd uit een angstaanjagende nachtmerrie, wist ik geen antwoord op die vraag. Steeds vaker dacht ik aan mijn moeder en Germaine. Waar zouden ze zijn? Hoe zou het met ze gaan? Ik had Germaine beloofd dat ik haar een beter leven zou geven, en mijn moeder wilde ik laten zien dat ik goed terecht was gekomen. Dat haar dochter, die ongetrouwd een kind had gekregen en op straat had gezworven, een nieuw leven had opgebouwd in Europa. Ik hoopte dat mijn onrust zou verdwijnen als ik wist waar mijn moeder en dochter waren.

In het kantoor van het Rode Kruis werd ik ontvangen door een vrouw die Cindy heette. Ze stelde vragen over Rwanda en mijn familie en zei na het gesprek dat ik een brief moest schrijven over wie ik zocht en waarom. Het was mijn eerste brief in het Nederlands. Cindy zei dat ik het goed had gedaan. Ze stopte alles in een map en zei dat ik bericht zou krijgen als ze iemand hadden gevonden.

De eerste brief van het Rode Kruis kwam na twee maanden. Ze hadden mijn broer Oscar gevonden. Op een vies geel papier had hij geschreven dat hij weer in ons huis in Vunga woonde en dat Jeanine ook weer in het dorp was. Ze waren beiden naar Zaïre gevlucht en na drie jaar weer teruggekeerd. Oscar vroeg of ik geld kon sturen zodat hij eten kon kopen. Het was een vreemd teken van leven. Ik had nog niet over mijn broers en zussen nagedacht. Wie zou er buiten Oscar en Jeanine nog in leven zijn? Ik was vooral blij dat mijn zusje de oorlog had overleefd, en stuurde geld voor haar en Oscar naar Rwanda.

De tweede brief kwam na vier maanden. Op mijn kamer scheurde ik de witte envelop met het rode kruis open. Boven aan de brief stond 'Geachte mevrouw Ingabire', daaronder 'helaas'. Toen wist ik dat het geen goed nieuws was. Ik las de brief meer dan tien keer. Mijn moeder en Germaine waren dood.

Twee jaar na de oorlog waren de vluchtelingenkampen in het oosten van Zaïre door het leger van de nieuwe Rwandese regering ontruimd. Het verslagen leger en de Interahamwe die ook in de kampen zaten hadden zich herenigd. Om te voorkomen dat ze vanuit het westen Rwanda zouden binnenvallen had de nieuwe regering besloten de kampen te ontruimen.

Mijn moeder en mijn dochter waren twee van de twee miljoen vluchtelingen die werden gedwongen om terug te gaan. Ze hadden de tocht naar Vunga niet overleefd. Mogelijk waren ze bij gevechten tussen het verslagen en het nieuwe leger door een kogel geraakt, maar de kans was net zo groot dat ze van uitputting waren gestorven, of van de honger. Ik kon het niet geloven. Ik wist dat veel mensen de oorlog niet hadden overleefd, maar het was nooit in me opgekomen dat mijn moeder en Germaine ook slachtoffers konden zijn. Had God mij niet laten leven om hun een beter leven te geven? Wat was Zijn bedoeling? Voor wie was ik nog hier?

Ik legde de brief naast mijn bed, deed de gordijnen dicht en ging in bed liggen. Mijn hart was koud, zo alleen had ik me nog nooit gevoeld.

Na drie dagen lag ik nog in bed. Paula en Abeba hadden al een paar keer op de deur geklopt om te vragen of alles goed was. Ik had niemand verteld dat ik een dochter had en nu kon ik het aan niemand vertellen omdat ze dood was. Ik wilde alleen maar in bed liggen en huilen. De pijn van het onverwachte verlies en eenzaamheid was groot. Wat had het leven nog voor zin?

Zacht werd er op de deur geklopt. Ik had hoofdpijn van het huilen en was letterlijk ziek van verdriet.

'Amina, er is telefoon voor je,' zei Abeba.

'Ik wil niemand spreken.'

'Het is Sandra.'

Sandra was mijn lerares. Waarom belde ze? Ik deed mijn gordijn een beetje open, zodat er een streep daglicht in mijn kamer viel. De brief van het Rode Kruis lag nog steeds naast mijn bed. Ik deed een vest aan en liep naar het tafeltje in de gang waar de telefoon stond.

'Hallo,' zei ik zacht in de hoorn.

'Gaat het goed met je?' vroeg Sandra.

Ik zei niets. Een halfjaar geleden was ik bij Sandra in de klas gekomen. Op het Nova College was ik eerst in de beginnersgroep gezet, maar ik mocht al na een paar weken naar de klas van Sandra, de groep voor gevorderden. Daarin zaten twaalf mensen, uit twaalf verschillende landen. Ze gaf op een leuke manier les. De boeken gebruikten we bijna niet, ze vond het belangrijker dat we met elkaar praatten en discussieerden of verhalen en gedichten schreven. Ze gaf op een bevlogen manier les, alsof ze er persoonlijk voor wilde zorgen dat we aan het einde van het schooljaar allemaal perfect Nederlands spraken. Elke doordeweekse dag ging ik met plezier naar school, ik had nog geen dag gemist.

'Je bent al drie dagen niet op school geweest, ik maak me zorgen.'

'Ik heb een brief van het Rode Kruis gekregen.'

'Wat voor brief?'

'Een met slecht nieuws.'

Ik begon te huilen.

'Ik kom naar je toe.'

Ik had niet verwacht dat ze zou komen, maar na een uur stond ze voor de deur. Ze was net zo groot als ik en had lang blond haar. Ze zag er mooi en verzorgd uit. Haar zwarte jas had ze uitgedaan en die hing over haar arm. Ze had een rode jurk aan en zwarte laarzen. Haar lippen en nagels hadden dezelfde rode kleur als haar jurk. Ze zette haar bruine leren tas op de grond naast haar voeten.

In mijn kamer was het schemerig. Ik had niet de moeite genomen om de gordijnen helemaal open te doen. Ik legde mijn dekens recht zodat we op mijn bed konden gaan zitten. Het was de enige plek in mijn kamer waar dat kon. De kamer was groot, maar meer dan een bed en een kast stond er niet in. Ik gaf de brief aan Sandra. Ze las hem aandachtig; pas na een paar minuten legde ze hem naast zich neer.

'Wat een vreselijk bericht.'

Ik knikte.

'Ik wist niet dat je een dochter had.'

'Ik heb het ook aan niemand verteld.'

'Wil je vertellen wat er is gebeurd?'

Ik knikte en vertelde over mijn moeder, Nina, Germaine, de oorlog, mijn tocht door de bergen en het vluchtelingenkamp in Goma. Ik merkte dat ik het prettig vond om het aan Sandra te vertellen. Er was geen tolk, er zat geen politie of iemand van justitie bij, in alle vrijheid kon ik over mijn leven vertellen.

De druk die ik in mijn maag had gevoeld werd minder, mijn hoofdpijn verdween. Het was moeilijk om in het Nederlands te praten, ik zocht naar woorden, en gebruikte Engelse en Franse woorden als ik het niet meer wist. Sandra deed haar best om het te begrijpen, ze knikte de hele tijd.

Nadat ik alles had verteld werd het stil. Sandra speelde met een gouden ring aan haar linkerhand, haar wangen waren rood geworden. Ze draaide haar ring van de ene naar de andere kant. Er zat een klein glimmend zwart steentje in. Na een paar minuten zei ze dat ze niet wist wat ze moest zeggen. Ik haalde mijn schouders op, het was niet erg dat ze dat niet wist.

Ineens legde ze haar arm om me heen. Ik keek naar haar hand met de gouden ring op mijn linkerschouder. Ik voelde hoe ze me vasthield. Echt vasthield, zonder iets te willen of te eisen. Ik legde mijn hoofd op haar schouder. Ik kon me niet herinneren dat iemand mij het gevoel had gegeven dat alles goed zou komen, maar met Sandra naast me op mijn bed kon ik weer ademhalen.

'Volg je gevoel,' zei Sandra.

Dat klonk als een raadsel, wat voelde ik nu?

'Het enige wat ik wil is in bed liggen.'

'Hoe moeilijk het ook is, jezelf opsluiten heeft geen zin.'

Ze had gelijk. Mijn leven was hard en oneerlijk, maar het had nog slechter kunnen zijn. Ik had in Rwanda kunnen wonen en moeten bedelen om eten en vechten voor een veilige plek om te slapen, en ook dan had ik gehoord dat mijn moeder en dochter niet meer leefden. Nu was ik in Nederland. In een land waar het altijd veilig was, waar genoeg eten was en waar ik een kans had om te worden wie ik wilde zijn. Ineens begreep ik het: God had een ander plan voor mij. De volgende dag ging ik weer naar school.

44

Abeba, Lorainne en Paula zag ik bijna niet. In de ochtend als ik mijn krantenwijk liep lagen zij nog in bed. Daarna ging ik naar school en werkte ik in het ziekenhuis. Als ik rond een uur of negen 's avonds thuiskwam hingen zij met z'n drieën op de bank en keken televisie. Abeba en Paula gingen één keer in de week naar de inloopochtend van het buurtcentrum. Die ochtend was bedoeld om allochtonen en autochtonen met elkaar kennis te laten maken. Het was geen succes, er kwam een handvol Afrikaanse vrouwen die koffie dronken en broodjes aten en zonder een Nederlandse vrouw gezien te hebben weer naar huis gingen. Lorainne deed zelfs daar niet aan mee. Het liefst zat ze op de bank in haar felroze joggingpak.

'Amina, waarom werk je zoveel?' vroeg Lorainne op een middag toen ik uit school kwam. 'Je maakt je zo druk en rent de hele dag maar heen en weer. Waarom?'

Ik wilde haar uitleggen dat werk en school onafhankelijkheid betekenden, maar wist wat er dan ging komen. Lorainne zou met haar ogen rollen en lachen. Ik had het mijn nichtjes die bij mij in het vluchtelingenkamp woonden vaak zien doen als ik ze had uitgelegd dat ze hun verantwoordelijkheid moesten nemen en zich niet afhankelijk moesten opstellen.

'Waar kijk je naar?' vroeg ik om het maar over iets anders te hebben.

'Het is een programma over mensen die in een huis zitten en er niet uit mogen. De hele dag zijn er camera's die hen volgen, bij alles wat ze doen.'

'Is het leuk?'

'Het is grappig om naar te kijken, al begrijp ik niet wat ze zeggen.'

'Dat lijkt me moeilijk, zo kun je toch niet weten of het leuk is of niet.'

Lorainne keek weer naar de televisie.

'Dat hoef ik helemaal niet te weten, ik kan toch zien wat ze doen. Ze staan buiten te roken, of zitten op de bank. Je kunt ook kijken hoe ze 's nachts slapen, de camera's draaien gewoon door.'

Ik kon me niet voorstellen dat het leuk was om uren naar tien mensen in een huis te kijken die niets deden, maar snapte waarom Lorainne dat wel graag deed. Ze keek naar haar eigen leven.

Abeba, Lorainne en Paula waren eigenlijk alleen met mannen bezig. Ik kon het ze niet eens kwalijk nemen. Ze wisten niet beter dan dat je op onze leeftijd getrouwd moest zijn en op z'n minst drie kinderen zou moeten hebben. Ook al waren ze in Nederland, de druk van hun ouders en familie drong tot in dit land door. Zonder man hadden ze het gevoel dat ze niks voorstelden.

Binnen korte tijd hadden ze een groep van zes mannen, vier uit Rwanda en twee uit Ethiopië, verzameld met als doel om snel onder de pannen te zijn. Mannen die nu nog aardig waren, maar eenmaal getrouwd de Afrikaanse wetten zouden toepassen en hun vrouwen zouden slaan en vernederen omdat ze vonden dat ze dat recht hadden.

Als ze niet uitgingen, kwamen in het weekend de mannen naar ons huis. Omdat niemand geld had waren de feestjes bij ons thuis. Ik bleef dan zo lang mogelijk op mijn werk, of fietste door de stad. In Rwanda was het 's avonds donker en durfde ik niet naar buiten, maar in Nederland was er altijd licht, op mijn fiets, langs de straten, en onder de tunnels.

Het lukte niet altijd om het feest te ontlopen en dan zat er niks anders op dan erbij te gaan zitten. De muziek was zo hard, ik zou toch niet kunnen slapen. Het was altijd hetzelfde, Paula danste op reggaemuziek, Abeba liep met flesjes bier heen en weer en Lorainne was dronken.

'Dit is Amina,' had Lorainne op een avond gezegd toen ik binnenkwam, terwijl iedereen al wist wie ik was.

'Ze komt ook uit Rwanda,' Lorainne draaide zich naar me toe en zei in het Kinyarwanda: 'Is het niet zo, mijn zuster?'

Een van de mannen die op de bank zaten, zei dat meer keuze altijd beter was. Hij heette Toussaint en kwam uit het noordoosten van Rwanda. Ik mocht hem niet. Hij had Paula een keer geslagen toen ze niet met hem wilde dansen. Hij zat op de bank naast Tesfaye, die uit Ethiopië kwam, een jongen die niet kon schrijven en lezen en illegaal in Nederland was.

Toussaint zei tegen hem dat Rwandese vrouwen beter waren, omdat ze niet besneden waren zoals de vrouwen in zijn land. Abeba verslikte zich en liep met haar flesje bier de kamer uit. Lorainne schudde met haar borsten en billen en schreeuwde dat Rwandese vrouwen de beste waren. Paula stopte even met dansen, stak haar duim op naar Lorainne en ging ook met haar kont schudden. Twee mannen waren naast haar gaan staan en dansten met haar mee.

Toussaint pakte mijn hand en zei dat hij met mij ging dansen. Ik had geen zin.

'Je moet doen wat ik wil.'

'Ik doe alleen wat ik zelf wil.'

'Amina, je weet toch dat je moet doen wat ik zeg.'

Ik schudde mijn hoofd en liep weg.

'Ben ik niet goed genoeg voor je? Wil je een muzungu? Je weet dat ze klein zijn daaronder.' Hij pakte zijn piemel vast, net als mijn broer Deo altijd deed. 'Ik heb ook geld als je dat soms hebben wil, daar hoef je geen muzungu voor te zijn.'

Toussaint pakte zijn portemonnee uit zijn achterzak en haalde er een briefje van honderd uit en gooide dat naar me toe.

'Hier is je geld en nu doe je wat ik wil,' schreeuwde hij.

Paula stopte met dansen, en de jongens naast haar ook.

Toussaint pakte mijn arm en draaide me met een ruk om. De gouden kettingen om zijn nek trilden. Eén had in het midden een zilveren plaatje waar I LIKE PUSSY op stond. De aders bij zijn slapen klopten. Ik zag nu pas zijn rode ogen. Ze hadden de hele avond bier gedronken en joints gerookt.

Ik pakte het briefje van honderd en legde het op tafel.

'Ik wil helemaal niemand.'

Lorainne trok aan zijn arm en vroeg wat hij toch met mij moest. Hij begon te lachen en zei dat ik een witte hoer was. Twee weken later zat Lorainne stralend op de bank. Ze was zwanger van Toussaint.

'Ik heb goed nieuws,' zei mijn advocaat en ze gaf me een document. 'C-status' stond erop. Ze had me gebeld en gevraagd of ze langs kon komen. Een jaar geleden hadden we afscheid genomen in Drachten en sindsdien had ik haar niet meer gezien.

'Het is een vergunning tot verblijf zonder beperkingen. Je mag in Nederland blijven op humanitaire gronden.'

'Wat betekent dat precies?'

'Je mag blijven zolang het onveilig is in Rwanda.'

'Hoe lang is dat?'

'Dat weet ik niet. Deze vergunning moet je elk jaar verlengen, na vijf keer kun je een aanvraag tot naturalisatie indienen. Ik weet niet wat eerder zal zijn, een veilige situatie in jouw land, of de vijf jaar dat je hier legaal bent.'

Trots keek ik naar het papier met de grote C erop. Het was weer een stap vooruit. Ik had nu dezelfde rechten als iedere Nederlander. Ook het recht op een eigen huis. Die middag ging ik naar de gemeente en een paar weken later verhuisde ik naar mijn eigen flat vlak bij het station van Heemskerk. De flat had twee slaapkamers, een woonkamer, een aparte douche en toilet en een keuken. Ik liep door het huis en telde de passen in de lege kamers. Bij elkaar waren het er meer dan zestig. Al die ruimte was helemaal voor mij alleen.

Abeba, Lorainne en Paula kwamen kijken. Hun stemmen klonken hol in het lege huis. In de woonkamer stonden alle spullen die ik had. Twee stoelen en een matras dat als bank diende. Op een klein kastje stond mijn televisie. Abeba, Lorainne en Paula keken altijd naar *The Bold and the Beautiful* en *As the World Turns*, ook naar de herhalingen in de ochtend. En elke middag om drie uur stond *The Oprah Winfrey Show* aan. Ze vonden dat in Amerika een zwarte vrouw alle kansen kreeg. Ik had het opgegeven om te zeggen dat zij precies dezelfde kansen hadden. Toen ik van Sandra haar oude televisie kon overnemen voor vijfentwintig gulden, kon ik in mijn kamer eindelijk kijken naar wat ik wilde.

Lorainne zei dat ze ook zo'n huis wilde hebben voor haar en Toussaint.

'Amina, kun jij dat niet regelen?'

'Dat zou je man toch moeten doen?'

Ze begreep mijn sarcasme niet. We zaten op het matras op de grond en dronken cola. Na een uur zei ik dat ze weg moesten; het was heerlijk om dat te kunnen beslissen in mijn eigen huis.

45

In het vliegtuig wist ik nog steeds niet of het goed was dat ik naar Afrika ging. Al kon ik er niets meer aan doen, over drie uur landde ik in Nairobi. Een jaar had ik erover nagedacht en toen in een opwelling een ticket gekocht. Nadat ik mijn verhaal aan Sandra had verteld hoopte ik dat ik mijn verleden los kon laten, maar het was me blijven achtervolgen.

Bijna elke nacht droomde ik over Rwanda. Over mijn moeder die in ons huis in Vunga zocht naar haar kinderen, maar alleen onthoofde lichamen vond. Over soldaten die me meenamen naar steeds een andere plek. En over Nina en Germaine. Ze staken hun handen uit en zeiden mama. Ze huilden, maar ik kon ze niet oppakken en troosten. Het lukte me nooit om bij ze te komen.

Ik was in Europa en leidde het leven waarnaar ik had verlangd, maar mijn hoofd zat in Afrika. Toen ik klaar was met mijn Nederlandse lessen was ik begonnen met een verpleegstersopleiding in Haarlem. Het werk dat ik in Kibumba had gedaan wilde ik in Nederland ook doen.

Bij de toelating hadden ze gevraagd of ik ervaring had. Ik dacht aan de honderden infusen die ik had aangelegd, wonden die ik had verbonden en operaties waarbij ik had geassisteerd omdat er altijd een tekort aan mensen was. Ik had gezegd dat ik geen ervaring had, want wat moest ik over Kibumba vertellen? Dat ik de wonden soms met vies verband moest verbinden? Dat de naalden vaak meerdere keren werden gebruikt? Dat we soms niet wisten wat mensen mankeerde en ze daarom terug naar hun tent stuurden met een flesje water met een zoutoplossing?

Op school leerde ik dat het in de praktijk in Nederland er heel anders aan toe gaat. Ik was blij dat ik een echte opleiding kon volgen, maar het lukte me niet om mijn hoofd bij de lessen te houden. Mijn nachtmerries achtervolgden me ook overdag. Ik had behoefte aan rust en het lukte me in Nederland niet om mijn hoofd leeg te maken. Dan maar in Afrika, dacht ik. Misschien kon ik als ik terugkeerde naar de context van mijn verleden, dat verleden ook beter laten rusten.

Ik belde Jeanine en vroeg hoe ze het zou vinden als ik zou komen. Ze vond het geen goed idee. Al zou ik niet naar Rwanda komen, het was ook onrustig in alle buurlanden. Acht jaar geleden had de RPF Rwanda overgenomen en een einde aan de burgeroorlog gemaakt, maar bij de grenzen was het nog steeds onrustig. Maandelijks werden er nog mensen vermoord. Ik luisterde niet, mijn plan om te gaan stond al vast, wat Jeanine ook zei. Ik vroeg een vluchtelingenpaspoort aan waarmee ik buiten Europa kon reizen en kocht een ticket. Een dag voor vertrek belde ik Jeanine weer.

'Over een week ben ik in Uganda, in Kabale.'

'Waar ligt Kabale?'

'Bij de grens.'

'Wat moet ik daar doen?'

'Je komt naar mij toe.'

'Waar ben je dan?'

'Ik zit in een hotel en je kunt bij mij slapen.'

'Ik weet het niet.'

'Ik wil je graag zien, Jeanine.'

'Hoe kom ik daar dan?'

'Je gaat met de bus naar Byumba en van daaruit met een andere bus naar Kabale.'

'Ik weet niet of ik weg mag.'

'Van wie?'

'Van Emeraude.'

Emeraude was de man van Jeanine en een vriend van Oscar. Toen Jeanine weer terug in Vunga was, stapte Emeraude naar Oscar en zei dat hij met haar ging trouwen. Er was niemand van de familie die hierover kon beslissen; mijn ouders hadden de oorlog niet overleefd, net als de meesten van ons gezin. Van de dertien broers en zussen waren er nog vijf over. Julien woonde in Duitsland, Jeanine en Oscar in Vunga en Paul in Kigali. Jeanine was overgeleverd aan Oscar, die nu de oudste was en dus over haar kon beslissen. Hij had toegestemd. Het feest duurde een dag en daarna was Jeanine overgeleverd aan Emeraude.

'Zeg tegen Emeraude dat ik geld stuur, maar alleen als jij een week naar Uganda mag.'

Jomo Kenyatta International Airport was in de vier jaar dat ik weg was geweest niet veranderd. Midden op de dag kwam ik aan. Nadat het vliegtuig was geland, reden we over de landingsbaan richting het grote gebouw. Ik zag aan het asfalt in de verte dat het warm was. Op de vliegtuigtrap bleef ik staan, de warmte drong tot in mijn botten door. Ik ademde diep in en rook de onmiskenbare, aardse geur van Kenia. Ik was weer thuis. Ik schrok van mijn eigen gedachten, thuis was toch Nederland? Ik ademde nog een keer diep in.

Op het vliegveld stond ik in de hal tussen allemaal Afrikanen. Ik voelde me een van hen, een vrouw met een donkere huid net als iedereen, maar merkte al snel dat ik in hun ogen geen Afrikaanse was. Ik zag eruit als een westerse vrouw. Ik had mooie, moderne kleren aan en mijn haar was kortgeknipt volgens de laatste mode. Ik reisde alleen, er was geen man achter wie ik aan moest lopen.

In de gang naar de douane waar Denise en ik hadden gerend voor ons leven, liepen twee politieagenten die lachten en tegen hun pet tikten toen ik langsliep. Ik kon doorlopen zonder dat ze iets wilden weten. En zonder problemen liep ik naar buiten. Met mijn koffer stond ik op de stoep. De chauffeurs die met hun taxi in een lange rij stonden staken hun hoofd uit het raam en riepen: ‘Miss, miss.’ Ik keek achterom. Er stond niemand, ze hadden het tegen mij. Het was de eerste keer dat ik in Afrika juffrouw werd genoemd. Ik knikte naar de chauffeur die het dichtst bij me stond. Hij pakte mijn koffer, hield de deur voor me open en meldde dat de rit naar de stad vijftig dollar was. Ik zei dat hij de helft kreeg, dat was meer dan genoeg.

Nairobi kwam steeds dichterbij, ik herkende de gebouwen, Times Tower, International Conference Centre en Social Security House. We reden op de Haile Selassi Avenue, die door Uhuru Park liep. Bij de rand van het park zei ik tegen de chauffeur dat hij kon stoppen. Ik wilde zelf door de stad lopen en voelen dat ik weer thuis was.

Florence moest twee keer kijken.

‘Ben jij het?’

Ik deed mijn armen wijd zodat ze goed naar mij kon kijken.

'Amina!'

Ze pakte mijn handen en nam me mee naar binnen.

'Hoe lang ben je in Nairobi?'

'Sinds gisteren.'

'Maar je slaapt toch wel hier?'

Ik zei dat dat niet nodig was omdat ik in een klein hotel sliep, vlak bij mijn oude huis. Ik wilde niet bij Florence slapen omdat dan de kans groot was dat ik Patrick zou tegenkomen. Ik had geen zin in gedoe. Florence begreep waarom ik weg was gegaan, maar voor Patrick lag het anders. In zijn ogen had ik tegen hem gelogen, wat ook waar was.

'Waar kom je vandaan?'

'Nederland.'

'Nederland?'

Ik vertelde waarom ik in Nederland was. De hele dag bleef ik bij Florence. Het was vertrouwd om bij haar te zijn. Florence voelde als de familie die ik niet meer had.

Een week later vloog ik van Nairobi naar Kampala en van daaruit met een klein vliegtuig naar Kabale. Ik was de drukte van Afrika niet meer gewend. Er waren altijd en overal mensen die zich met alles en iedereen bemoeiden. Ik moest eraan wennen dat de buschauffeur, de hoteleigenaar, de mensen in het restaurant, in de bus, op straat, of in de winkel, een mening hadden over wie ik was, waar ik naartoe ging en wat ik daar ging doen. Ik vond het vreemd om geen moment meer alleen te kunnen zijn. In Nederland was ik blij dat ik na de hectiek van de asielzoekerscentra en het huis dat ik moest delen, een flat voor mezelf had. Als ik uit de drukte van de wereld wilde, zocht ik de stilte van mijn eigen veilige huis op.

In de bus van het vliegveld naar het hotel probeerden mannen erachter te komen waarom ik alleen was, vrouwen wilde weten wat ik in Kabale ging doen. Ze keken vol bewondering naar mijn kleren, schoenen en haar, en waren jaloers op mijn zelfstandigheid. In hun ogen was het bijzonder dat ik alleen van Nairobi naar Kabale ging.

Ik was nog nooit in Uganda geweest, maar het zuiden zag eruit als het noorden van Rwanda. Het rook hetzelfde, en de stad werd omringd door glooiende groene heuvels. Toen ik zes was, had ik aan mijn moeder gevraagd wat er achter de bergen was. 'God,' had ze gezegd.

'Maar hoe ziet het er daar dan uit?' vroeg ik.

'Niemand weet precies wat er achter de bergen is. Achter elke berg is een nieuwe berg, en daarachter weer.'

'Maar ik wil weten wat daarachter dan is.'

'Soms is het prettig om juist niet te weten wat daar is.'

Mijn moeder had in Zaïre een fijn leven gehad, daar had ze elke dag dat we in Vunga woonden naar terugverlangd.

46

Het hotel aan de rand van Kabale was oud en vervallen. De eigenares, die in een klein eenkamerhuisje voor het hotel woonde, had gezegd dat in het centrum ook andere hotels waren, maar ik vond het in dit gedeelte rustiger. Ik boekte een kamer, en ook een voor Jeanine. Ik had haar niet meer gesproken en wist niet of ze zou komen. De vrouw van het hotel bracht water, thee, en een amandazi. Het was lang geleden dat ik zoete oliebollen had gegeten. Toen ik mijn eerste oud en nieuw in Nederland vierde, hadden vrijwilligers die in het asielzoekerscentrum in Drachten hielpen oliebollen en appelflappen meegenomen. 'Dit is echt Nederlands,' had een dikke vrouw met heel blond haar gezegd terwijl ze de schaal op tafel zette. De oliebollen zagen er donkerder uit dan de amandazi's, maar smaakten net zo. Ik was verbaasd dat deze Nederlandse specialiteit in Rwanda een snack was die je voor een paar frank op elke straathoek kon kopen.

Ik bedankte de vrouw en ging in mijn hotelkamer zitten met de ramen open. De warmte van het land vulde de kamer. Sinds ik weer in Afrika was had ik het geen dag koud gehad.

De kamer was blauw geverfd, de muren en de grond hadden dezelfde kleur. Tegen de langste muur stond een houten bed met aan beide kanten een stoel. Schuin tegenover het bed was in de hoek van de kamer, achter een oud bruin gordijn, een badkamer. In de douche was de witte muur aan de bovenkant zwart, van het vocht dat nergens heen kon. Ik draaide de kraan open om te kijken of het water in het putje stroomde, of de kamer in. Rondom het putje lag een plas beige water, ik was vergeten dat het water in dit deel van Afrika een kleur had.

Kabale was groter dan Ruhengeri. Er waren meerdere hoofdstraten met gekleurde gebouwen. Op de begane grond waren winkels, erboven huizen. Op de balkons zaten vrouwen met hun kinderen, die naar de drukte op straat keken. De kleuren van de lokale markten waren fel, alsof ze het opnamen tegen de bruine huizen en de grijsgroene bergen. Bij het busstation hield een man me tegen.

'Mevrouw, waar gaat u naartoe?'

Ik zei in het Engels dat ik uit Rwanda kwam en op mijn zus wachtte.

'Komt ze met de bus?'

'Ja, maar ik weet niet wanneer.'

Hij nam me mee naar een kantoor dat aan de rand van het busstation lag. Vanuit het kantoor waren alle bussen te zien. Rechts stonden de kleine lokale bussen met hun deuren en ramen open, links de witte bussen met airconditioning die naar Kampala, Entebbe of Mbarara gingen. De langeafstandsbussen hadden allemaal een naam. JEZUS 4 LIFE, of GOD & HAPPINESS.

'Waarom ga je niet naar Lake Bunyonyi?'

Hij gaf me een folder met een grote foto van een blauw meer met een steiger waar een man en vrouw op stonden die elkaar een kus gaven. Hij wees naar een klein busje waar Lake Tours op stond.

'Over tien minuten gaat die weg.'

Het Bunyonyimeer was nog geen halfuur rijden. De chauffeur stopte bij de steiger die ik eerder op de foto in het kantoor had gezien. Ik stapte met acht andere toeristen uit het busje. Ze kwamen uit Amerika en Australië, waren vandaag in Kabale en gingen morgen de bergen in om naar gorilla's te kijken. Een van de vrouwen had in de bus tegen me gezegd dat ik blij moest zijn dat ik uit Afrika kwam, volgens haar was het de mooiste plek op aarde. Ik vroeg me af wat ze tot nu toe van Afrika had gezien.

Bij het Bunyonyimeer was het rustig. Het was windstil en het water leek wel een spiegel waarin de bergen keken. In Goma had ik het Kivumeer gezien toen ik met honderdduizend mensen naar de vluchtelingenkampen liep. Vanuit de verte lag het meer er mooi bij, maar eenmaal dichtbij was het een poel van ellende. De oevers waren bevuild met dode mensen, dieren en veel afval. Overdag was er niemand, 's avonds kwamen de vluchtelingen terug uit de bossen om bij het water te slapen. Er hing een sluier van rook van alle vuurtjes die werden gestookt om eten te maken en om de indringende lijkengeur te verdrijven.

Ik ging in kleermakerszit op de steiger zitten. Ik wilde eigenlijk met mijn voeten in het water, maar dan zou ik het spiegeleffect doorbreken. De rust van het water en de omgeving werd alleen verstoord door de toeristen die hardop de schoonheid van deze plek bespraken. Ze zaten bij een klein eethuisje aan de rand van het water en maakten foto's van elkaar met het meer op de achtergrond en van de eigenares van het eethuisje. Beide waren heel Afrikaans, zei de Amerikaanse vrouw.

Wat was zo Afrikaans aan deze plek? Het water? De zwarte vrouw in haar roodoranje jurk met haar kind op haar rug? De bergen om het meer? Had ze de armoede gezien? De kinderen met honger op straat? De vrouwen die gebukt gingen onder een leven dat veel te zwaar voor hen was?

De volgende dag was Jeanine in het hotel. Zij was dertien en ik zeventien toen we elkaar negen jaar geleden voor het laatst hadden gezien. Jeanine zag er ouder uit dan ik en had een dikke buik. Ze was zwanger van haar derde kind. Haar beige rok, donkerblauwe blouse en groene jas waren vies. De bruine vlekken leken op aarde, maar het kon net zo goed bloed zijn.

'Ik heb deze kleren geleend,' zei ze toen ze me naar de vlekken zag kijken.

'Waar zijn je eigen kleren?'

'In mijn kleren zitten gaten.'

Ik zei dat ik het niet erg vond. Jeanine stond met haar hoofd en schouders gebogen, ze leek op mijn moeder.

Ik was blij dat Jeanine naar Uganda was gekomen, maar vond het moeilijk om bij haar te zijn. Ze was afwachtend, durfde niets te doen of te zeggen. Ik merkte aan haar houding dat ze bang voor mij was. Ze had altijd tegen mij opgekeken, maar nu was de afstand tussen ons voor haar niet meer te overbruggen.

Voor haar was ik een andere Amina, een vrouw van wie zij niet wist dat die bestond. Zodra ik mijn mond opendeed, stopte zij met praten, ze deed alles wat ik zei, en als ik op straat met iemand praatte ging ze achter me staan. Na drie dagen zei ik dat ik het prettig zou vinden als ze me aankeek. Ik had er genoeg van om elke keer tegen haar kruin te praten. Ze deed het, maar alleen omdat ik het haar had opgedragen.

In het hotel zaten we samen op mijn bed. Ik liet haar foto's van Nederland zien. Van de polders, de zee, de duinen, mijn huis. Jeanine kon niet begrijpen dat dat nu mijn wereld was.

Jeanine keek naar de foto van mijn flat in Heemskerk. Ik zat op een stoel naast de televisie. Ze streek over de foto alsof ze wilde voelen of de televisie echt was.

'Je hebt een goed leven.'

'Dat kun jij ook hebben.'

Jeanine legde de foto naast zich neer. Ze haalde haar schouders op.

'Echt, als je het maar wilt.'

'Amina, misschien kan dat in Nederland, maar niet in Rwanda. Ik heb elke dag met Emeraude te maken. We hebben geen geld, hij drinkt, en slaat mij, hoe kan dat ooit een goed leven worden?'

'Ga bij hem weg en zoek een ander huis.'

Jeanine keek me voor het eerst echt aan. Haar bruine ogen waren omringd door rimpels, haar oogwit was gelig van de hepatitis A. In Ruhengeri had ik het vaak gehad omdat het water dat ik uit de rivier dronk, vervuild was.

'Hoe, Amina, vertel jij maar hoe ik dat moet doen. Ik heb twee kleine kinderen, ben zwanger van de derde, ik heb geen geld en ik heb geen werk.'

Ik dacht aan Catherine die alleen in Nairobi woonde en geen man nodig had omdat ze geld genoeg had. De macht van geld begreep ik nu meer dan ooit.

'Dan betaal ik je nieuwe huis.'

Jeanine zei niets. Niemand had ooit iets voor haar gedaan, waarom zou ik dat wel doen? Ik was ook maar een vrouw, en in haar wereld konden vrouwen niets.

Na een week zette ik Jeanine op de bus terug naar Rwanda. Ik wilde haar geen geld geven, omdat Emeraude daar drank van zou kopen. Om haar niet met lege handen weg te laten gaan gaf ik haar mijn mobiele telefoon en geld om een prepaidkaart te kopen. Het was een onderpand voor mijn belofte om op een dag een huis voor haar te kopen. Diezelfde dag nog verkocht Jeanine de telefoon en gaf het geld aan haar man.

Ik bleef nog een week in Kabale. Ik was teruggegaan naar het reisbureau bij het busstation en boekte een driedaagse reis naar het Mgahinga National Park om naar de gorilla's te kijken. In Vunga had ik meisjes bij de waterpomp vaak horen praten over gorilla's. Ze beweerden dat ze drie keer zo groot waren als een mens en je in één hap konden opeten, maar niemand had er ooit een gezien. Over een paar dagen zou ik de eerste van al die meisjes zijn die er een zou zien, en dat alleen maar omdat ik ervoor kon betalen.

De man in het kantoor gaf me een folder waarin stond hoe laat ik wegging en wat ik in het park kon doen. Hij vond het heel normaal dat ik een reis boekte om de natuur van zijn land te zien, maar voor mij was het een hele stap. Ik vond het moeilijk om te genieten van Afrika, ik vond dat ik het eigenlijk niet kon maken.

47

Een paar dagen voordat ik terugvloog naar Nairobi en Amsterdam wachtte ik op Angela, de moeder van Denise. Ze had van Jeanine gehoord dat ik in Kabale was en wilde me zien. 'Het gaat om familiezaken,' had ze gezegd. Vanuit het busstation keek ik naar de stad. De euforie van de eerste weken had plaatsgemaakt voor de harde realiteit. Langs de weg liepen vrouwen met bossen hout op hun hoofd en jonge meisjes met grote jerrycans gevuld met water. De vrijheid die ik in Nederland had, was een vanzelfsprekendheid geworden, maar in Afrika zag ik wat een groot voorrecht dat was.

Angela woonde in Kigali. Ze zag er niet uit als een vrouw die in de hoofdstad woonde. De eerste keer dat ik in Amsterdam was, had ik bewonderend naar de vrouwen gekeken. Alles wat ze deden was mooi, hoe ze liepen, wat ze zeiden, hoe ze op de fiets zaten, een patatje aten of hun middelvinger in de lucht staken. Ze droegen korte rokjes of lange jurken, strakke broeken of wijde pakken en hadden hun haar in allerlei kleuren. Ze straalden in alles uit dat ze konden zijn wie ze waren.

Angela had een geelbruine rok aan met een geruit motief en een lichtblauwe blouse met rode vogels. Haar haar was kort. We praatten over de familie zonder het over de oorlog te hebben. Met Jeanine had ik het er ook niet over gehad. Zo dicht bij Rwanda was de oorlog nog steeds voelbaar. Acht jaar geleden had Angela meteen toegestemd toen Julien haar voorstelde om Denise mee te nemen naar Duitsland. Denise zou haar leven daar opbouwen en haar familie laten overkomen. Angela had gewild dat haar dochter met een rijke muzungu zou trouwen, maar een paar maanden nadat Denise in Duitsland was aangekomen was Julien met haar getrouwd.

Nu kwam Angela bij mij verhaal halen. Haar gezicht was gerimpeld en haar ogen waren dof. Van de ondervoeding, maar ook van het verdriet. Ze was ongeveer net zo oud als mijn moeder, maar zag eruit als mijn oma.

'Wat is er gebeurd, Amina?'

Ze was een uur geleden met de bus aangekomen en we liepen door de straten van Kabale terug naar het hotel.

'Wat bedoel je.'

'Waar is Denise?'

'In Duitsland, dat weet je toch?'

'Ik wil van jou horen of het waar is.'

Angela had er nooit bij stilgestaan dat Julien Denise voor zichzelf zou houden. Het leven waar Angela op had gehoopt had ze nooit gekregen. Ze woonde in een klein huisje zonder elektriciteit en water even buiten Kigali, meer dan dat zou het nooit worden.

'Denise is bij Julien. Ik kan er niks aan doen. Toen ik in Europa aankwam waren ze al getrouwd. Julien had zich ook niet door mij laten tegenhouden, door niemand eigenlijk.'

'Hij is haar neef, hij had voor haar moeten zorgen, niet met haar moeten trouwen.'

Angela keek me aan. Ze was boos, haar ogen lichtten op en even was er vuur te zien, daarna liet ze haar hoofd hangen. Ze wist dat het niet beter zou worden dan dit.

Angela bleef drie dagen. Uit schuldgevoel betaalde ik alles voor haar, omdat mijn broer haar dochter had afgepakt, maar ook omdat ze geen geld had. De laatste dag zaten we in het hotel. De kleren die ik niet aan Jeanine had gegeven gaf ik aan Angela.

Angela zat op het bed in mijn kamer en wachtte tot ik klaar was met het uitzoeken van mijn spullen. Ze pakte mijn horloge van het kleine kastje naast mijn bed. Het was een goudkleurig horloge met een zilverkleurige wijzerplaat. Ik had het voor tien gulden gekocht op de markt in Heemskerk. Thuis had ik het aan Abeba laten zien. Ze vroeg hoe ik aan zoveel geld kwam. Ik zei dat het nep was, maar ze geloofde me niet.

Angela draaide het horloge een paar keer om en vroeg waarom de cijfers zo gek waren. Ik legde uit dat het Romeinse cijfers waren.

'Waarom draag je het niet?'

Angela legde mijn horloge om haar pols.

'Ik heb het niet nodig.'

'Het is zo'n mooi horloge, je bent gek dat je het niet draagt.'

'Het is geen echt goud en zilver.'

Angela hield het horloge tegen het licht. Net als Abeba kon ze het niet geloven. In Nairobi had ik mijn horloge afgedaan. Nadat de taxi mij had afgezet in Uhuru Park werd ik bevangen door een beangstigend gevoel. Ik werd me bewust van mijn westerse kleren, van mijn portemonnee en mobiele telefoon in mijn zak en mijn nepgouden horloge om mijn pols. Ik had altijd anoniem door de straten gelopen, maar nu leek het wel alsof iedereen naar mij keek. Jonge straatjongens die voor dat horloge zonder met hun ogen te knipperen een mes in mijn rug zouden steken. Ik was altijd een van hen geweest, maar nu was ik een vreemdeling met geld. Eenmaal in het guesthouse deed ik alles af en liep met een klein heuptasje over straat, net als alle andere toeristen in de stad. Het horloge had ik niet meer omgedaan. Ik zei tegen Angela dat ze het mocht hebben. Ze deed het om haar pols, bedacht zich toen en verstopte het tussen het elastiek van haar rok.

Voor de deur van het hotel stond een taxi die ons naar het busstation bracht. Mijn koffer was niet zo zwaar meer, nu ik bijna alles had weggegeven, maar ik had geen zin om in de drukte door de stad te lopen. Angela wilde mijn koffer dragen, maar ik zei dat dat niet nodig was.

De chauffeur was klein en had nog een jongensstem. Moest hij ons rijden? Ik schatte dat hij vijftien was. Hij duwde Angela opzij en riep dat ze een stomme koe was die in de weg stond. Zwijgend deed Angela een stap naar achteren zodat de jongen erlangs kon. Waarschijnlijk vond ze zichzelf ook een stomme koe, gewoon omdat het elke dag tegen haar werd gezegd. Door haar tweede man, met wie ze was getrouwd nadat haar man in de oorlog was gesneuveld, haar broers, mannen in het dorp en op straat. De jongen pakte mijn koffer en hield de deur van de taxi open.

'Alstublieft mevrouw, stapt u maar in.'

Tegen Angela snauwde hij dat ze weg moest gaan. Ik gooide de deur van de taxi dicht en pakte de koffer uit de handen van de jongen.

'Wat?'

De jongen keek me vragend aan.

'Je hebt niet het recht om zo tegen haar te praten.'

Ik duwde Angela naar voren.

'We lopen wel naar het busstation.'

Angela liep snel weg, bang dat de jongen ons achterna zou komen. De jongen was weer in zijn taxi gaan zitten en hief, in de veiligheid van zijn auto, zijn hand op. Hij durfde het niet vol overgave te doen en zijn vuist die naast zijn hoofd in de lucht hing kon zomaar een hand zijn die naar iemand zwaaide.

Ik keek in de ogen van de jongen. Hij had geleerd dat hij tegen vrouwen kon schreeuwen, maar nu er een terugschreeuwde was hij bang geworden. Ik bleef kijken totdat hij zijn vuist ontspande en met zijn hoofd gebogen langs Angela en mij reed.

In de bus ging ik op de voorste stoel zitten bij het open raam. Angela pakte mijn hand en zei dat ze blij was dat ik een nieuw thuis had.

'Het leven is goed daar, Amina.' Haar stem was zacht.

Mijn nieuwe thuis, daar moest ik over nadenken. Voordat ik naar Afrika ging, wist ik niet waar ik thuishoorde, maar nu was ik blij dat ik over twee dagen weer in Nederland zou zijn.

48

Mijn voorlopige verblijfsvergunning was vier keer verlengd. Elk jaar schreef ik drie maanden voor de verloopdatum in mijn agenda dat ik mijn vergunning moest verlengen. Ik was aan de stiptheid in Nederland gewend en wist dat als ik te laat zou zijn ik mijn vergunning kon kwijtraken. Na de vierde keer wilde ik weten of ik me al tot Nederlander kon naturaliseren.

Toen ik net in Nederland was voelde ik me een Rwandese in Nederland, maar dat gevoel was na mijn reis naar Kenia en Uganda veranderd. In Nederland kon ik zijn wie ik was, en kreeg ik kansen waarvan ik niet had durven dromen. Toen ik in Ruhengeri op straat rondzwierf en geen uitzicht had op een beter leven, werd ik me bewust van mijn lot. Ik was een Rwandese vrouw en zou net als alle vrouwen in dit land een zwaar leven krijgen, met veel kinderen die ik niet kon onderhouden en een man wiens taak het was om mij te onderdrukken. Dat lot, daar leek niet aan te ontkomen, maar in Nederland was het me toch gelukt. Daarom voelde ik me een Nederlandse, en wilde ik dat bordeauxrode paspoort waarin stond dat ik dat was.

De vrouw van de IND sprak met een zachte 'g'. Na vier jaar kon ik het verschil horen tussen iemand uit het noorden en het zuiden. Ze sprak mijn achternaam verkeerd uit, net als de meeste mensen. Ik had geoefend op het woord 'naturalisatie' zodat ik dat zo goed mogelijk uitsprak. Ik wilde laten zien dat ik serieus was.

'U moet vijf jaar in Nederland zijn. Hoe lang bent u hier al?'

Vijf jaar, ik belde dus een jaar te vroeg. Ik zou nog een jaar in onzekerheid moeten zitten. Misschien was ik straks klaar met mijn studie en kon ik niet meer in Nederland werken omdat ik terug moest naar Rwanda.

'Ik heb nu vier jaar een voorlopige verblijfsvergunning.'

'Wanneer bent u in Nederland aangekomen?'

'Februari 1998.'

'Dan bent u dus vijf jaar in Nederland.'

'Maar ik heb pas vier jaar mijn verblijfsvergunning.'

'We tellen vanaf het moment dat u aankomt.'

Ik kon meteen een aanvraag indienen in het gemeentehuis, maar moest wel een afspraak maken voor het officiële gedeelte. Ik wist niet wat ze daarmee bedoelde, maar dat kon mij niets schelen. Ik mocht een paspoort aanvragen.

Het kantoor van de ambtenaar was kaal. Ik had me vaak verwonderd over de saaiheid van de ambtelijke kantoren, er hing niets aan de muren en er stond alleen een bureau met twee stoelen, een computer en een telefoon. Soms was er een raam zodat je naar buiten kon kijken, maar even zo vaak was het een ruimte zonder buitenlicht. De muren waren altijd gebroken wit en op de vloer lag altijd zeil.

De ambtenaar zei dat dit een belangrijk moment voor me was. Ik knikte. We hadden samen de aanvraagformulieren doorgesproken die ik thuis had ingevuld. De ambtenaar ging recht op zijn stoel zitten, schikte zijn stropdas, deed de knoopjes van zijn jasje dicht en pakte zijn tas. Hij legde een dik zwart boek op tafel en twee volgetypte A4'tjes.

'Zo Amina, daar gaan we.'

Wat zouden we nu gaan doen? We hadden toch net alles doorgenomen? De ambtenaar schraapte zijn keel en stelde allemaal vragen. Hoe ik heette, waar ik was geboren, en op welke dag, wanneer ik in Nederland was aangekomen, waar ik woonde en met wie, en wat ik deed. Elke keer als ik antwoord had gegeven zei de ambtenaar heel plechtig: 'Goed zo.'

Als laatste vroeg hij of ik gelovig was. Ik knikte en zei dat ik in Rwanda altijd naar de kerk ging. De ambtenaar pakte het zwarte boek en legde dat voor me neer.

'Leg je hand hierop.'

Bijbel stond er met gouden schuine letters op. De rug van het boek zat aan de bovenkant los en was een stukje achterover gevouwen. Het roomwitte garen waarmee het boek was gebonden stak er aan de bovenkant een beetje uit.

'Op de Bijbel?'

'Straks ga ik je vragen of je de waarheid hebt gesproken en dan moet je met je ene hand op de Bijbel en met je andere hand in lucht zeggen dat je dat hebt gedaan.'

Ik snapte niet zo goed wat de Bijbel daarmee te maken had, maar ik wilde geen risico nemen nu ik zo dicht bij een Nederlands paspoort was. Ik legde mijn hand op de Bijbel.

'Alles wat ik heb gezegd is waar.'

'Dat kun je zo niet zeggen,' zei de ambtenaar. 'Je moet zeggen: dat beloof ik.'

Ik herhaalde zijn woorden en schoof de Bijbel weer naar hem toe.

'Je kunt nu naar het loket om te betalen,' zei de ambtenaar, die de Bijbel in zijn tas terug deed en zijn jasje weer losknoopte.

Na zes maanden kreeg ik een brief van justitie waarin stond dat mijn aanvraag in behandeling werd genomen. Ik begreep niet alles, maar wel dat de koningin blijkbaar over mijn aanvraag ging. Wat zou mijn moeder daarvan hebben gevonden? Er stond niet in hoe lang de koningin erover zou doen. Het was afwachten, maar die tijd had ik nog wel. Drie maanden later kwam er weer een brief. De koningin had besloten dat ik Nederlander mocht worden. Over twee weken kon ik mijn paspoort ophalen bij het gemeentehuis. Ik ging op mijn bed zitten en voelde de energie van de afgelopen jaren uit me stromen. Ik was 27 jaar; wie had ooit gedacht dat het meisje dat veertien jaar geleden hongerig op straat rondzwierf met een baby'tje op haar rug een Nederlandse was geworden? Ik ging naar mijn oude huis, ik moest aan iemand dit geweldige nieuws vertellen.

In de keuken leunde Toussaint tegen het aanrecht. Hij dronk cola uit de fles. Hij en Lorainne waren niet meer samen, maar hij kwam nog steeds naar dit huis.

'Amina, wat kijk je blij.'

'Ik heb een Nederlands paspoort.'

'Laat zien.'

'Ik heb het nog niet, ik kan het over twee weken ophalen.'

'Dan heb je dus geen paspoort.'

Ik was gewend dat Toussaint dingen heel letterlijk nam.

'Dat klopt. Maar ik heb wel een brief waarin staat dat ik er een krijg, dus dan heb ik dat paspoort eigenlijk al voor de helft, vind je niet?'

Toussaint kneep zijn ogen samen. Dat deed hij altijd als hij iets niet begreep.

'Waarom wil je eigenlijk een Nederlands paspoort?'

'Omdat ik me Nederlandse voel.'

'Dat kan niet, je bent Rwandese.'

'Toch is het zo.'

'Rwanda is het land waar je bent geboren, daar kun je toch niet zomaar afstand van doen?'

'Het is ook het land waar ik ben verkracht, geslagen en vernederd. En het land waar ik een man nodig heb om een paspoort te krijgen. Dit paspoort heb ik helemaal zelf kunnen aanvragen.'

Toussaint kneep weer met zijn ogen. We hadden het bijna nooit over Rwanda.

'Toch kun je je niet zomaar een Nederlander voelen.'

'Let maar eens op.'

In de huiskamer zaten Paula en Abeba, ze wilden weten hoe ik dat voor elkaar had gekregen. Ik haalde mijn schouders op.

'Iedereen kan het, als je het maar wilt.'

'Nee, eerlijk,' zei Abeba, 'wie heeft je geholpen?'

Ze keek naar Toussaint die achter me stond en met zijn ogen kneep.

Op een dinsdagmiddag haalde ik mijn paspoort op. Uit school fietste ik naar het gemeentehuis en ging voor de balie in de rij staan. Toen ik aan de beurt was, legde de vrouw achter de balie mijn paspoort voor haar neer. Ik moest tekenen voor overhandiging, daarna schoof ze het rode boekje naar me toe.

'Alsjeblieft.'

Ik streek over de gouden letters die samen de woorden EUROPESE UNIE KONINKRIJK DER NEDERLANDEN vormden. Tranen prikten in mijn ogen. Ik had zo lang op dit moment gewacht, al die jaren, zoveel ellende, was alles het dan toch waard geweest?

'De volgende.' De vrouw achter de balie gebaarde naar een man die achter me stond.

'Tot ziens,' zei ze tegen mij.

In de hal van het gemeentehuis deed ik mijn paspoort open. 'Amina Ingabire' stond er op de tweede regel. Achter nationaliteit stond 'Nederlandse'. Het enige wat niet Nederlands was in mijn paspoort, was mijn geboorteplaats. Voor het gemeentehuis keek ik nog een keer in mijn paspoort, en onderweg naar huis nog een keer, en eenmaal thuis weer.

49

Er was nog niets te zien en toch wilde de dokter een echo laten maken.

'We willen precies weten hoe lang u zwanger bent.'

'Dat weet ik zelf toch.'

'Maar het is beter voor u en uw kind als we het precies weten. En bovendien kunnen we dan de groei van de baby in de gaten houden.'

Henk knikte, en legde zijn hand op mijn arm. Dat deed hij altijd als hij wilde zeggen dat het goed was.

'Oké,' zei ik tegen de dokter. 'We laten een echo maken.'

Samen met Henk liep ik weer naar buiten, hij gaf me een zoen.

'Ik ben gelukkig,' zei hij.

Henk had ik leren kennen via een contactadvertentie. Ik schreef mijn verslagen voor school in de schoolbibliotheek en als ik klaar was surfte ik op het internet. Op een middag klikte ik op een advertentie waarin stond dat zij de juiste partners beloofden en dat ik gratis een advertentie mocht plaatsen. Ik besloot het te doen. Als ik mijn moeder en dochter niet meer een beter leven kon geven, dan moest ik het maar voor mezelf doen. Nu alles in mijn leven op zijn plaats leek te vallen, wilde ik niets liever dan een eigen familie. Ik had niemand in Nederland, ook niemand om nieuwe herinneringen mee te maken.

Ik zette mijn eisen onder elkaar: een Nederlander, van mijn leeftijd, met een rustig karakter, die met mijn verleden kon leven. 120 reacties kreeg ik, waarvan er 110 zo de prullenbak in konden. De rest bewaarde ik.

Henks mail lag bovenop, hoewel ik het raar vond dat hij met twee grote honden in huis woonde. Hij was de laatste die ik antwoordde en de eerste van wie ik antwoord terugkreeg. Henks woorden waren op papier vol rust, de andere antwoorden heb ik niet eens meer bekeken.

Na drie weken mailen en bellen nodigde ik hem bij mij thuis uit. Het voelde goed, ik vond het niet nodig om langer te wachten. Ik was zenuwachtig geweest, maar Henk stelde me vanaf de eerste minuut gerust. 'Voor alles moet je tijd nemen, ook voor ons,' zei hij die avond.

Henk eiste niets van me, dat was nieuw voor me. We waren samen zonder verwachtingen. Als ik me druk maakte, zei hij dat dat nergens voor nodig was.

De zwangerschap kwam onverwacht. Ruim een jaar nadat Henk zenuwachtig met een bos bloemen voor mijn deur had gestaan, werden we verrast met een nieuw leven. Ik voelde me al een paar weken misselijk, en toen mijn borsten gevoelig werden en opzetten, wist ik dat ik zwanger was. Ik deed voor de zekerheid een test en liet die aan Henk zien. Ik wist niet of ik blij moest zijn of niet. We hadden het leuk samen, maar we hadden nog nooit over onze toekomst gepraat. Ik wist niet eens of Henk vader wilde worden. Hij was blij en omhelsde me.

'Kom bij me wonen, Amina.'

Ik zei niets. Ik dacht aan Toussaint die toen Lorainne bij hem ging wonen, haar alle hoeken van hun huis in trapte. En aan Julien die in Hannover woonde en Denise elke dag vertelde wat ze moest doen. Wat zou Henk doen als ik bij hem ging wonen?

'Ik zal erover nadenken,' beloofde ik.

Ik was bang dat hij boos zou worden, maar Henk zei alleen maar dat hij het leuk zou vinden als ik bij hem kwam wonen, maar dat ik dat zelf moest beslissen.

Meer vrijheid had hij me niet kunnen geven. Toen ik met Sandra op mijn bed zat, had ze gezegd dat ik mijn gevoel moest volgen. Ik was niet gewend om naar mezelf te luisteren, maar nu hoorde ik duidelijk mijn eigen stem. Hoe moest ik nieuwe herinneringen maken als Henk honderd kilometer verderop woonde?

Toen ik zes maanden zwanger was, kwam Henk met zijn zwager in een gehuurd busje naar Heemskerk. Abeba stond met haar zoon in haar armen in de huiskamer. Haar vriend was met een Nederlandse getrouwd zodat hij in Nederland kon blijven. De eerste maanden dacht Abeba dat het echt alleen maar om de papieren ging, maar haar vriend kwam steeds minder thuis en op een dag had hij gezegd dat hij haar nooit meer wilde zien. Abeba ging bij Lorainne wonen, maar dat was geen succes. Na een paar weken stond ze met twee plastic Albert Heijn-tassen en haar vier maanden oude zoon voor de deur. Ik zei dat ze zolang bij mij kon slapen. Ik had de huur voor de hele maand betaald, over drie weken ging ze weer terug naar Lorainne.

'Jouw man doet alles voor je,' zei Abeba.

Ze keek naar Henk die mijn spullen in dozen pakte en ze naar de bus bracht.

'Toen ik negen maanden zwanger was, stuurde mijn vriend me er nog op uit om het huis van zijn vriend schoon te maken.'

Abeba nam haar zoon mee naar haar kamer, waar ze hem in bed legde. Hij begon te huilen. Abeba zwaaide naar me en deed de deur dicht. Achter de dichte deur hoorde ik haar ook huilen. Ik wreef over mijn buik. De baby schopte. Ik kon me niet herinneren dat ik Nina of Germaine had voelen schoppen.

'Ik ben klaar.'

Henk stond met bezweet hoofd voor me en had twee tassen in zijn handen. Het waren mijn boeken. Als alles goed ging, was ik klaar met mijn opleiding voordat de baby werd geboren.

'We gaan naar huis,' zei ik en ik pakte een tas van Henk zodat ik hem een hand kon geven. Hand in hand liepen we de flat uit. Ik rook nog één keer de zilte zeelucht en stapte bij Henk in de bus, op weg naar de weilanden.

Onze dochter werd op een prachtige lentedag in april geboren. In de maand dat ook mijn twee andere dochters waren geboren. Nadat ik mijn examens had gehaald zei iedereen dat ik nu van mijn zwangerschap kon genieten. Het lukte me niet. Ik droomde van Nina en Germaine en was meer met mijn overleden dochters bezig dan met het nieuwe leven in mijn buik.

Waarom was het me niet gelukt om Nina in leven te houden? Waarom had ik Germaine aan mijn moeder meegegeven? Had ik haar niet beter bij me kunnen houden? Dan had ze misschien nog geleefd. Ik vond het moeilijk om moeder te worden terwijl ik dat al was. Of eigenlijk was geweest. Henk had de echo aan zijn vader en zijn zus laten zien. Een foto van ons ongeboren kind. Een wazig zwart-witplaatje met een pijl die de verloskundige erop had gezet zodat wij wisten waar het hoofdje was. Ik had geen enkel aandenken aan Nina en Germaine, alleen mijn herinneringen. En van deze baby, die nog niet eens geboren was, had ik al een foto.

In het ziekenhuis lag ik op een zacht bed, en de verpleegster, die elk kwartier kwam kijken, vroeg of alles goed ging. Op mijn buik zaten stickers met draden die naar een monitor liepen. Ik kon op het scherm de hartslag van mijn kind zien en de pieken van mijn weeën. Henk zat naast me en las een blad over auto's dat hij in de wachtkamer had gevonden. Ik had twee kinderen alleen op de wereld gezet, op een koude betonnen vloer. Nu lag ik met alle hulp die ik me kon wensen om me heen en was ik bang. Hoe moest ik bevallen?

Mijn derde dochter was de lichtste van alle drie. Ze leek op Henk, maar dan gekleurd. Haar zwarte haartjes waren lang en fijn en lagen plat op haar hoofd. Ze had een wit pakje aan dat Henk en ik samen hadden gekocht. Op de vensterbank van de ziekenhuiskamer stond een Maxi-Cosi met daarin een knuffel en een zacht roze fleecedekentje. Ernaast lag een stapel kleertjes. Op de eerste dag van haar leven had mijn derde dochter al meer spullen dan haar twee zussen ooit samen hadden gehad.

De verpleegster bracht beschuit met muisjes en de zus van Henk kwam naar de baby kijken. Dit nieuwe leven werd door iedereen gevierd. Het voelde oneerlijk naar Nina en Germaine toe, ook al kon dat kleine meisje in mijn armen daar niets aan doen.

50

Ik had het leven waar ik vroeger onder de brug in Ruhengeri van droomde: een prachtige dochter, een lieve man, leuk en interessant werk in een verpleeghuis en een mooi, groot huis met weilanden voor en achter. Onder de brug had ik vaak over zo'n leven gefantaseerd voordat ik in slaap viel, zodat de dromen over deze fantasiewereld, waar ik gelukkig en veilig was, vanzelf kwamen.

In Nederland gebeurde het omgekeerde en hielden de nachtmerries over Rwanda me uit mijn slaap. In Uganda had ik een deel van mijn leven kunnen verwerken, maar om het af te sluiten moest ik teruggaan naar dat leven. Ik wachtte tot mijn dochter twee was, de leeftijd die Germaine had toen ik haar voor het laatst had gezien in het vluchtelingenkamp. Toen was het tijd om terug te gaan naar Rwanda.

Twaalf jaar geleden was ik opgelucht de grens van Rwanda en Zaïre over gestapt. Ik was blij dat ik mijn land uit was. Nu vloog ik erboven en keek naar de stad die onder me lag. Ik kende Kigali alleen uit mijn jeugd toen ik een paar maanden bij Paul had gewoond. Vanuit de lucht leek het op een bruine vlek tussen de groene bergen, met in het midden een hoopje witte gebouwen. Zenuwachtig wachtte ik het moment af dat het vliegtuig ging landen en ik geconfronteerd werd met mijn geboorteland.

'*Murakaza neza,*' zei een vrouw op het vliegveld toen ik het vliegtuig uit stapte. Ze heette me welkom in Rwanda. Naast haar wapperde de nieuwe blauw-geel-groene Rwandese vlag met een gele zon op de blauwe strook.

De bruine vlek was op de grond een groene oase. Ik kon me niet meer herinneren dat Kigali zo groen was. Om me heen liepen mensen die ik kon verstaan. Het Kinyarwanda had ik lang niet gehoord. En al helemaal niet van zoveel mensen. Ik zocht naar de woorden, sprak ik ze wel goed uit? Overal liepen mannen in pakken en vrouwen in mooie jurken. Sommigen hadden een mobiele telefoon.

In de centrale hal van het vliegveld stond een rij computers en werd bij een koffiebar cappuccino verkocht. Er hingen grote reclameborden met daarop Rwandese mannen en vrouwen in westerse kleding die zichtbaar aan het genieten waren van hun telefoon, camera of koffie. Was dit het Rwanda dat ik had verlaten? De armoede die ik kende uit de dorpen in het noorden van het land was oneindig ver in dit rijke stukje niemandsland.

De luchthaven zag er nieuw uit. Op een spandoek in de hal stond dat die nog maar net was geopend. In de hal liepen ook vrouwen met traditionele Rwandese rokken en blouses. Ik werd blij van de felle kleuren in de donkere hal.

De paspoortcontrole vreesde ik het meest. Wat zouden ze zeggen? Mocht ik het land nog wel in? Was ik voor hen nu een muzungu?

De politieagent sloeg mijn paspoort open en keek onder het

lezen steeds naar mij. Ik rook zijn zure zweetlucht door zijn ongewassen uniform heen. Een geur die voortkwam uit een combinatie van angst en macht. Zo roken de meeste mannen die ik in Rwanda was tegengekomen.

'Waar kom je vandaan?'

'Uit Nederland.'

Hij keek weer naar mijn paspoort.

'Waar kom je vandaan?' vroeg hij nog een keer.

'Ik ben in Rwanda geboren, maar ben nu Nederlands staatsburger.'

'Dat kan niet.'

'Toch staat dat in mijn paspoort.'

De agent bladerde er voor de derde keer doorheen.

'Wat voor land is Nederland?'

'Een klein land, zonder bergen.'

Ik wist niet hoe ik Nederland moest uitleggen aan iemand die waarschijnlijk nog nooit verder dan de stadsgrenzen van Kigali was geweest. De man knikte.

'Toch kun je niet zomaar geen Rwandese meer zijn.'

Ik wist dat hij me niet zou laten gaan voordat hij een voor hem logische verklaring van mijn nieuwe nationaliteit had.

'Mijn man is Nederlands.'

'Vandaar.'

Hij keek tevreden en gaf mijn paspoort terug.

Bij het ophalen van mijn bagage stond er een andere agent.

Hij keek ook naar mijn paspoort.

'Ben je Rwandese?'

Ik knikte.

'En Nederlandse vanwege mijn man.'

Ik had geen zin in nog een discussie.

'Welke koffer is van jou?'

Ik wees naar de groene koffer. Het was de koffer van Henk. Er zaten twee sloten op die ik alleen met een cijfercode kon openmaken.

'Maak open.'

Ik pakte de koffer en draaide aan de vier wieltjes om de juiste cijfers naast elkaar te krijgen zodat het slot zou openspringen. Bij de eerste poging ging de koffer niet open. Ik probeerde het nog een keer. Was het mijn postcode, of mijn geboortedatum? Of de datum dat ik in Nederland was aangekomen? Ik probeerde alle cijfercombinaties die in me opkwamen, maar de koffer ging niet open. Henk was op zijn werk, ik kon hem niet bellen.

'Weet je zeker dat het jouw koffer is?' vroeg de agent.

Hij zwaaide met mijn paspoort in de lucht, alsof hij wilde benadrukken dat ik zonder hem het land niet in kwam. Zijn toon en houding bevielen me niet. Ik was nog geen uur in Rwanda en werd al meteen gewezen op de onderdanigheid die van een vrouw werd verwacht. Ik had spijt dat ik zoveel geld had uitgegeven en mijn man en dochter had achtergelaten om naar dit land te komen.

'Amina?'

Een lange slanke man stond achter me. Het was Jean-Paul, de broer van Chantal. Ik herkende hem van de foto die zij me had laten zien. Chantal was een Rwandese vriendin die ik in het asielzoekerscentrum in Drachten had leren kennen. We hadden zes weken bij elkaar gewoond, daarna werd zij overgeplaatst naar het zuiden van Nederland. Chantal kwam uit een rijke familie uit Kigali en was via Burundi in Nederland terechtgekomen. Haar familie was in Kigali achtergebleven. Toen ze hoorde dat ik terugging, had ze haar broer gevraagd om te kijken of alles goed ging. Jean-Paul kende mensen op het vliegveld, met hem lukte het om zonder problemen Rwanda binnen te komen.

Jean-Paul pakte mijn paspoort uit de handen van de agent. 'Zij gaat met mij mee.'

De agent keek naar Jean-Paul, die in een grijs pak met een paarse stropdas voor hem stond. Hij durfde niet te vragen wie de man was, maar durfde hem ook niet tegen te spreken. Hij kon alleen maar knikken en een stap achteruit doen. Het was lang geleden dat ik iemand nodig had om iets gedaan te krijgen. Met Jean-Paul liep ik langs alle politie en controleposten op de luchthaven. Ik realiseerde me dat het de komende weken op deze manier zou gaan.

Op het grasveldje voor de luchthaven stonden Jeanine en mijn nichtje Julienne. Julienne had in het vluchtelingenkamp bij mijn moeder gewoond en was samen met haar en Germaine terug naar Rwanda gelopen. In de stroom mensen waren ze elkaar uit het oog verloren en Julienne was alleen in Vunga aangekomen. Van haar familie was niemand meer over en Jeanine had haar in huis genomen.

De twee vrouwen stonden zwijgend in het zonlicht en keken naar de reizigers die uit het grote gebouw kwamen. Ze waren verrast om mij te zien, dat hadden ze niet verwacht. Het was voor hen onvoorstelbaar dat een vrouw alleen van Amsterdam naar Kigali reisde. Eerst waren ze verbaasd geweest toen ik vertelde dat ik naar Rwanda zou komen, daarna toen ik zei dat ik alleen kwam.

'We zullen zien,' was het enige wat Jeanine had gezegd. Jeanine droeg een rok die ik haar vier jaar geleden had gegeven. Om haar middel zat een riem zodat de rok niet afzakte. Ik omhelsde haar. Haar handen rustten op mijn rug, ik voelde ze bijna niet. Het leken twee kinderhandjes die net niet bij de rug van een volwassene konden en verdwaald bleven hangen. Kinderen hadden geen kracht in hun omhelzing, Jeanine ook niet. Op haar rug hing haar vierde kind in een doek. Het was een meisje. Ik wilde vragen of Emeraude de vader was, maar ik bedacht me. Het was onbelangrijk.

Jeanine en Julienne stonden stil en verlegen op me te wachten. Ik had gezegd dat ze met de bus naar Kigali moesten komen en dat we met de auto naar Vunga zouden rijden. Jean-Paul had een chauffeur geregeld die de ongeveer zestig kilometer naar het noordwesten zou afleggen.

Ik zat achterin, tussen Jeanine en Julienne. Mijn kleine nichtje had ik op schoot. Ik keek langs de chauffeur door de voorruit van de auto naar het landschap dat zo vertrouwd had moeten zijn, maar ik herkende het niet. De herinneringen die ik van Rwanda had waren niet die van de glooiende bergen, de intens groene kleur van de bomen, de helderblauwe lucht en de geur van de rode zandgrond. Dat viel me nu pas allemaal op.

51

Jeanine nam me mee naar de plek waar mijn moeder was begraven. Na de oorlog was het lichaam van mijn moeder uiteindelijk in Vunga terechtgekomen. Niemand wist hoe, maar toen het er was moest ze worden begraven. Oscar had geld geleend van een achterneef van mijn moeder zodat hij een schep kon kopen en een kist. Hij kon geen betere plek verzinnen dan de bonentuin op het erf van ons oude huis.

Toen ik dat hoorde, besefte ik dat ik naar Rwanda moest. Het was het laatste zetje dat ik nodig had om een retour Amsterdam-Kigali te kopen. Hoe erg ik de confrontatie met mijn verleden vreesde, ik kon niet leven met de gedachte dat mijn moeder tussen de bonen lag.

Henk vroeg of hij mee moest gaan, maar ik wilde dat hij thuisbleef bij onze dochter. Dit moest ik alleen doen.

Mijn oude huis lag er verlaten bij. Oscar was er niet. We liepen langs het huis naar de achterkant. Jeanine voelde met haar hand tussen de bonenstruiken.

'Hier ligt ze.'

'Hoe weet je dat?'

'Onder de aarde kun je de kist voelen.'

Ik voelde tussen de struiken. De aarde was inderdaad harder op de plek waar de hand van Jeanine was.

'Waarom is ze hier begraven?'

'Oscar zei dat dit de beste plek was.'

Hij had niet eens de moeite genomen om een houten kruis te maken. Boos trok ik de planten uit de grond. Allemaal, net zo lang totdat er op de plek waar de aarde hard was geen bonenstruiken meer stonden. Jeanine keek naar de planten die rondom ons op de grond lagen. Voor haar waren het bonenstruiken, het enige voedsel dat ze op sommige dagen had, voor mij was het onkruid. Planten die niet op mijn moeder mochten groeien.

'Onze moeder,' schreeuwde ik. 'Hoe kon hij dit doen?'

Jeanine boog haar hoofd, zoals ze altijd deed als iemand schreeuwde.

We liepen terug naar de auto. Een lange vrouw stond naast de chauffeur. Haar haren hingen in plukken rond haar gezicht en haar kleren waren oud en vies. Toen ze mij zag, rende ze op me af en knielde voor mijn voeten. Jeanine ging achter mij staan.

'*Umukobwa wanjye*, mijn dochter,' zei de vrouw zacht. Ik tilde haar aan haar arm omhoog. Ze woog bijna niets. Pas toen ik in haar ogen keek, herkende ik Constance. De lange, slanke vrouw die ik als kind had bewonderd, had zich huilend aan mijn voeten gestort. Haar man en twee van haar kinderen hadden de oorlog niet overleefd. Al haar geld was ze kwijtgeraakt. Een neef van haar moeder was bij haar in huis komen wonen en nu deelden zij gedwongen een huishouden.

'Hij is mijn nieuwe man,' zei Constance.

Ze knielde nog een keer aan mijn voeten. Ik kon niet geloven dat de vrouw die mij had gecommandeerd en in ruil voor een beetje eten haar huishouden had laten doen nog geen schim was van de vrouw die ze ooit was geweest.

'Umukobwa wanjye,' zei ze nog een keer. 'Ik heb me niet voorbereid op je komst, en kan je niet in mijn huis uitnodigen.'

'Dat hoeft toch niet.'

'Mijn huis moet altijd openstaan voor familie, maar ik kan je niks aanbieden.'

Ik snapte de boodschap en stuurde Julienne met de chauffeur naar het dorp om bier en brochettes te kopen.

Het huis van Constance was vervallen. De levenslust waarmee zij er ooit in was geslaagd om van elke kamer een paleisje te maken was verdwenen. Haar ogen waren koud en kil, net als het leven dat ze nu had. Toen we na een uur weggingen vroeg ze of ik haar geld kon geven.

Het was lang geleden dat ik zelf mijn hand had moeten ophouden. Mijn status van een arm, vies bedelend straatkind zonder toekomst was veranderd in die van een rijke westerse vrouw met de wereld aan haar voeten. Mijn grootste wens was vroeger om iemand te zijn, maar nu ik het was, voelde ik me er ongemakkelijk bij.

Vunga was veranderd. Na de oorlog waren de meeste mensen niet teruggekeerd en vreemden waren in het dorp gestrand en in de lege huizen gaan wonen. Ik sliep bij Jeanine, die aan de oostkant van het dorp woonde in een klein huis met twee kamers. Jeanine en haar vier kinderen sliepen in de ene kamer, waar naast het bed ook een tafel en drie stoelen stonden. In de andere kamer stond het oude bed van mijn broer. Jeanine had het samen met Oscar naar haar huis gesjouwd zodat ik daarop kon slapen.

Het huisje lag vlak bij de kerk en een kwartier lopen van het marktplein en de waterput. De eerste ochtend dat ik wakker werd in het bed van mijn broer rook ik het vuur dat Jeanine achter het huis had gemaakt. In de pan op het vuur pruttelde maïspap. Ik voelde me schuldig dat ik haar niet had geholpen, maar toen de zon opging sliep ik nog. Ik was gewend om zeven uur op te staan, niet om halfvijf. Thuis zette Henk koffie en at ik een boterham met kaas. Pap was het enige wat bij Jeanine op tafel kwam.

In de middag liepen we samen naar het plein waar de markt was. Ik kende bijna niemand meer, maar iedereen kende mij. Buren en hun families, verre neefjes en nichtjes, mensen bij wie ik in de klas had gezeten; sommigen wilden mijn hand schudden, anderen waren terughoudend. Na een paar uur was ik uitgeput en wilde naar huis.

We liepen langs het huis waar vroeger de bar was en waar mijn vader al ons geld erdoorheen joeg. Het dak was ingestort, net als twee van de vier muren. Jeanine zei niets. Had zij dezelfde herinneringen? Had zij ook de pijn gevoeld toen zij na de oorlog weer door het dorp liep?

Voorbij de bar was de halfhoge beige bakstenen muur. Vier jonge meisjes stonden bij de waterput en vulden hun potten en pannen. Ze keken naar twee jongens die verderop met een katapult steentjes tegen een fles aan het schieten waren. Ik wilde blijven kijken naar de meisjes, hoe ze met de gevulde potten op hun hoofd weer naar huis zouden lopen, maar ik werd misselijk en gaf over langs de kant van de weg. Jeanine keek de andere kant op. Ze durfde niet te vragen waarom ik plotseling zo ziek was geworden.

'Voortaan lopen we langs de andere kant van het dorp terug naar je huis,' zei ik tegen Jeanine en ik veegde mijn mond aan mijn mouw af. Ik wilde de waterput nooit meer zien.

52

We reden van Vunga naar Ruhengeri in een oude witte bus. De houten stoelen waren ooit bekleed met een stof in twee kleuren blauw, maar waren nu vaal en grijs. De vering van zowel de stoelen als de bus was kapot. De ramen konden niet dicht, zodat het in de drukke bus door de warmte en dieseldampen van buiten nog benauwder werd. De weg naar het noorden was maar voor een deel geasfalteerd en zat vol hobbels en kuilen.

Julienne op haar stoel bij het raam zat na vijf minuten al onder het stof. Ik had gevraagd of ze mee wilde naar de stad omdat ik bang was om alleen te gaan. Mijn nieuwe rol in Rwanda beangstigde me. Met de kleren die ik droeg en de portemonnee in mijn zak was de anonimiteit van het straatmeisje verdwenen. Vrouwen die vroeger op me spuugden, gedroegen zich onderdanig, mannen die me hadden uitgescholden hielden hun hand op, kinderen die me hadden gepest duwden nu hun kinderen naar voren om ze te laten zien wie ik was geworden. Ik had me nooit kunnen voorbereiden op deze nieuwe rol en het viel dan ook niet mee om ermee om te gaan.

Ik had Julienne mijn mobiele telefoon gegeven.

'Als er iets gebeurt, dan kun je bellen.'

'Wat gebeurt er dan?'

'Dat weet ik niet, maar stel dat er wat gebeurt, dan heb je een telefoon zodat je iemand kunt bellen.'

'Wie dan?'

'Jeanine, of de politie, het ligt er natuurlijk aan wat er gebeurt.'

Julienne keek naar de telefoon in haar handen. Ik vroeg me af of ze wist wat ze moest doen als ik zou worden overvallen. Door emoties of straatjongens, ik wist niet wat eerder zou komen. Om het voor haar makkelijk te maken zei ik dat als er iets gebeurde, ze dan Jeanine moest bellen. Ze knikte en stopte de telefoon in haar tas.

Het busstation van Ruhengeri was ook veranderd. Het rechte zandpad waar de bussen ooit achter elkaar stonden was bijna verlaten. De rechterkant van de weg was opgebroken en de stenen lagen op een hoop, naast een berg zand. Een hond snuffelde aan de zandberg en tilde zijn poot op. De marktvrouwen die hier in de ochtend altijd zaten waren er niet meer. Langs de zijkant van het busstation stonden nu stenen huisjes met plastic daken.

Eén huisje was turkoois geschilderd, de andere waren allemaal donkerrood. De deuren van de huisjes stonden open en voor het eerste huisje stonden een tafel met een stoel. De hectiek die ik had verwacht was er niet. Een paar mannen reden met hun motoren naar de bus en riepen 'taxi'. Straathonden schoten vlak voor de motoren naar de zijkant van de weg. Julienne en ik stonden op een nagenoeg leeg busstation. We liepen het lange zandpad af, het busstation uit, de stad in.

De drukte van het busstation had zich verplaatst naar het

centrum van de stad. Elke meter die we op de hoofdstraat liepen werd het drukker. Auto's, motortaxi's, en honderden mensen langs de weg. De armoede was hier zichtbaarder dan in Vunga. Overal liepen kinderen op straat met hun broertjes en zusjes aan de hand. Ze renden achter me aan en vroegen om geld en eten. Jonge meisjes liepen langs de kant van de weg met hun kind op hun rug en wachtten tot mannen hen meenamen. Ze wilden alles doen, als het maar geld of eten opleverde.

Het aantal verminkte mensen was groot. Bijna de helft van de mensen op straat miste een arm of een been, of had andere zichtbare verwondingen. Ik had nog nooit zoveel mensen met krukken gezien. Of mensen zonder benen die in een zelfgemaakt karretje zaten en zichzelf met twee stokken vooruit duwden. De levendige sfeer was weg, het was stil op straat, ondanks alle mensen om me heen.

Na een kwartier was ik bij de rotonde, rechts was de weg naar het hotel, links de weg naar de brug. De weg was breder en er was meer verkeer dan vroeger. In het midden van de rotonde groeide een boom, er was een hek omheen gezet. Een wit busje met op de zijkant in rode letters GORILLA TOURS reed de rotonde op. Er zaten tien blanke toeristen in. Hun tassen lagen op het dak en waren met touwen vastgebonden. Eén man had een fototoestel om zijn nek en maakte een foto van de boom op de rotonde.

De bus nam de rechterafslag, ik ging naar links. Julienne liep tien meter achter me en ik keek om of ze me volgde. Ik had gezegd dat ik alleen wilde zijn en dat ik daarom liever had dat ze achter me ging lopen. Ze vroeg niet waarom, maar telde de passen die ik nam. Na tien passen begon zij weer te lopen.

Bij de brug was het druk. De bosjes en het gras waar ik me vroeger verstopte waren weg. Het water stond hoger. Langs de waterkant kon ik nog net rechtop lopen. Er was niet veel plek meer onder de brug, en al helemaal niet om te slapen. Boven op de brug was een markt. De bar op de hoek was voor de helft verwoest. Op de muur stond alleen nog de letter B, de rest was weg. De huizen achter de bar waren nieuw. De stenen waren lichtrood, de daken nog niet verroest. Op de markt was het druk. De meeste vrouwen verkochten groenten of vlees, één vrouw had een tafel met oude kleren uit Europa die voor een paar honderd frank werden verkocht. Bovenop lag een roodwit Ajax-shirt.

Ik zei tegen Julienne dat ze op de markt op me moest wachten en liep de schuine helling af naar het water. Het water was schoon en het glas dat er meestal in lag, was er nu niet. De grond was bedekt met grind, het kleurde het water bij de kant rood. Ik liep onder de brug door. Ik wilde teruglopen, maar mijn keel zat dicht. Als ik mijn ogen sloot hoorde ik de stemmen van Mama-juna en Mama-mina die met hun kinderen bij het water zaten. Ik zag de soldaten door het gras lopen met hun broek op hun knieën en hoorde ze mijn naam roepen. Ik voelde de angst die ik elke nacht onder de brug had gehad voordat ik ging slapen. Bij het water maakte ik mijn gezicht en hals nat. Het was koud. Net als de tranen die over mijn wangen rolden.

Met Julienne tien passen achter me liep ik door de wijk waar ik had gesmeekt om werk en had gebedeld om geld en eten. Het huis van Emilie was er niet meer. Ik vroeg me af hoe ze zo'n groot huis hadden kunnen verwoesten. Op de plek lag alleen een berg stenen en stukken plastic. Ik probeerde andere huizen te herkennen waar ik had gewerkt, maar niets leek meer op vroeger.

Bij een hek van een groot huis stond een meisje. Ze was mager en had een grote groene trui aan. De trui slobberde om haar heen, alleen bij haar buik was de stof glad getrokken. Ze was zwanger.

'Wat wil je?'

Een vrouw stond met haar handen in haar zij voor de deur van het huis.

'Mevrouw, alstublieft, heeft u werk? Of eten?'

Het meisje stak haar hand door het hek. Met twee grote stappen stond de vrouw voor het meisje en sloeg haar hand terug.

'Donder op.'

'Mevrouw, ik kan alles doen wat u wilt, maar ik heb eten nodig voor mijn baby.'

Het meisje streek over haar buik.

'Hoer!'

Het meisje keek naar de grond en liet de vrouw tegen haar schreeuwen.

'Je wilt wel plezier hebben met mannen en nu je een dikke buik hebt loop je langs de deuren? Waar is je man nu? Of heb je meer mannen?'

Het meisje bleef staan. Ze was gewend dat er tegen haar geschreeuwd werd. Soms kreeg ze alsnog een stuk brood of een frank toegeworpen en daarom onderging ze de scheldtirade van de vrouw. Uit ervaring wist ik dat deze vrouw haar nooit iets zou geven, die was allang blij dat ze zelf haar leven op orde had. Ik liep naar het meisje toe en gaf haar duizend frank.

'Koop maar wat eten.'

Het meisje keek naar het geld in haar handen en liep weg. Het was niet meer dan anderhalve euro, maar voor haar betekende het een maand overleven. Ik wist dat ze te verbaasd was om me te bedanken.

'Ze bedankt niet eens,' zei de vrouw verontwaardigd alsof ze het geld zelf had gegeven.

'Dat hoeft ook niet.'

De vrouw keek naar mij en naar Julienne die nog steeds tien meter achter me stond.

'Die meiden denken maar aan één ding, en als het dan te laat is, kloppen ze bij ons op de deur.'

'Ze worden zwanger omdat mánnen maar aan één ding denken,' wees ik de vrouw terecht.

53

Een paar dagen later was ik weer met Julienne in Ruhengeri en stond ik voor hotel Karisimbi. Het hotel lag nu verscholen achter groene bomen en bosjes, vroeger kon ik het halverwege de weg al zien liggen. Aan de zijkant was een nieuwe parkeerplaats gemaakt waar kleine busjes geparkeerd stonden die in de ochtend de toeristen naar het park brachten waar de gorilla's op ze zaten te wachten.

Op het terras voor de deur stonden vier witte plastic tafels, met daaromheen lichtgroene plastic stoelen. Het roodwit geruite kleed op de tafels was van papier. De natte bierglazen hadden er kringen op achtergelaten. Twee tafels waren bezet. Aan de ene zaten een oudere man en vrouw. Ze hadden dezelfde kleren aan, een groene broek en een beige overhemd. De vrouw leek op haar man, en de man op zijn vrouw.

Aan de andere tafel zaten twee jonge vrouwen met lang blond haar en zwarte zonnebrillen op. Voor hen lag een boek op tafel waar heel groot RWANDA op stond, met daaronder een foto van een brullende gorilla. De twee vrouwen bekeken samen de voorkant en sloegen daarna het boek open. Ik liep langs de tafels naar de ingang. Op de deur hingen posters van reisorganisaties die tochten naar Uganda en Congo aanprezen. Op een van de posters was een oude blanke vrouw met lang grijs haar te zien. Ze heette Jane, of Nyiramacibiri, 'de moeder van de gorilla's', zoals iedereen haar hier kende.

De glazen deur was open en ik bleef in de deuropening staan. De bruine marmeren vloer met lichte strepen glom in het binnenvallende zonlicht. Tegenover de glazen deur was de donkerbruine houten balie. Er stonden twee computers op. Achter de balie hing een grote kaart van de provincie Ruhengeri.

'Mevrouw, loopt u maar verder.'

Het meisje achter de balie lachte vriendelijk naar me.

'U mag best binnenkomen,' probeerde ze nog een keer.

Ik durfde niet naar binnen. Eén keer had ik voor de deur gestaan. Nina huilde heel hard, we hadden honger. De man die toen achter de balie stond, was naar buiten gelopen en had mij het terras af geduwd. 'Mensen zoals jij zijn hier niet welkom,' had hij geroepen. Hij had een stok gepakt, waarmee hij me hard tegen mijn been sloeg. Ik zakte in elkaar, versuft van de honger en de klap die ik had gekregen. De man stond naast me en hield de stok dreigend omhoog. Op handen en voeten kroop ik het terras af. In het hotel waren tientallen mensen aan het werk, maar niemand had de moeite genomen om te vragen waarom ik daar met mijn baby stond. Ze keken allemaal een andere kant op.

Een kelner uit het restaurant kwam op me af lopen.

'Mevrouw, kan ik u helpen?'

Ik schudde mijn hoofd, ik kon alleen mezelf helpen. Ik liep naar binnen, hoorde de stem van de man met de stok, draaide me om en liep meteen weer naar buiten. Julienne stond voor me. Ze wachtte op wat ik ging doen.

'Heb je honger?'

Ze zei niets.

'Wil je eten?'

Ze knikte. Ik duwde haar het hotel in en zei dat ze naar het restaurant moest lopen. Ik moest wel achter haar aan, ik kon haar niet alleen naar binnen laten gaan. Het meisje achter de balie knikte bemoedigend naar ons toen we in de lobby stonden.

'Het restaurant is daar,' wees ze.

Aan een tafel met een wit stoffen tafelkleed zaten Julienne en ik tegenover elkaar. Julienne pakte het servet en keek hoe dat was gevouwen. De kelner die me net in de lobby zijn hulp had aangeboden stond naast me.

'Welkom mevrouw, wat kan ik voor u doen?'

Hij legde de menukaart voor ons neer.

'Voor haar een friet en voor mij een brochette.'

Ik kreeg het uit mijn mond zonder te stotteren. De kelner tikte met zijn pen tegen zijn opschrijfboekje en zei dat het eraan kwam.

Het was niet druk in het restaurant. Van de vijftien tafels waren er vier bezet. Twee Afrikaanse mannen in pak dronken bier. Er lagen twee mobiele telefoons op tafel, naast een stapel papieren waar een van de mannen zijn hand op had gelegd. De andere tafels waren bezet door toeristen. Niemand maakte zich druk dat ik er was. Ik was voor hen gewoon een vrouw die kon bestellen wat ze wilde, maar ik voelde me dat meisje dat bij de achterdeur had staan wachten op de restjes die in de vuinisbak werden gegooid.

Julienne at haar frietjes op, maar ik kreeg geen hap door mijn keel. De brochette bleef onaangeroerd op mijn bord liggen.

Ik stond op en zei tegen Julienne dat ik zo weer terug was. In mijn gedachten was het hotel heel groot, maar nu stond ik binnen een paar stappen aan de achterkant. Het hek was vernieuwd, steviger en hoger. Ik zou er niet overheen kunnen klimmen, en een meisje met een dikke buik al helemaal niet. De vuilnisbakken stonden verder van het hek af, naast een kleine grijze container. Vanuit de bosjes waar ik stond kon ik de keukendeur niet zien, maar ik hoorde aan de gedempte stemmen dat de deur dicht was.

Julienne en ik stonden op het grasveld naast het hotel. We waren op het geluid afgekomen. Mannen schreeuwden, er werd geklapt en gezongen. Vier mannen met bruinwitte rokken aan en om hun borst blauwwitte banden sprongen met speren en schilden hoog in de lucht. Rond hun enkels hadden ze banden met bellen en op hun hoofd droegen ze pruiken van bossen lang droog gras. Vrouwen met groene rokken en zwarte shirts sloegen met stokken op een grote trommel die in het gras stond. Ze zongen met luide, hoge stem. Ik had dit eerder gezien, toen ik bij Paul woonde.

'Dat zijn de wortels van ons bestaan,' had hij gezegd toen we naar de dansers keken die ter ere van een bruiloft op een plein in Kigali dansten.

Toeristen met camera's in hun handen fotografeerden en filmden de dansers. Naast me stonden de man en vrouw die op elkaar leken en die ik eerder op het terras had gezien. Ze kwamen uit België, ik herkende de zachte tongval.

'Wat is dit mooi,' zuchtte de vrouw. Haar man zei niets omdat hij aan het filmen was.

'Weet jij wat het is?'

'Het zijn Intore-dansers, krijgers die vroeger voor de koning dansten om te laten zien hoe moedig ze waren,' legde ik uit.

De vrouw knikte. In haar handen had ze een boek met daarin een plaatje van een danser die er net zo uitzag als de dansers voor ons. Ze wees op het boek.

'Dat heb ik niet meer nodig, ze staan in levenden lijve voor me.'

Ze klapte het boek dicht en stopte het in de tas die bij haar man op zijn rug hing. Hij wees geërgerd naar de camera en legde zijn vinger op zijn lippen om zo duidelijk te maken dat we stil moesten zijn. De vrouw rolde met haar ogen.

'Wat is dat?'

Ze wees op de meterhoge drum waar een vrouw met twee platte stokken op sloeg.

'Dat is de *ingoma*.'

Het verbaasde me hoeveel ik nog wist. Paul had die dag alles aangewezen en benoemd. '*Ingabo, umeheto, icuma*, het schild, de pijl en boog, en de speer. Vergeet dat nooit,' had hij gezegd.

De Belgische vrouw zei dat ze met haar man een rondreis door Oost-Afrika aan het maken was en een week in Rwanda bleef. Ik vroeg wat ze van het land vond.

'Het is klein, eigenlijk net België. In een dag rij je overal naartoe.'

'Maar het weer is beter.'

Lachend beaamde ze dat ik gelijk had. De krijgers gilden en sprongen hoog in de lucht. Ze stonden nu tegenover de vrouwen die op de trommel sloegen, sprongen weer in de lucht en maakten plaats voor de vrouwen, die naar het midden van het grasveld liepen om te dansen.

'De vrouwen zien er prachtig uit, wat hebben ze op hun hoofd?'

Ze wees naar de band van bananenbladeren die de vrouwen om hun hoofd hadden geknoopt.

'Dat is het symbool van moederschap.'

De vrouwen zetten grote gevlochten manden op hun hoofd. Ik was vergeten waarom dat was; gelukkig vroeg de Belgische vrouw niet verder.

'Het zijn altijd de vrouwen die de lasten moeten dragen, is het niet?,' zei ze.

We keken naar de grote manden die de vrouwen zonder moeite op hun hoofd lieten balanceren terwijl ze een ingewikkelde choreografie uitvoerden.

'Kom je uit Rwanda?'

'Ja, maar ik woon in Nederland.'

'Mis je het niet?'

Ik schudde mijn hoofd.

'Nederland is een mooi land om in te wonen,' zei ik.

'Ik vind Rwanda een prachtig land, maar zie ook de armoede. Iedereen vraagt ons om geld, het enige woord dat ze kennen is "money". Dat is heel anders dan bij ons thuis, toch?'

Ze sprak 'ons thuis' uit alsof we samen in een huis woonden. Op het grasveld was ik de enige Rwandese vrouw met kort haar, gympen, een spijkerbroek en T-shirt en een bril met rood montuur. Voor de Belgische vrouw was ik een Europese, voor Julienne die naast me stond een Rwandese. Het waren twee werelden die op het grasveld bij hotel Karisimbi niet verenigbaar leken.

54

Het bakstenen huisje in Ruhengeri had drie slaapkamers, elektriciteit en op het erf achter het huis een kraan. Ik kon het voor achtduizend frank per maand huren, nog geen tien euro. Jeanine stond in het huis.

'Wat, bedoel je dat je hier gaat slapen?'

Jeanine drukte het lichtknopje in. Het peertje aan het plafond ging branden.

'Ik wil niet meer naar Vunga. Ik voel me er niet veilig. Ik ben zo zichtbaar, ik kan niet over straat lopen zonder dat iemand me ziet. Ze zien het geld dat ik heb, de kleren die ik draag, de telefoon waarmee ik bel, ik heb alles wat zij niet hebben. Ik ben bang dat de jaloezie de overhand krijgt en dan weet ik niet wat die mensen gaan doen.'

Ik was het voorval van de dode koe op ons achtererf niet vergeten en wist waartoe mensen in staat kunnen zijn. Daar wilde ik niet op wachten. In het hotel had ik aan het meisje achter de balie gevraagd of zij wist van wie ik een huis kon huren. Een uur later was haar oom gekomen, die me meenam naar de weg voorbij de brug, waar vroeger de kazerne van de soldaten was. Er stonden nieuwe huizen, dat van hem kon ik huren.

Jeanine liep het erf op en draaide de kraan open.

'Je hoeft nooit meer water te halen, en jouw dochters ook niet. En je kunt veilig slapen, er is een hek om het huis.'

Het huis waarin Jeanine in Vunga woonde was open, iedereen kon er zo binnenlopen.

Met twee taxi's waren we naar het huis in Vunga gegaan en hadden alle spullen gehaald. Jeanine had tegen Emeraude gezegd dat ze alleen met de kinderen naar Ruhengeri ging, dat was mijn voorwaarde geweest. Emeraude had niets gezegd. Hij was net als alle andere mensen in Vunga onder de indruk van de persoon die ik was geworden. Van de vrouw die een huis met drie kamers kon huren als ze dat wilde. Zwijgend keek hij toe terwijl we de spullen in de twee taxi's propten en zijn vrouw en vier kinderen vertrokken. Uit schuldgevoel had ik hem 3000 frank gegeven, drie keer het maandsalaris dat hij verdiende met zijn baantje in de bouw in Gitarama. Ik wist dat zijn jongere vrouw die hij al een tijd had bij hem zou intrekken en wilde haar een makkelijke start bij hem geven. Die avond sliepen we in Ruhengeri. Ik zei tegen Jeanine dat ik een jaar lang de huur zou betalen en het huis dan voor haar zou kopen. Ik was niet vergeten dat ik haar dat vier jaar geleden had beloofd. Ze lachte, voor het eerst geloofde ze dat ik het zou waarmaken.

Nadat ik bij de brug en het hotel was geweest, werd ik me bewust van het leven op straat. Op het vliegveld in Kigali had Jean-Paul gezegd dat ik de chauffeur en de auto een maand lang kon gebruiken, maar na een dag had ik de man al naar huis gestuurd. Ik wilde het leven voelen, onderdeel van het leven op straat zijn, ik wilde het meisje zijn dat ik in Rwanda had achtergelaten. Ik had me nooit kunnen voorstellen dat het zo erg was. 's Nachts kon ik niet slapen. De film van vroeger speelde zich in mijn hoofd af en ik werd gedwongen om ernaar te kijken, alsof ik bang was om te vergeten hoe het was. Hoe ik hulpeloos door de straten liep, hongerig, moe en bang.

Niemand zag mij toen, maar ik zag nu wel alle meisjes die net zo hulpeloos als ik door de straten liepen. Meisjes zonder ouders, door hun familie verstoten omdat ze zwanger waren geworden, en jonge moeders die te ziek waren om voor hun baby te zorgen. De hulp die ik nooit had gekregen wilde ik geven aan de honderden kleine Amina's op straat.

De eerste die ik mee naar huis nam was Claudine, een vijftienjarig meisje dat met haar baby op straat sliep. Ik had haar achter het busstation van Ruhengeri zien liggen en gevraagd wat ze daar deed. Ze zei dat ze uit Buutaro kwam, een stad twintig kilometer ten zuiden van Ruhengeri. Haar oom had haar verkracht en toen ze zwanger bleek, was ze van huis weggelopen. Ze keek nieuwsgierig naar me toen ze haar verhaal vertelde. Ze was niet gewend dat mensen naar haar luisterden.

Ik vroeg wat haar plannen waren. Ze hield haar baby in de lucht en zei dat ze niets kon doen zolang de baby ziek was. Het meisje hing slap in Claudines armen. Ik beloofde dat ik haar zou helpen. Ze haalde haar schouders op, er was haar al zoveel beloofd. De volgende dag nam ik haar mee naar de dokter en daarna naar huis. Ik zei tegen Jeanine dat Claudine bleef zolang haar kind ziek was. Ik sleepte mijn bed naar de kamer waar Jeanine sliep zodat Claudine met haar kind op de grond in de andere kamer kon slapen.

Daarna kwamen Julie en Marie. Julie was veertien en had twee kleine kinderen, Marie was zwanger van een man die veertig jaar ouder was en met haar wilde trouwen. Ze weigerde, waarop haar vader haar zo hard had geslagen dat ze in het ziekenhuis terecht was gekomen. Daarna durfde ze niet meer naar huis. De verhalen van Claudine, Julie en Marie hoorde ik elke dag op straat. Degenen die ik niet mee kon nemen gaf ik geld, eten en medicijnen.

Jeanine was buiten op de stoep voor het huis bij me komen zitten.

'Het gaat niet meer, Amina.' Ze keek naar de drie vrouwen die met hun kinderen op het erf zaten. 'Straks ben jij weg en zit ik hier met al die vrouwen.'

'Wie moet er dan voor ze zorgen?'

'Je kunt niet iedereen helpen.'

'Als niemand iets doet, zullen er altijd jonge meisjes zonder man zijn, kinderen die op straat zwerven, vrouwen die door hun familie worden verstoten.'

Jeanine haalde haar schouders op. Dat was het leven, wilde ze daarmee zeggen. Ik probeerde haar uit te leggen dat de meisjes die op straat zwierven ook recht hadden op een beter bestaan. Ik wist als geen ander hoe uitzichtloos het leven is als je elke dag moet vechten voor eten en onderdak.

'De vicieuze cirkel waar die meisjes in zitten moet worden doorbroken.'

Jeanine snapte niet wat ik bedoelde.

'Hoe is jouw leven veranderd sinds we elkaar weer hebben gezien?'

Jeanine plukte een blaadje van de struik waar ze naast zat en haalde haar schouders op.

'In Uganda stond je met vieze geleende kleren voor me en zat je vast aan een dronken man die je sloeg. Nu woon je in een huis en heb je een zelfstandig leven. Zie je dan niet de kansen die ik je heb gegeven? Die wil ik deze meisjes ook geven.'

'Je kunt niet voor iedereen een huis kopen. Of werk regelen. Als je dat voor deze drie meisjes doet, staan er morgen weer nieuwe meisjes voor de deur.'

Misschien had Jeanine gelijk. Ik was nog twee weken in Rwanda, had het zin om iedereen te helpen? Kon ik de wereld in twee weken verbeteren?

Henk klonk slaperig. Het was zes uur in de ochtend.

'Ik kon niet slapen,' zei ik.

'Geeft niks, hoe is het met je?'

Ik hoorde hoe hij zich omdraaide in bed. De lakens schuurden tegen de hoorn van de telefoon.

'Het is erger dan ik dacht. Ik zie wat mijn lot was, een vrouw die na een leven vol ellende sterft zonder een dag het gevoel te hebben gehad dat ze ertoe deed.'

Ik dacht aan mijn moeder die haar hele leven afhankelijk was geweest van haar man, haar negen zonen, de familie uit het dorp en uiteindelijk van de soldaten die haar hadden gedood. Had ze zich verlost gevoeld toen ze stierf?

'Elke keer als ik de straat op ga, wil ik iemand mee naar huis nemen om te helpen. Ik ben nu al tien dagen niet meer naar buiten geweest, want ik kan niet iedereen helpen. Zolang ik dat niet kan, wil ik de ellende ook niet zien.'

Henk zuchtte, het was erg veel om de dag mee te beginnen. Op de achtergrond hoorde ik onze dochter huilen. Ze zou nooit naar de waterput hoeven lopen, nooit op straat slapen en nooit bedelen voor eten. Mijn derde dochter, die op de dag dat ze werd geboren er al toe deed. Henk maakte een fles pap die ze naast hem in bed leegdronk. Ik hoorde de slokgeluiden door de telefoon.

'En nu?' vroeg Henk.

'Ik wil de meisjes op straat laten weten dat ze kansen hebben, dat ze hun eigen leven kunnen leiden, maar ik weet niet hoe ik dat moet doen. Ik kan onmogelijk vanuit Nederland al die meisjes onderhouden.'

Ik hoorde Henk nadenken. Ik wist dat hij zijn ogen samenkneep en met zijn hand over zijn gezicht wreef.

'Wat kun je die meisjes geven?'

'Geld, maar dat helpt een dag, en er zijn zoveel meisjes, dat geld hebben we helemaal niet.'

'Je moet ze iets geven wat jij ook hebt gekregen. Wat heb jij in Nederland dat zij daar niet hebben?'

'Geld?'

'Nee.'

'Werk?'

'Nee.'

'Jou?'

'Nee.'

'Henk, ik heb geen zin in raadsels, wat bedoel je?'

'Weet je nog toen ik je vroeg wat het grootste verschil was tussen je leven in Rwanda en dat in Nederland? Je zei dat je in Nederland voor het eerst een toekomst had en dat dat alles had veranderd.'

Ik kon me het gesprek herinneren. We hadden in mijn flat gezeten op het matras op de grond en ik had Henk voor het eerst verteld van mijn leven op straat. Ik was bang geweest dat hij bij me weg zou lopen omdat ik zo'n leven had gehad, maar ik wilde dat hij wist waar ik vandaan kwam.

Henk had gelijk. Op straat keek ik niet verder dan de volgende dag, maar in Nederland kon ik vooruitkijken.

Jeanine keek me niet-begrijpend aan toen ik haar vertelde

dat ik een oplossing had. Ik zou een naaimachine kopen en een paar lappen stof. Daarvan konden zij en de meisjes kleding naaien die ze op de markt konden verkopen. Met het geld dat ze verdienden zou ook hun eigenwaarde groeien, en daarmee hun geloof in de toekomst. Jeanine snapte het niet. Of ze wilde het niet snappen.

'Dat lukt toch nooit. Die kleren kunnen we niet maken, en we kunnen ze ook niet verkopen, hoe zouden we dat moeten doen?'

Nu ik op het punt stond om naar huis te gaan was Jeanine bang om haar leven in eigen hand te nemen. Voordat ik terug naar Nederland ging, kocht ik in Ruhengeri een oude, zwarte trapnaaimachine. Het leek mij beter om niet afhankelijk te zijn van elektriciteit, die soms dagenlang uitviel. Ik had de machine op tafel gezet en de drie balen stof ernaast gelegd.

Claudine, Julie, Marie en Jeanine stonden rond de tafel en luisterden naar de plannen die ik had. Ze hadden er geen vertrouwen in.

In het vliegtuig keek ik naar de bergen onder me. Vanuit de lucht leken het groene bellen die uit de grond omhoog waren geplopt. In de verte werd het donker, ik vloog de nacht tegemoet.

Jeanine geloofde er niet in, maar dat idee van die naaimachines was zo gek nog niet.

Toekomst Rwanda

In 2006 richtte Amina de stichting Toekomst Rwanda op, die ten doel heeft minderjarige kinderen te helpen. Deze biedt jonge moeders en hun kinderen een thuis en bereidt hen met eenvoudige scholing en naailessen voor op een zelfstandig bestaan. Jongens worden opgevangen in een timmerschool zodat ze hun eigen salaris kunnen verdienen. Amina gaat minimaal één keer per jaar naar Rwanda om de voortgang van de projecten te bekijken en controleren.

Meer informatie: www.toekomstrwanda.nl